汽车专业技能型教育"十三五"创新规划教材

汽车美容与装饰图解教程

第 2 版

主　编　谭本忠

参　编　胡　波　谭红平　谭秋平　张远军　张国林　李阳阳
　　　　李志杰　李　明　曾放生　宋祥贵　吴林勇　向建华

机械工业出版社

作为"汽车专业技能型教育'十三五'创新规划教材"之一,本书从汽车美容与装饰的基础讲起,图文并茂地讲述了汽车美容与装饰工艺,重点讲述了汽车清洗、护理、车身装饰、车内装饰以及车身电器的加装等内容。

本书内容翔实、实用性强、简单易学、通俗易懂,适用于汽车维修从业人员,也可作为各种汽车职业院校、培训机构的教材,或供广大汽车爱好者参考使用。

为方便教学,本套教材专门配备了PowerPoint(PPT)形式的配套教学课件,可供广大教师选用。在http://www.cmpedu.com 网站上,注册后即可下载教材课件;或与机械工业出版社联系,编辑热线:010-88379349、010-88379735。

图书在版编目(CIP)数据

汽车美容与装饰图解教程/谭本忠主编. —2 版. —北京:机械工业出版社,2016.11(2024.1重印)

汽车专业技能型教育"十三五"创新规划教材

ISBN 978-7-111-54901-7

Ⅰ.①汽… Ⅱ.①谭… Ⅲ.①汽车—车辆保养—教材
Ⅳ.①U472

中国版本图书馆 CIP 数据核字(2016)第 226096 号

机械工业出版社(北京市百万庄大街 22 号 邮政编码 100037)
策划编辑:连景岩 杜凡如 责任编辑:连景岩 杜凡如 安桂芳
责任校对:张 征 封面设计:鞠 杨
责任印制:邰 敏
北京富资园科技发展有限公司印刷
2024 年 1 月第 2 版第 9 次印刷
184mm×260mm ·10 印张 ·246 千字
标准书号:ISBN 978-7-111-54901-7
定价:29.00 元

丛 书 序

当今正值国家大力推广职业教育之际，各地教育机构紧抓机遇，大胆革新，积极推行新的职业教育方法与思路。

本套创新规划教材根据职业需求和岗位要求而设置教学项目，同时将知识系统和技能系统化整为零，使学员能做到学一样精一样，而且在细化深入的前提下掌握解决问题的途径和思路。

本套教材强化职业实践的实用性教学，对理论教学的要求是将抽象深奥的知识简单化、形象化和感性化，使学员能够轻松掌握，并联系实际，融入实践，同时在实践教学中结合理论认识能将实践认知与经验总结为理论。这样，在学中做，在做中学，巩固知识，强化技能。

综合上述特点和要求，创新规划教材应该具有系统分块，知识点与技能点结合，理论描述简明，实践叙述符合职业规范，能直接感知并参照操作的特点。

很多汽车相关职业院校与职训中心在进行教学改革的同时也在进行教材更新，但大多数是在传统教学教材的基础上改编而来的，无法摆脱原有的形式和限制，编写出来的教材往往难以普及并发挥实效。

我们综合汽车运用与维修、汽车检测与维护技术等专业课程设置的要求，同时考虑到职业需求和岗位的设置，将本套创新规划教材分为汽车机修技术、汽车电子技术、汽车故障诊断技术、汽车车身修复技术、汽车美容与装饰技术、汽车保养与维护技术六大块，同时为保证专业课程有理论和技术基础，设置了汽车机械基础、汽车电学基础、汽车维修专业英语以及汽车文化四门基础课。各个专业分类下是核心与主干课程，如机修之下包括汽车发动机与汽车底盘，电子之下包括汽车电器、汽车空调、汽车发动机电控系统、汽车自动变速器、汽车安全舒适系统等。

这套教材作为学生课本，主要突出实图、原理、检测、维修与案例相结合。配套开发的还有教学课件，我们力图通过这种方式使此套创新规划教材成为一种立体化的、学员易学、教师易教、效果独到的专门化教材。

编 者

目 录 *Contents*

第一章

概　述

第一节　汽车美容介绍

汽车美容是指针对汽车各部位不同材质所需的保养条件，采用不同性质的汽车美容护理产品及施工工艺，对汽车进行全新的保养护理。这些产品是采用高科技手段及优质化工原料制成的，它能让旧车彻底翻新，并长久保持艳丽的色彩。

一、汽车美容的分类

汽车美容按作业性质不同可分为清洗性美容、护理性美容和修复性美容三大类。

进行汽车美容时，需根据缺陷的范围和程度不同，分别进行表面处理、局部修补、整车翻修及内饰修补、更换等美容作业。

1. 清洗性美容

清洗性美容是指专对汽车车身进行清洗或专对车室进行干洗，从而保持车身外观色彩艳丽，保持车室空气新鲜的美容作业，如图 1-1 所示。

2. 护理性美容

护理性美容是指为保持车身漆面和内室件表面亮丽而进行的美容作业，主要包括新车开蜡、汽车清洗、漆面研磨、漆面抛光、漆面还原、打蜡及内饰件保护处理等美容作业，如图 1-2 所示。

3. 修复性美容

修复性美容是指车身漆面或内室件表面出现某种缺陷后所进行的恢复性美容作业，缺陷主要有漆膜病态、漆面划痕、斑点及内饰件表面破损等，如图 1-3 所示。

专业美容与一般美容的区别

专业汽车美容与一般汽车美容相比，具有系统性、规范性和专业性等特性，与一般的洗车打蜡、简易汽车美容完全不同。

系统性：就是着眼于汽车自身的特点，由表及里地进行全面而细致的保养。

图 1-1　清洗性美容

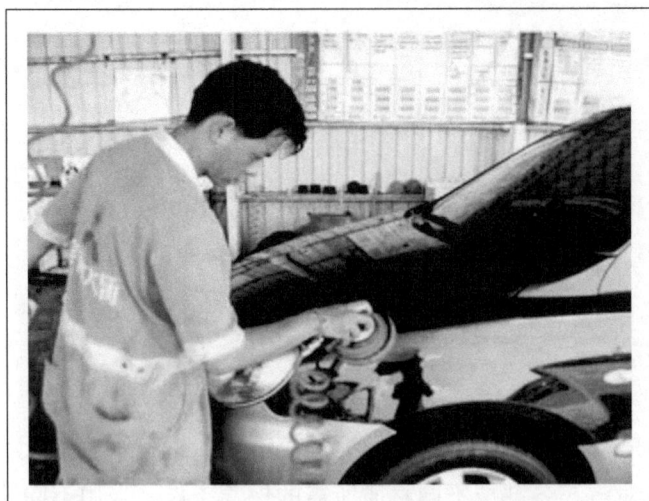

图 1-2　护理性美容

规范性：就是每一道工序都有标准且规范的技术要求。

专业性：就是严格按照工艺要求，采用专用工具、专用产品和专业技术手段进行操作。

汽车美容应使用专用的优质养护产品，针对汽车各部位材质进行有针对性的保养、修复和翻新，使经过专业美容后的汽车外观亮洁如新，并保持长久，有效延长汽车车漆寿命。

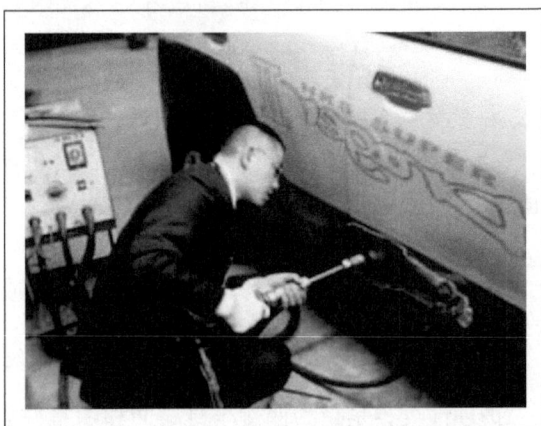

专业汽车美容与汽车打蜡对比

汽车打蜡

图 1-3　修复性美容

| 洗车 | → | 打蜡 |

深度划痕修复（全部程序仅 30min）

划痕磨平 →2min→ 涂快干原子灰 →5min→ 研磨 →2min→ 上快干底漆 →5min→ 上底色漆 →5min→

上罩光漆 →10min→ 清除接口

专业汽车美容

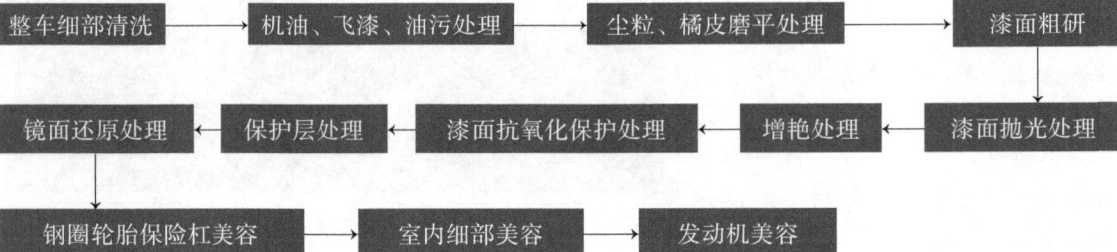

整车细部清洗 → 机油、飞漆、油污处理 → 尘粒、橘皮磨平处理 → 漆面粗研

镜面还原处理 ← 保护层处理 ← 漆面抗氧化保护处理 ← 增艳处理 ← 漆面抛光处理

钢圈轮胎保险杠美容 → 室内细部美容 → 发动机美容

二、汽车美容的作用

汽车美容能延长汽车车漆的使用寿命,防止车漆龟裂、硬化和脱色,使其保持美观。它还有较高的装饰性,可使爱车美观亮丽,充分体现出车主高贵的身份。

1. 保护汽车

汽车涂膜是指汽车金属板材等物体表面的保护层。它使物体表面与空气、水分、日光以及外界腐蚀物质隔离,起着保护物面、防止腐蚀的作用,从而延长金属板材等物体的使用寿命。汽车在使用过程中,由于风吹、日晒、雨淋等自然侵蚀,以及环境污染的影响,涂膜会出现失光、变色、粉化、起泡、龟裂、脱落等老化现象。另外交通事故、机械撞击等也会造成涂膜损伤。一旦涂膜损坏,金属板材等物体便失去了保护的"外衣"。因此,加强汽车美容作业和维护好汽车表面涂膜是保护汽车的前提。

2. 装饰汽车

随着人们消费水平的提高,对于一些中、高档轿车来说,它们已不仅仅是一种交通工具,更成为一种身份的象征。车主不仅要求汽车具有优良的性能,而且要求汽车具有漂亮的外观,并想方设法把汽车装饰得亮丽美观,这就对汽车的装饰性能提出了更高的要求。汽车的装饰性不仅取决于车型外观设计,还取决于汽车表面色彩、光泽等因素。通过汽车美容作业,可以使汽车涂层平整,色彩鲜艳,色泽光亮,始终保持漂亮的外观。

三、汽车美容作业项目

1. 新车开蜡

汽车生产厂家为防止汽车在储运过程中漆膜受损,确保汽车到用户手中时漆膜完好如新,汽车总装的最后一道工序是在检查合格后,对整车进行喷蜡处理,在车身外表面喷涂封漆蜡。封漆蜡没有光泽,严重影响汽车美观,且易黏附灰尘。国外发达国家的汽车销售商在汽车出售前就对汽车进行除蜡处理,目前我国还很少有汽车销售商实施这项工作。因此,用户购车后必须除掉封漆蜡,俗称开蜡,如图1-4所示。

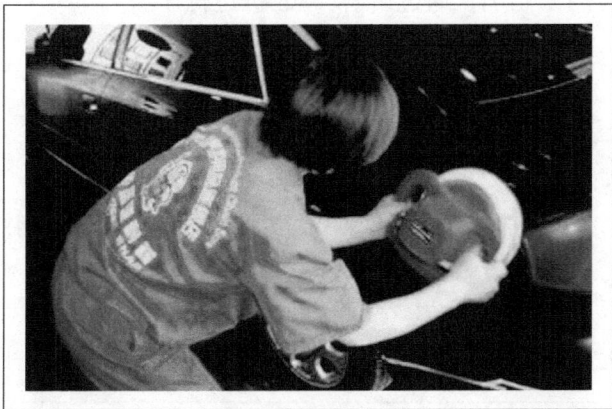

图1-4 新车开蜡

2．汽车清洗

为使汽车保持干净、整洁的外观，应定期或不定期地对汽车进行清洗。汽车清洗是汽车美容的首要环节，同时也是一个重要环节。它既是一项基础性的工作，也是一种经常性的护理作业，如图 1-5 所示。

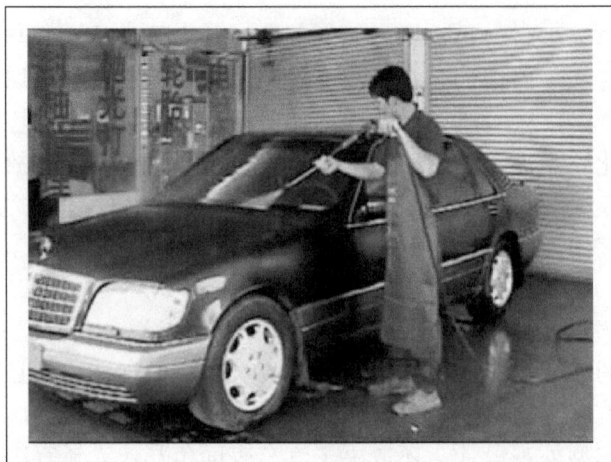

图 1-5　汽车清洗

3．漆面研磨

漆面研磨是漆面轻微缺陷修复的第一道工序，其作用是去除漆膜表面氧化层、轻微划痕等缺陷。该作业虽具有修复美容的性质，但由于所修复的缺陷非常轻微，只要配合其他护理作业，便可消除缺陷，所以把它列为护理性美容的范围。

4．漆面抛光

漆面抛光是紧接着研磨的第二道工序。车漆表面经过研磨后会留下细微的打磨痕迹，漆面抛光就是为去除这些痕迹所进行的护理作业，如图 1-6 所示。

漆面抛光需使用专用抛光剂，通过研磨/抛光机进行作业。

图 1-6　漆面抛光

5. 漆面还原

漆面还原是研磨、抛光之后的第三道工序，它通过还原剂将车漆表面还原到"新车"般的状况。还原剂也称"密封剂"，它对车漆起密封作用，以避免空气中污染物直接侵蚀车漆。

6. 打蜡

打蜡是在车漆表面涂上一层蜡质保护层，并将车蜡抛光的护理作业，如图1-7所示。

打蜡的目的如下：

1）改善车身表面的光亮程度，增添亮丽的色彩。

2）防止腐蚀性物质的侵蚀，对车漆进行保护。

3）消除或减小静电影响，使车身保持整洁。

4）降低紫外线和高温对车漆的侵害，防止或减缓漆膜老化。

汽车打蜡可通过人工或打蜡机进行作业。

7. 内室护理

汽车内室护理是对汽车控制台、操纵件、座椅、座套、顶篷、地毯、脚垫等部件进行的清洁、上光等美容作业，还包括对汽车内室定期进行灭菌、除臭等净化空气作业，如图1-8所示。

图1-7 打蜡

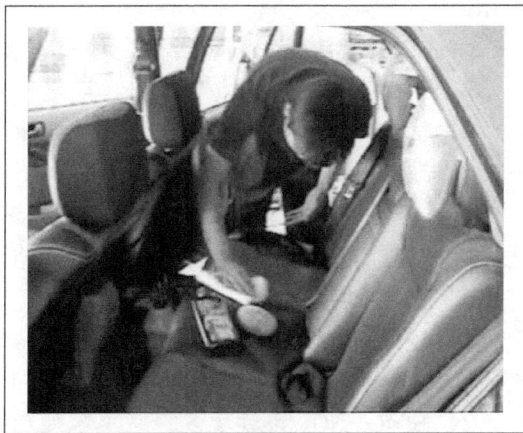

图1-8 内室护理

第二节 汽车美容环保

在汽车美容施工中，所产生的废气、废水、废物等污染物，如处理不当，将导致大气污染、水质污染和土壤污染，造成社会性公害。因此，治理"三废"是汽车美容施工中不可忽视的重要问题。

一、废气的处理

汽车美容施工中产生的废气主要来源于喷涂散发的漆雾和溶剂挥发的蒸气。为防止废气造成大气污染，常采用活性炭吸附法、催化燃烧法和直接燃烧法等方法进行治理。

1. 活性炭吸附法

活性炭吸附法的工艺过程：

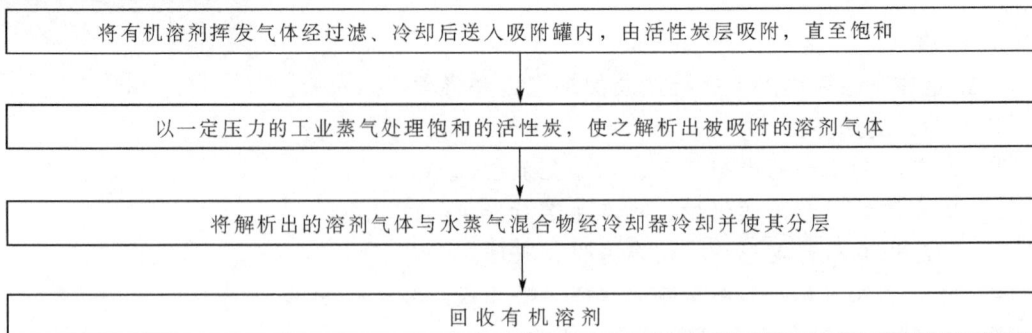

将有机溶剂挥发气体经过滤、冷却后送入吸附罐内，由活性炭层吸附，直至饱和

↓

以一定压力的工业蒸气处理饱和的活性炭，使之解析出被吸附的溶剂气体

↓

将解析出的溶剂气体与水蒸气混合物经冷却器冷却并使其分层

↓

回 收 有 机 溶 剂

注：活性炭吸附处理后，废气排放浓度可达到国家标准规定。

1）**优点**：可回收溶剂，可净化低浓度、低温废气，不需加热。

2）**缺点**：需要预处理除去漆雾、粉尘、烟、油等杂质，高温废气需要冷却。

这种方法采用活性炭作为物理吸附剂，把有害物质吸附在活性炭表面上，使废气净化。

活性炭吸附法使用的设备有：预处理设备、吸附罐、后处理设备、控制系统等。

2. 催化燃烧法

1）**优点**：装置较小，燃料费用低，NO_x 生成少。

2）**缺点**：需要良好的预处理，催化剂和设备价格较贵等。

这种方法是将作为有机溶剂的气体加热至 200~400℃，通过催化剂的催化作用，进行氧化反应，这样可以在较低温度下燃烧，热能消耗少。

3. 直接燃烧法

1）**优点**：操作简单，维护容易；不需预处理，有机物可完全燃烧；有利于净化高浓度废气；燃烧热可作为烘干室的热源综合利用。

2）**缺点**：NO_x 排放增多，当单独处理时，燃烧费用较大。

这种方法是将含有机溶剂的气体加热至 600~800℃，使其直接燃烧，使有害物质转化为二氧化碳和水。

二、废水的处理

1. 油污的处理

清洗汽车车身、底盘时产生大量含油废液。这种油污主要以乳化油的状态存在，油分散的粒径很小，不易从废液中去除，通常采用破乳、油水分离法净化处理。

（1）破乳 主要用外加药剂来破坏废液中乳化胶体溶液的稳定性，使其凝聚。

（2）油水分离 通过破乳、凝聚处理，油珠和杂质生成凝絮，然后用物理方法使油水分层，去除沉淀，达到分离的目的，见表1-1。

表 1-1 油水分离的方法及作用

方 法	作 用
自然浮上	将废液露天存放，经一定时间，使乳化状油污形成小滴析出，浮在水面上，以利清除
加压浮上	对废液施加一定压力，使油污分子变大，与水分离，浮在水面上
电解浮上	向废液中加入电解质溶液，使油污颗粒形成较大的颗粒与水分离，浮聚在水面上
凝聚沉淀	向废液中加入混凝剂，使油污颗粒失去稳定性，凝聚形成较大的颗粒与水分离沉淀于底层，以利清除
粗粒化	用机械或物理的方法，使水中细小的胶体悬浮颗粒失去稳定性，经碰撞和凝聚变成较大颗粒或油污胶体

（3）水质净化 经破乳、油水分离后，水中油分和有机物含量都大大降低，但水中还存在微量的油和一些水溶性表面活性剂，可通过吸附、过滤除去。常用的吸附、过滤材料有活性炭、焦炭、磺化煤、砂、聚丙烯纤维等。水质净化如图 1-9 所示。

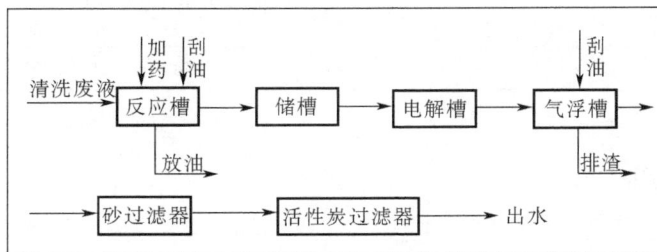

图 1-9 水质净化

2. 碱性废液的处理

汽车表面清洗采用的大多为碱性清洗剂，对废液中的碱可采用中和法进行处理，见表 1-2。

（1）将碱性废液与酸性废液相互中和 使 pH 值为 6~8。此方法省药剂，方便易行，成本低。

（2）用加药中和法 常用的中和剂为工业用硫酸、盐酸或硝酸。此方法效果好，时间短，但成本高。

表 1-2 中和碱性液所需的酸量

碱 性 物 质	中和 1kg 碱所需酸的质量/kg					
	H_2SO_4		HCl		HNO_3	
	100%	98%	100%	36%	100%	42%
NaOH（氢氧化钠）	1.22	1.24	0.91	2.53	1.57	3.74
Na_2CO_3（碳酸钠）	0.92	0.94	0.69	1.92	1.19	2.93
Na_3PO_4（磷酸钠）	0.90	0.92	0.67	1.86	1.15	2.74
Na_2SiO_3（硅酸钠）	0.80	0.82	0.60	1.67	1.03	2.45
$Na_5P_3O_{10}$（三聚磷酸钠）	0.67	0.8	0.50	1.66	0.86	2.05

3. 酸性废液的处理

对酸性废液处理通常也采用中和法，见表1-3。

（1）将酸性废液与碱性废液相互中和　使pH值为6~9。此方法节省中和药剂，费用低，但处理效果不稳定。

（2）用加药中和法　常用的中和剂有：纯碱、烧碱、氨水、石灰乳、碳酸钙等。此方法适应性强，效果好，但成本较高。

表1-3　中和酸性液所需的碱量

酸性物质	中和1kg酸所需碱的质量/kg				
	NaOH	$NaCO_3$	NH_4OH	$Ca(OH)_2$	$CaCO_3$
HCl（盐酸）	1.10	1.45	0.96	1.01	1.37
HNO_3（硝酸）	0.64	0.84	0.56	0.59	0.85
H_2SO_4（硫酸）	0.82	1.08	0.71	0.76	1.02
HF（氢氟酸）	2.00	2.65	1.75	1.85	2.50
H_3PO_4（磷酸）	1.22	1.62	1.07	1.13	1.53
NH_4HCO_3（氨基碳酸）	0.41	0.55	0.36	0.38	0.82
$H_2C_2O_4$（醋酸）	0.64	0.84	0.58	0.62	0.83

三、废物的处理

1. 再生利用

（1）废漆的再生利用　性能较好的喷漆室能高效地捕集漆雾，让漆雾颗粒被水幕冲洗下来，积聚在水槽中，这种废漆渣可以再生利用。

（2）废溶剂的再生利用　若是同一条涂漆线收集的废溶剂，经过滤后可用来调配相同颜色的涂料或用作底涂料、中间涂料的稀释剂。

废溶剂的再生方法一般采用真空蒸馏和蒸气蒸馏，也可用与废溶剂等量的水和乳化剂混合搅拌后静止，颜料和树脂呈胶冻状沉在下部，上部的澄清液作为回收溶剂使用。

2. 焚烧处理

（1）注意有害气体侵蚀　有些废物焚烧时会产生氯化氢和氟化氢等有害气体，这些有害气体会侵蚀炉体。因此，炉的材料必须选用耐蚀性强的材料。

（2）注意焚烧残渣处理　有些废物焚烧后产生的残渣中仍含有害物质，因此焚烧前应对废物进行分离。对焚烧后不含有害物质的残渣可直接进行深埋处理；对含有害物质的残渣应进行标验，经溶出试验确认有害物质含量不高于国家标准时，才能进行深埋处理和混凝土化处理。

（3）注意焚烧安全　有些废物（如废溶剂、废油漆等）是易燃、易爆的危险品，在保管中或在装料坑中、破碎机中有自燃着火的危险，应备有防火设备、电气防爆措施等，以确保焚烧安全。

第三节　汽车美容安全与预防措施

汽车美容使用的材料很多属于易燃和有毒材料，这些材料不仅危害人体健康，还会危及

施工安全。因此，汽车美容工作人员应增强保护意识，防止中毒、火灾、爆炸等事故发生。

一、汽车美容安全操作事项

1. 清洗、护理作业安全操作事项

为确保施工安全，施工人员必须遵守以下安全施工规则：

1）施工人员必须熟悉施工现场及周围环境，了解水、电、气开关的位置及救护器材的位置，以备应急之用。

2）施工人员必须熟悉施工安全技术，掌握清洗剂的使用方法和急救方法。

3）注意用电安全。地线必须接地，防止漏电。使用电器时要严防触电，不要用湿手和湿物接触开关。施工结束后，要及时把电源切断。

4）现场施工人员直接接触酸液、碱液时，应穿工作服、胶靴，戴防腐蚀手套，必要时应戴防毒口罩。

5）清洗、护理作业现场必须整洁有序，严禁烟火。

6）清洗、护理作业现场应有消防设备和管路，要有充足的水源和电源，确保施工安全需要。

7）施工安全工作要有专人负责，定期检查，并不断总结安全施工的经验，确保安全施工。

施工中必备的清洗、护理用品如图 1-10、图 1-11 所示。

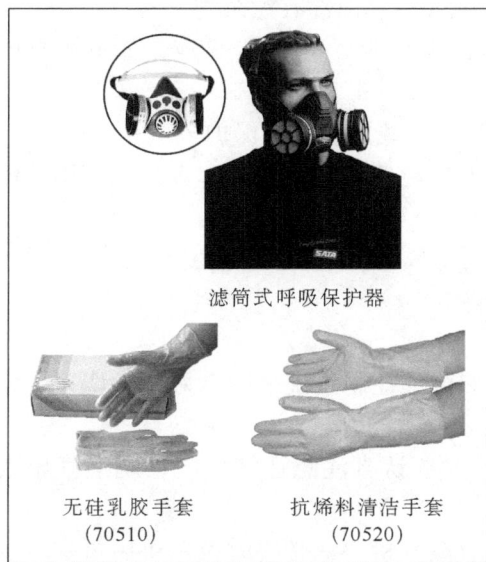

滤筒式呼吸保护器

无硅乳胶手套
(70510)

抗烯料清洁手套
(70520)

图 1-10　清洗、护理用品（1）

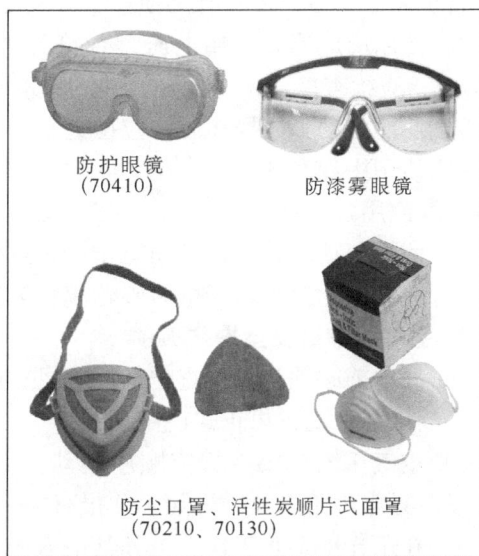

防护眼镜
(70410)

防漆雾眼镜

防尘口罩、活性炭顺片式面罩
(70210、70130)

图 1-11　清洗、护理用品（2）

2. 修补涂装作业安全操作事项

修补涂装施工条件较差，操作者大多在充满溶剂蒸气的环境中作业，不安全因素较多，操作者应熟知本工种作业特点和所使用的工具设备的合理操作方法，保证安全施工。

1）施工环境必须有良好的通风条件，若室内施工（特别是喷涂时），要有良好的通风设备。

2）操作前应根据作业要求，穿好工作服和工作鞋，戴好工作帽、口罩、手套、鞋罩和防毒面具。

3）打磨施工中应注意物面有无凸出毛刺，以防划伤手指。

4）在用钢丝刷、锉刀、气动和电动工具进行金属表面处理时，需佩戴防护眼镜，以免眼睛受伤；如遇粉尘较多，应戴防护口罩。

5）酸碱液体要严格保管，小心使用。搬运酸液、碱液时应使用专门工具，严禁肩扛、手抱。用氢氧化钠清除旧漆膜时，必须佩戴乳胶手套和防护眼镜，穿戴涂胶（或塑料）围裙和鞋罩。

6）登高作业时，凳子要牢固，放置要平稳，不得晃动。热天严禁穿拖鞋操作和登高。

7）施工场地的易燃品、棉纱等应随时清除，并严禁烟火。涂料库要隔绝火源，并有消防用品，要有严禁烟火的标志。

8）工作结束时打扫施工场地，用过的残漆、废纸、线头、废砂纸等要随时清理，放置在专用垃圾箱内。

二、设备安全操作事项

1. 电动、气动工具安全操作事项

1）操作人员应熟悉所使用的工具，使用前应检查各零部件是否安装牢固，各紧固件连接是否牢靠，电缆及插头有无损坏，开关是否灵活以及工具内部有无杂物。

2）使用前应检查所用电压是否符合规定，电源电压应尽量使用220V，如电源电压为380V时，应检查接地是否良好，并注意地线标记。

3）使用电动工具操作时，应检查是否可靠接地，电线要有胶管保护。

4）使用中如发现有大火花、异响、过热、冒烟或转速不足等现象，应停止使用，修复后再继续使用。

5）使用气动工具时，必须防止由于连接不牢而造成的空气泄漏和人身伤害事故。

6）使用砂轮机时，开机后砂轮应轻轻接触工件。

2. 空气压缩机安全操作事项

1）开动前必须认真检查空气压缩机、电动机和电气控制系统是否良好，一切正常无误后，开动试转片刻，再正式使用。

2）空气压缩机要按规定顺序起动，设备运转时要认真注意运转状况，观察气压表读数，发现异常现象要及时排除，并报有关部门。

3）在工作中禁止工作人员和其他人闲谈或随意离开机房，必要时应停机后再走，以防事故发生。

4）任何人不经操作者同意，不准起动机器。

3. 涂装车间通风机安全操作事项

1）通风机设备必须由专人负责起动和管理，其他人不得随意起动。

2）操作人员在起动通风机前首先必须检查电器设备，设备正常才能起动。

3）操作人员必须每天清除电动机及输气管道内的灰尘污垢，以防通道堵塞。

4）通风机在运转过程中，如发现不正常现象，应立即停机，将故障排除后再工作。

4. 照明装置安全操作事项

1）施工场地的照明设备应有防爆装置。

2）涂料仓库照明开关应设在库外。

3）各种电气开关均应为密封式，并操作方便。

4）使用手持照明灯时，必须使用 36V 安全电压。

三、预防措施

1. 防火

为消除火灾隐患，做到安全操作，应做好以下几点工作。

1）**完善防火设施**。涂装车间所有结构件应采用耐火材料制成，并通风良好。

2）**按防爆等级规定安装电器**。可能产生火花的电器和仪表不得在施工场所使用。电器和机械设备不得超负荷运转。施工场所的电线、电缆、电动起动装置、配电设备、照明灯等都应符合防爆要求，电动工具和电器部分应接地良好。在使用溶剂的场所，禁止安装刀开关，配电盘、熔断器、普通电动机及照明开关应安装在室外。

3）**严禁烟火**。施工场所严禁吸烟，并在施工场所显眼处设立"严禁吸烟"标志。

4）**防止冲击火花**。涂装过程中应尽量避免敲打、碰撞、冲击、摩擦等操作。

5）**严防静电产生**。在施工场所的设备、管道、容器都应安装地线，防止产生静电。

6）**谨防自燃**。浸有油性涂料或溶剂的棉纱、碎布等擦拭物，必须放在指定地点，定期销毁，不许与涂料及溶剂混放在同一场所。

7）**备足灭火器材**。施工场所必须备有足够的灭火器、黄沙及其他灭火工具，并定期检查更换。

8）**及时灭火**。当燃烧物遇明火发生燃烧时，应使用灭火器扑灭。若发生较大火灾，应立即报警，同时立即切断电源，关闭运转的设备和邻近车间门窗，防止火势蔓延，并组织扑救。

2. 防毒

清洗剂、护理用品、涂料及溶剂大部分都有毒，而在喷涂时所形成的喷雾、涂膜，在干燥过程中所挥发出来的溶剂气体通过人的呼吸道或皮肤渗入人体，对人体健康形成危害，会造成头昏、头痛、失眠、乏力和记忆力减退等症状，严重时还能造成人体血液系统的损害，引起白细胞减少，出现血小板和红细胞降低，或者皮肤干燥、瘙痒等症状。为防止发生中毒事故，应采取预防措施。

（1）控制空气中有毒物质的含量

1）施工场所应有良好的通风和换气设备，使空气流通，加速有害气体的散发，使空气中有害气体含量不超过卫生许可值。

2）在采用暖风的情况下，一般不采用内部循环风。在有害气体含量不超标的场合才允许部分采用内部循环风。

3）含有毒成分的尘雾和气体应经过净化处理后排入大气，排气风管应超出屋顶 1m以上。

4）新鲜空气吸入口和废气排放口之间的距离在水平方向不小于 10m。

5）对于毒性大、有害物质含量高的涂料，严禁用喷涂法涂装。

（2）防毒措施

1）涂装人员在操作时，应穿戴好各种防护用具，如专用工作服、手套、面具、口罩和鞋罩等。不允许操作人员穿着工作服离开车间。

2）限制使用有毒涂料和溶剂，尽量使用无毒或毒性低的涂料和溶剂。

3）控制有毒涂料的尘雾和气体外逸扩散。

4）操作前穿戴好劳动保护用品。使用有空气净化器的头罩或面罩。

5）施工时，如感头痛、眩晕、心悸、恶心时，应立即离开施工场所，到通风处呼吸新鲜空气，严重的应及时治疗。

6）长期接触漆雾和有机溶剂气体的人，在不知不觉中也会发生慢性中毒，因而有关部门应对施工人员定期进行体检，发现有中毒迹象，应调离工作岗位，脱离与有机溶剂的接触。

7）为防止有毒气体通过肺部吸入人体，在喷涂时要戴内置活性炭的防毒面具。有毒气体还可以通过皮肤进入人体，因此在施工完毕后，要用肥皂洗脸和手。

8）为保护皮肤，施工前可涂上防护油膏，施工后洗干净，再涂其他润肤油膏保护。

9）工作结束后，应洗淋浴，换好干净衣服，到室外呼吸新鲜空气；还应多喝开水，以湿润呼吸道，并加速排毒，增强排毒能力。

第二章

汽 车 清 洗

第一节　汽车清洗概述

汽车清洗是汽车美容的首要环节，同时也是一个重要环节。它既是一种基础性的工作，也是一种经常性的美容作业。汽车在使用过程中，其表面会受到风吹、日晒、雨淋等自然侵蚀，使表面逐渐沉积灰尘和各类污物。如果这些污垢不及时清除，不仅影响汽车的外观，还会诱发锈蚀和损伤。因此，汽车清洗对保持车容美观、延长车辆使用寿命有着重要作用。

一、汽车清洗发展史

我国洗车行业的发展史大致可归纳为六个阶段。目前常用的汽车清洗工具如图 2-1 所示。

| 水桶、毛巾 | 高压水枪 | 自动清洗机 | 脚垫烤干机 |

图 2-1　汽车清洗常用工具

（1）原始阶段　20 世纪 80 年代，仅有简单的洗车工具，如水桶、毛巾、自来水管等，对车辆进行简单的外表清洗，营业场所大多是路边临时建筑或露天作业。

特征：设施简陋，人员素质低，服务场所和人员均流动性较大，服务项目单一，基本未纳入政府部门管理，有部分洗车服务仅为停车、餐饮招揽生意的附属服务。

（2）成长阶段　20 世纪 80 年代末，使用基本的清洗工具，如高压水枪、蓄水池、洗衣粉等，有相对固定的营业场所和从业人员，服务点基本纳入了工商税务部门的管理。

特征：服务项目单一，从无技术标准逐渐成长为一项需要较高技术的服务业，接纳了较多的农村劳动力。

（3）垄断阶段　1991—1993 年，各地政府部门为创建卫生城市，提高城市综合形象而

采取了一些强制措施，在城市主要道口修建大型洗车场，拥有成套的专用设备，如清洗机、高泡机或大型自动洗车机等，进行流水线作业，并普遍使用洗车液，有专门的工作人员，但服务项目仍停留在外表的清洗。

特征：计划经济的产物，投入高、规模大，靠行政命令推行，因违背市场经济规律而很快消失。

（4）发展阶段　1993—1996年，我国汽车清洗业开始接受国外汽车美容护理的基本理念，由简单的外观清洗进入车内的美容护理，有了专业的汽车清洗设备，如高泡机、吸尘器、洗衣机、脚垫烤干机等，使用专业的洗车液；从业人员也具备了一定的专业汽车护理常识，并且在护理的时候，根据汽车的情况，开始进行汽车内室的护理，从业人员在数量上和质量上都有一个较大的发展。

特征：同行之间的竞争开始，不仅比价格，更主要的是比服务质量，用优质的服务去吸引顾客，赢取自己的经济收入。

（5）专业阶段　1996—2003年，我国汽车清洗业开始进行全面防锈、护理、养护等方面的汽车美容，并开始研究顾客潜在的需求。这一代洗车场落实了专业洗车方式和科学的美容方法，统一进行汽车美容施工流程；从业人员专业素质较高，技术人员一般都通过了专业学校的培训。

特征：企业内部有较科学的管理，同行之间的竞争由硬性发展为软性，竭力为顾客提供享受式的服务。如在汽车美容店配上休闲茶楼、方便购物的精品店、供顾客活动的娱乐室等，并根据情况引导顾客消费，但这种配套的、专业的汽车美容服务店在我国只占1/5。

（6）现代化阶段　2003年以后，发展为品牌化和规模化的汽车美容服务网络，表现为"绿色、环保、以人为本的个性化服务"，拥有专业的全套汽车美容技术和科学养护方法，使用绿色环保设备、绿色环保护理用品等对汽车进行美容。

二、汽车清洗简介

1. 汽车清洗的概念

汽车清洗是采用专用设备和清洗剂，对汽车车身及其附属部件进行清洁处理，使它保持或再现原有风采的最基本美容工序。现代汽车清洗设备如图2-2所示。

现代美容洗车与传统洗车的区别是：

（1）目的不同　传统洗车无非是去除汽车表面的泥土、灰尘等，它仅仅洗去了汽车表面上的浮落物，而对黏附在车漆上具有较强氧化性的沥青、树胶、鸟（虫）粪便和嵌入车漆深处的铁粉等是无法去除的。

美容洗车则是在传统洗车的基础上，内涵扩大到清除漆面氧化物和车漆保养的范畴，不仅洗去了汽车表面的浮尘，还用专业技术将黏附在汽车表面上的有害物质除去，就连嵌入车漆深处的铁粉等有害物质也能彻底除去。因此，美容洗车正逐步代替传统洗车。

（2）材料不同　传统洗车是用洗衣粉、肥皂水、洗涤剂洗车。虽然肥皂水、洗衣粉、洗涤剂能分解一些油垢，但会造成车漆氧化、失光，严重时还会腐蚀金属和加速密封胶条的老化。

美容洗车用洗车液洗车。专用洗车液呈中性，用非离子表面活性剂制成，能使污渍分解、浮起而轻松被洗掉，其化学成分不会破坏车漆，对车漆还具有保护作用。

（3）技术不同　传统洗车大多由非专业人员操作，无法从技术上保证洗车的效果，而

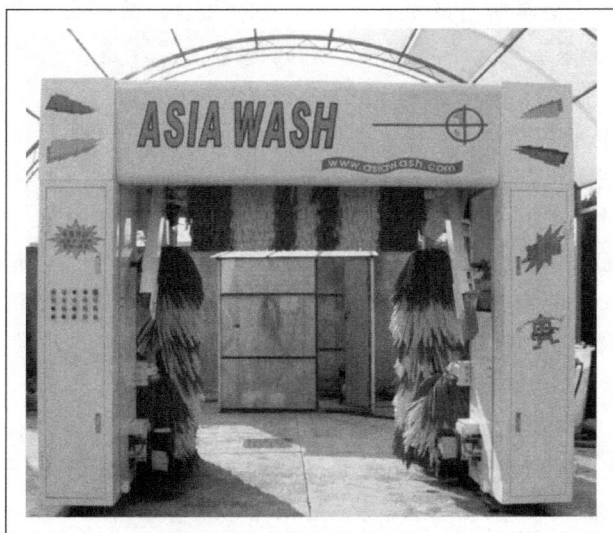

图 2-2 汽车清洗设备

美容洗车的员工都经过严格的正规训练，能熟练地借助现代化的设备和高性能的清洗用品来进行洗车作业，在洗车速度和洗车质量上都大大地超过了传统洗车。

（4）对环境影响不同 传统洗车作业场所一般不规范，即随时随地就可实施，甚至是"一人、一桶、一抹布"，这样的洗车不但影响了城市形象，而且清洗产生的泥沙及废水还会造成城市的环境污染，也造成了水资源的浪费。专业美容洗车的作业场所固定，配套设备齐全，将洗车水经过多次沉淀、过滤、消毒和软化处理后反复利用，不仅节约了宝贵的水资源，保护了环境，而且保证了洗车的质量。

2. 汽车清洗的作用

（1）保持汽车外观整洁 汽车在行驶中经常置身于飞扬的尘土中，雨雪天气有时还要在泥泞的道路上行驶，车身外表难免被泥土沾污，影响汽车外观整洁。为使汽车外观保持清洁亮丽，必须经常对汽车进行清洗。

（2）清除大气污染的侵害 大气中有多种能对车身表面产生危害的污染物，其中酸雨的危害性最大，它附着于车身表面，会使漆面形成有色斑点，如不及时清洗，还会造成漆层老化。轻微的酸雨可以用专用去酸雨的材料清除，对严重的酸雨需使用专业的设备和清洗剂才能彻底清除。因此，车主应定期将汽车送到专业汽车美容店进行清洗。

（3）清除车身表面顽渍 车身表面如黏附树汁、鸟粪、虫尸、焦油、沥青等顽渍，如不及时清除就会腐蚀漆层，给护理增加难度。因此，车主要经常检查车身表面，一旦发现具有腐蚀性的顽渍应尽快清除，如已腐蚀漆层，必须到专业汽车美容店进行处理。

3. 汽车清洗时机

（1）依天气来判断

1）**连续晴天时：**首先用油掸子清除车身的灰尘，再用湿毛巾或湿布擦拭前后风窗玻璃及车窗与两旁的后视镜。一般先清除车顶，再清除前后风窗玻璃、左右车窗、车门，最后清除发动机盖及行李箱盖。如果一直为此种天气，大约一周做一次全车清洗工作即可。

2）**连续雨天时：**只要用清水喷洒全车，便可使车上的污物掉落。因为还会再下雨，接

下来用湿布或湿毛巾擦拭全车所有的玻璃。但当放晴之后，就得全车清洗一番。

3）**忽晴忽雨时**：如果遇到此种气候时，就得常常清洗车身，虽然很累人，但为求车身清洁也是不得已。

（2）**按行驶的路况来判断**

1）**行驶在工地或行经工地时**：一般车辆都会粘上地面污泥，尤其是行经工地，地上的水泥容易溅起。车辆被溅及时应立即使用大量清水清洗，以免附着久了伤及烤漆。

2）**行驶在海岸有露水或有雾区时**：如驱车在海边垂钓过夜，因海水盐分大且又有露水，雾气湿重，倘若回来没有用清水彻底清洗一番，则易使车身钣金遭受腐蚀。

3）**行驶在山区有露水或有雾区时**：在此种情况下，只要停车后使用湿毛巾或湿布擦拭车身即可。

（3）**特殊情况**　如停车在工地旁受工程所造成的水泥粉波及，或行驶中受工程单位粉刷天桥、路灯的油漆波及，或行驶中受道路维修工程的沥青波及，或行驶中受前方载运污泥车所掉的污泥溅及，除应立即用大量清水清洗外，对油漆、沥青的清洗应在打蜡美容中进行。

第二节　汽车清洗用品

一、汽车清洗剂的作用及除垢机理

1. 清洗剂的作用

汽车清洗剂是目前国内外大力推广的护理产品之一，使用汽车清洗剂具有以下的作用：

（1）**提高工作效率**　采用清洗剂大大提高了清洗速度，并可将清洗和护理合二为一，减少了美容工序，同时也增加了对车漆的护理，起到保护车漆表面的作用。

（2）**节能作用**　用清洗剂代替溶剂清除油垢，减少了汽油和柴油的消耗。

（3）**经济作用**　1kg 的清洗剂可代替 30kg 的溶剂油，大大降低了汽车清洗费用。

（4）**环保作用**　如果采用环保型清洗剂清洗汽车，可减少对环境的污染。

因此，我们在清洗汽车时，应尽量使用清洗剂清洗汽车，确保汽车清洗的质量和保证汽车车漆完整。

2. 除垢机理

除垢机理如图 2-3 所示。

二、汽车清洗剂的种类

由于汽车污垢的多样性，为了能"对症下药"，有针对性地清除污垢，汽车清洗剂的品种也是越来越多，使用时应根据清洗剂的种类、特性及功能等因素合理选择。

常见汽车清洗剂有下述几种。

1. 水性清洗剂

水性清洗剂主要清除水性污垢，它具有较强的浸润能力和溶解能力，并且不含有碱性成分，不仅能有效地清除一般污垢，而且对汽车漆面的光泽有保护作用，如图 2-4 所示。

水性清洗剂要按一定的比例和水混合使用，在冷车的情况下洒在车身表面 3~4min，能有效地溶解水性污垢，再冲洗车身，不仅能轻松地去除污垢，而且不伤车漆，既省时又不费力。

清洗剂除垢的五个过程	(1)润湿	由于汽车清洗剂有溶解性,当把清洗剂洒到车身上时,车身表面很容易被清洗剂所润湿,并促进污垢与清洗剂充分地溶解。清洗剂不仅能润湿污垢的表面,而且能深入到污垢聚集的细小空隙中,使污垢与被清洗表面的结合力减弱,最后溶解污垢
	(2)吸附	清洗剂中的电解质形成的无机离子吸附在污垢上,能改变对污垢的静电吸引力,并可防止污垢再沉积
	(3)增溶	使污垢溶解在清洗剂的溶液中
	(4)悬浮	清洗剂中的表面活性物质能在污垢表面形成定向排列的分子层,进一步增加了去污作用
	(5)去污	最后通过冲洗将污垢冲洗掉

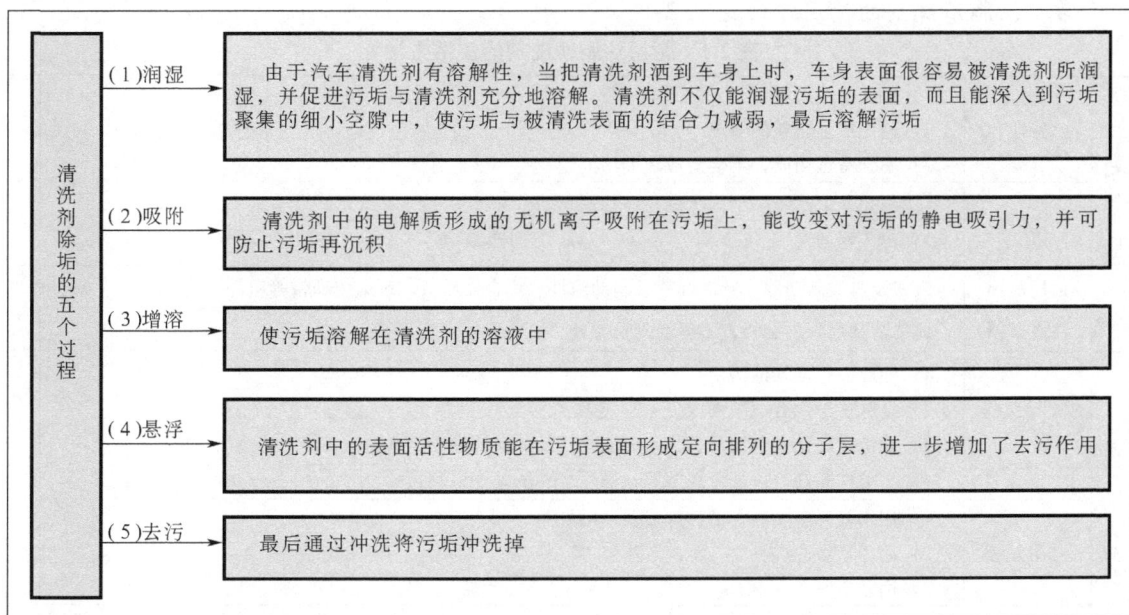

图 2-3 除垢机理

2. 有机清洗剂

对于一些不溶于水的污垢,应采用有机清洗剂进行清洗,如图2-5所示。这种清洗剂主要用于去除车身表面的油脂或沥青。在使用过程中要注意的是,应避免有机清洗剂喷触到塑料、橡胶等部件,因为有机清洗剂中含有汽油或煤油等碳氢化合物成分,会腐蚀塑料和橡胶。在使用过程中也要注意避免在明火附近使用,应在通风良好的地方使用。

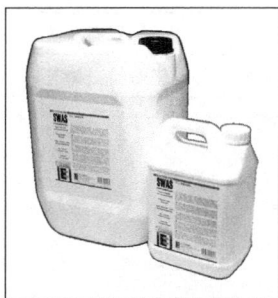

图 2-4 水性清洗剂

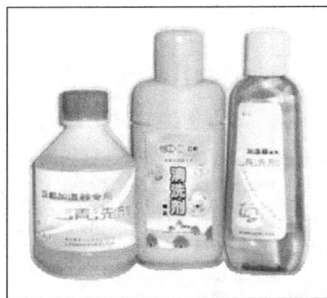

图 2-5 有机清洗剂

3. 油脂清洗剂

油脂清洗剂又称去油剂,它具有极强的去油功能,主要用于清洗发动机、制动系统、轮毂等油污较重的部位。

目前市场上用到的油脂清洗剂有以下三类:

(1) 水质去油剂 该类产品具有安全、无害、成本低等优点;缺点是去油功能有限。

(2) 石化型去油剂 该类产品具有去油能力强、成本低等优点;缺点是易燃、有害。

(3) 天然型去油剂 该类产品不仅去油功能强,而且无害;但是成本高。

常用油脂清洗剂的使用方法见表2-1。

表 2-1　常用油脂清洗剂的使用方法

制动清洗剂	特性	1）迅速清除污垢 2）避免产生辗轧的噪声 3）不含有毒物质，不会造成环境污染
	使用方法	1）喷涂在不洁净的零件表面，让污垢浸润 2）以干布擦拭
	适用范围	鼓式及盘式制动器、制动蹄片、制动组件、离合器压板、风扇传动带等组件
	注意事项	此类清洗剂为易燃物，不得置于易燃处
发动机外表清洗剂	特性	1）能除去较重的油污 2）呈碱性，含有缓蚀剂成分 3）能快速乳化去除油污，且不腐蚀机体及其上部件 4）水溶性能好，可完全地溶解，易用水冲洗，不留残物
	使用方法	1）用水稀释后喷洒在部件外表及油污处 2）用适量水冲洗 3）用软布擦净
	适用范围	适用于发动机外表及底盘等部件
	注意事项	此类清洗剂呈碱性，必须用水稀释后使用
玻璃清洗剂	特性	该产品属于柔和型水质去油垢剂，主要用于清除玻璃上的白色雾状膜，也可有效地去除油污、尘土等
	使用方法	直接喷到玻璃上，用干布擦拭
	适用范围	前风窗玻璃和后视镜
车内仪表清洗剂	特性	能保持车内人造革及皮革的光泽，使灰尘无法沾污，并有柠檬香味，不会破坏漆膜
	使用方法	将该产品喷涂在被清洗物的表面，然后用布擦拭干净即可
	适用范围	主要适用于车门、仪表板、橡胶制品、塑料制品、人造革及真皮制品的表面清洗
	注意事项	该产品为易燃品，不可置于热源、火源处；不可用于喷涂转向盘、座椅的支撑等部位
气门清洗剂	特性	1）可除去积存在气门、气门座上的积炭及污垢 2）增进发动机进气的顺畅，避免无效的功率损耗 3）恢复气缸内原有的压缩比 4）降低 CO 的排放
	使用方法	1）加油前添加 2）添加比例为加油量的百分之一
	适用范围	所有汽车发动机
	注意事项	1）本剂为易燃物，但不含铅、镉、多氯联苯、乙醇及其他有害化合物 2）不会造成环境污染
轮毂清洗剂	特性	1）能有效地去除轮毂上的油渍、氧化色斑，并清洁上光 2）本剂呈弱酸性，但对轮毂及轮胎无腐蚀作用
	使用方法	1）把清洗剂喷涂在汽车轮毂上 2）用软布擦拭
	适用范围	所有汽车轮毂

（续）

发动机清洗剂	特性	除去油脂污垢
	使用方法	1）发动机需停止 2）喷涂在发动机及其周围的部分，让它完全渗透，2min后，再用自来水清洗 3）等全部干燥后，再喷涂发动机漆面保护剂来清洗 4）洗毕，如果发动机因受潮而无法起动，检查点火系统
	适用范围	汽车发动机外部
重油清洗剂	特性	1）本剂是一种强力的、可乳化的重油清洗剂 2）能有效地去除汽车发动机零部件、底盘和设备上的重油油污 3）本剂所含的特别成分能使污垢形成胶束，胶束颗粒以快速分离的形式很容易用水冲洗干净，不会产生二次污染 4）本剂可吸收6倍其体积的油污，所以可重复使用，对车体各部位无腐蚀作用
	使用方法	将本剂喷涂于油污处，然后将所形成的胶束用水冲掉，再用干净布擦干
	适用范围	主要用于汽车发动机零部件、底盘和设备等

4. 溶解清洗剂

溶解清洗剂简称"溶剂"，是一类溶解功能很强的清洗剂，不仅能清除车身上的焦油、沥青、鸟粪、树胶、漆点等水不溶性污垢，而且可用于"开蜡"，因此有些品种直接取名为开蜡水。龟博士系列溶剂产品见表2-2。

表2-2 龟博士系列溶剂产品

序号	品名	代号	特性	备注
1	污垢软化剂	P-470	此产品属于柔和性溶剂，主要用于车身、玻璃等部位的清洗。另外对于较硬的运输蜡，可用此产品进行开蜡。使用时将此产品喷在车身上，浸泡5min后，用布将蜡擦除，再用清水冲净即可	碱性较强，废水应妥善处理，操作时应注意劳动保护
2	蜡质开蜡水	P-460	该产品属于生物降解型溶剂，它的主要原料从橙皮中提炼。该产品不易燃，对环境无污染。使用时一般不需要稀释，若蜡不厚，可按体积比1：1的比例稀释	
3	树脂开蜡水	P-461	该产品含有一种树脂聚合物的溶解成分，能溶解树脂蜡，且不含腐蚀剂，不会侵蚀风窗玻璃、电镀层及铝合金件。在使用时必须用水以1：3的体积比进行稀释，且最好用热水，这样开蜡水中的表面活性剂最为"活跃"，除蜡效果最佳	

5. 多功能清洗剂

（1）车外多功能清洗剂 此类清洗剂主要用于清洗汽车表面灰尘、油污等，且在清洗的同时进行漆面护理。

1）**二合一清洗剂**。所谓"二合一"，即清洁、护理合二为一，既有清洗功能，又有打蜡功效，可以满足快速清洗兼打蜡的要求。此产品适用于车身比较干净的汽车，洗车后直接用毛巾擦干，再用无纺棉轻轻抛光。

2）**汽车清洗香波**。此类清洗剂主要有洗车香波、清洁香波等品种，具有性质温和、不破坏蜡膜、不腐蚀漆面、液体浓缩、泡沫丰富、使用成本低等特点。常见汽车香波类型见表2-3。

香波类清洗剂含有表面活性剂，有很强的分解能力，能有效地去除车身表面的尘土和油渍等污垢。有的产品含有阳离子表面活性剂成分，能去除车身携带的静电和防止污物膜的形成。

表2-3　常见汽车香波类型

汽车清洗香波	特性	1）pH 值为 7.0，呈中性 2）不腐蚀漆面，不脱蜡，伴有柠檬芳香 3）能清洗车身漆面，除油污，去静电
	使用方法	1）用适量净水稀释 2）涂抹于车身漆面进行清洗 3）用干布擦净
	适用范围	各种车型的车身漆面
电脑打洗蜡车机用香波	特性	作为电脑洗车的最后工序，它具有在汽车表面除水的功能，使清洗之后无任何斑点，在汽车漆面留下一层光亮蜡膜，起到防护作用
	适用范围	所有车型的车身
汽车清洗打蜡香波	特性	1）本剂也称清洁打蜡二合一，同时具备除油污、去静电及给车身涂一层蜡膜、护理上光的功用 2）本剂性质温和，呈中性，不伤漆面，不脱蜡，伴有香味
	使用方法	1）用适量的净水稀释 2）将本剂涂洒于车身漆面进行清洗 3）用干布擦净
	适用范围	各种车型的车身漆面
电脑高洗泡车机用香波	特性	1）pH 值约为 7，呈中性，超伸缩高泡沫清洗剂 2）具备强有力的清洗功能 3）丰富的泡沫起到较好的润滑作用，可有效延长设备使用寿命
	适用范围	所有车型的车身

（2）车内室清洗剂　根据汽车内室各部件材料的不同，汽车内室清洗剂主要有以下几种，见表2-4。

表2-4　常见的汽车内室清洗剂

品　种	说　明
丝绒清洗保护剂	此类产品主要用于对毛绒、丝绒、棉绒等织物进行清洁和保护，具有泡沫丰富、去污力强、洗后留有硅酮保护膜、恢复绒织物原状、防止脏物浸入等特点。使用时，先将产品在瓶内轻轻摇晃均匀，然后喷在需要清洁的表面，再用清洁干布将泡沫擦净，污渍明显应反复喷涂擦拭
化纤清洗剂	此类产品在多功能清洗剂的基础上增加了清洗内室化纤制品的功能，对车用地毯、沙发套等化纤制品上的油泥和时间不太长的果汁渍、血迹等有很好的清洗效果，而且不会伤害化纤制品。使用时，先将液体倒入桶中，用高压喷枪按需要比例注水，然后用毛巾沾水中的泡沫去清洗脏处，再用干净布擦净即可
塑胶清洗上光剂	此类产品主要用于塑料及橡胶制品的清洁与护理，清除污垢的同时，在塑胶制品表面形成一层保护膜，具有翻新效果
真皮清洗增光剂	此类产品主要用于皮革制品的清洁与护理，清除污垢的同时，在皮革制品表面形成一层保护膜，起到抗老化、防水、防静电作用，延长皮革制品的使用寿命
多功能 内室光亮剂	此类清洗剂不仅可对光纤、皮革、塑料等不同材料的内室物品进行清洗，而且可起到上光、保护、杀菌等作用。使用也很方便，只要一喷一抹，即可光洁如新，增加美丽光泽，并有防止内室部件老化、龟裂及褪色的功效

第三节　汽车清洗工具与设备

随着科技的进步，汽车美容清洗也越来越专业化。现代汽车清洁大多使用专用工具与设备，其特点是：清洁效率高、质量好。常用的工具与设备有如下几种。

一、清洗工具

1. 毛巾

在专业汽车美容店里需准备多块毛巾，根据不同的擦拭部位，可分为大毛巾、小毛巾、干毛巾等(图2-6)。大毛巾主要用于车身表面的手工清洗或擦拭；小毛巾主要用于擦拭车身凹槽、门边和内饰等部件的污垢；干毛巾用来第二次擦拭车身的水渍，防止车漆产生水斑。另外需注意的是，在选择毛巾时，建议选择纯毛且不掉毛的毛巾。

2. 麂皮

洗完车后若水分还不干，用干毛巾擦拭易损伤漆膜。如果用麂皮擦拭，则能迅速吸干水分。这是因为麂皮(图2-7)具有柔软、耐磨和防静电的特点，它还可以用于车身打蜡后将蜡抛出光泽。

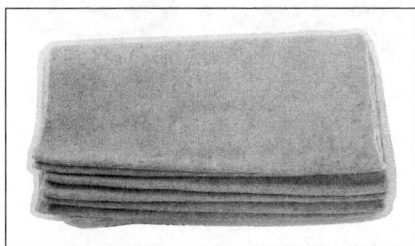

图2-6　毛巾

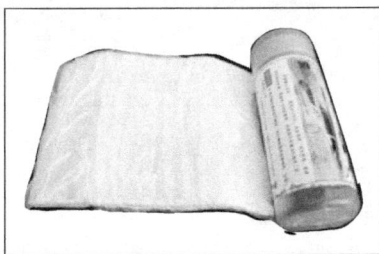

图2-7　麂皮

3. 海绵

海绵具有柔软、弹性好、吸水性强和较好的藏土能力等特点，可分为粗海绵和软海绵(图2-8)。软海绵通常都用于汽车美容车身清洗，有利于保护车漆和提高作业效率，而粗海绵通常用于去除较强的污垢或清洗轮胎时使用。

汽车车身清洗过程中要注意的两点是：

1) 不要将软海绵和粗海绵共用一个装洗设备(如桶)。因为清洗过轮胎的粗海绵泡在装洗设备里，易把轮胎上的石粒带到装洗设备中，而这时把软海绵泡在装洗设备中，就会把石粒带上来清洗，易划伤车漆面，所以这一点要特别注意。

2) 不要将软海绵和粗海绵混合使用，要区分。同时，用软海绵清洗车身时，要特别注意软海绵每清洗车身一块地方，就要放在装洗设备中泡洗一下，将软海绵表面的颗粒去除，再继续清洗下一块车身。

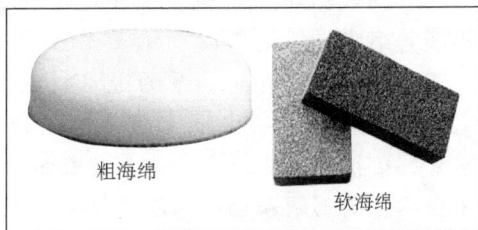

粗海绵

软海绵

图2-8　海绵

4. 洗车泥

当清洗到一些连海绵或清洗剂都无法清洗的沥青或化学品尘粒时，可利用洗车泥（图2-9）先湿润车膜后，再配合喷水，缓慢地在污垢上来回擦拭，即可去除车膜上的此类异物。

二、清洗设备

1. 蒸汽清洗机

蒸汽清洗机用于清除汽车驾驶室及车厢内的各种污渍，如图2-10所示。它可对丝绒、化纤、塑料、皮革等不同材料进行清洗，还可以去除车身外部塑料件表面的蜡迹。它不仅具有较强的去污功能，而且具有杀菌消毒的作用，特别是对带有异味的污垢有很强的清洗作用，能使皮革恢复弹性，使丝绒、化纤还原至原有光泽，是汽车内室美容的首选设备。

图 2-9　洗车泥

图 2-10　蒸汽清洗机

2. 泡沫清洗机

泡沫清洗机如图2-11所示。它利用压缩空气在设备内部产生一定压力，通过设备配置系统，将设备内调配好的清洗液以泡沫状喷射到需要清洗的汽车或物件上。该设备采用气动控制，压力稳定，具有流量大、操作简单、使用方便等优点。使用时，打开泡沫清洗机的球阀，按比例加适量的清水，水满后再加入适量的洗车精，然后关好球阀；打开气阀，把气压表的压力调到0.2~0.4MPa；打开泡沫机的喷射阀，将清洗液均匀喷射到待清洗物上，然后用干净的海绵擦净即可。

3. 可移动式汽车清洗机

可移动式汽车清洗机主要由电动机、水泵、水管、喷枪和电源线等组成，如图2-12所示。

图 2-11　泡沫清洗机

工作原理： 首先将水泵的进水口泡在水源中，再接通电动机电源，电动机带动水泵中的叶轮旋转，将水从水泵出水口，经水管、喷枪、喷头射向汽车车身表面。同时，根据车身污垢的轻重，可调节喷枪的尾部来控制出水流的形状和调节水压的大小，有效地去除灰尘和污垢。

可移动式清洗机清洗质量较好，设备投资少，但清洗时间长，耗水量大。

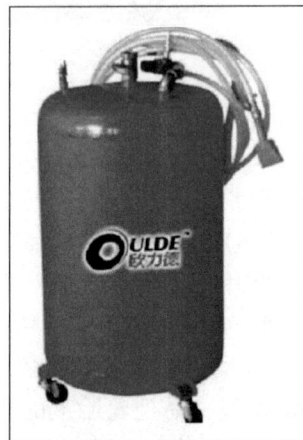

4. 固定式汽车清洗机

（1）喷头固定式清洗机 常见的喷头固定式汽车清洗机一般由电动机、离心水泵、直头喷管、旋转喷头及清洗台等组成，如图2-13所示。

图2-12 可移动式汽车清洗机

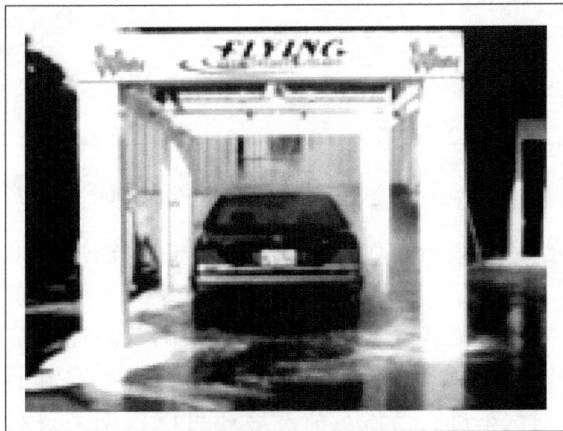

图2-13 喷头固定式清洗机

按洗车功能的不同，有些喷头固定式清洗机底部装有高压喷水头，用以清洗汽车底盘。而在清洗台的顶侧，装有花洒般的喷嘴。当汽车驶进清洗台，进入清洗位置后，接通电源，在水泵的作用下形成高压水流，对汽车进行清洗。

（2）滚刷固定式清洗机 滚刷固定式清洗机（图2-14）是目前国外较为常用的清洗设备，主要由电动机、低压水泵、管路、喷嘴、滚刷及清洗台等组成。它是用专门的滚刷来清洗汽车外表面的。

滚刷固定式清洗机的工作原理如图2-15所示。

当汽车驶入自动化清洗站时，打开门形架上的喷嘴，开始喷水淋湿车身，如图2-15a所示。汽车车头驶近Ⅰ、Ⅱ滚刷时，Ⅰ、Ⅱ滚刷转动出水，车头通过Ⅰ、Ⅱ滚刷后，滚刷在气动机构的推动下，向车身靠拢，洗刷车身两侧，如图2-15b所示。当车辆驶过Ⅰ、Ⅱ滚刷，则Ⅰ、Ⅱ滚刷自动合拢，清洗车尾，如图2-15c所示。当车头接近Ⅲ、Ⅳ滚刷时，Ⅲ、Ⅳ滚刷出水，并刷洗车头，接着由车头慢慢顶开滚刷清洗车侧。直到车辆通过，Ⅲ、Ⅳ滚刷复位到关闭位置。当整车洗刷完毕后，让汽车向前移动，在专门设置的清水位置淋洗，使车身表面干燥后不产生水斑。

图2-14 滚刷固定式清洗机

（3）多功能固定清洗机 多功能固定清洗机采用自动控制，对汽车整车外表面进行清洗。它由汽车自动输送线、滚刷及刷子、滚子百叶窗板、喷水清洗系统、排水系统及控制装

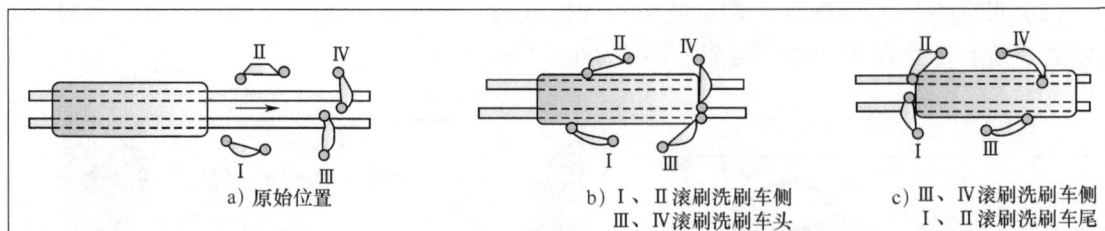

图 2-15 滚刷固定式清洗机工作原理

a) 原始位置　　　b) Ⅰ、Ⅱ 滚刷洗刷车侧　　　c) Ⅲ、Ⅳ 滚刷洗刷车侧
　　　　　　　　　　　Ⅲ、Ⅳ 滚刷洗刷车头　　　　　Ⅰ、Ⅱ 滚刷洗刷车尾

置等组成。当汽车驶上自动输送线时，输送线将汽车送入清洗通道。操作人员根据车型、污垢分布及用户对清洗的要求，通过控制装置调节高速清洗系统的清洗方式、水流速度、压力、方向、水流形状等，对汽车进行清洗。清洗后还可以根据需要对汽车进行附加处理：局部重点清洗、车身清洁处理、上柔软剂、打蜡上光等。

三、其他设备

1. 吸尘器

汽车空间小，结构复杂，易形成室内污染，如不及时进行清理，将严重影响驾驶人的身体健康。吸尘器是一种能将灰尘、脏物及碎屑吸除的电器设备，如图 2-16 所示。

图 2-16 吸尘器

常见的吸尘器主要有专业型、家用型和便携型三种，其性能见表 2-5。

表 2-5 各种吸尘器的性能

类　别	性　能
专业型吸尘器	吸尘效果好，使用较多，具有较好的防水性，而且集吸尘、吸水、风干于一体，配有适于汽车内室结构的专用吸嘴，操作简单，吸力大，并可与内室蒸汽机配套使用
家用型吸尘器	虽然吸力不小，但防水性差，如果将吸尘器置于操作间，就会在洗车时将水溅入吸尘器，容易出现内部短路现象，甚至烧毁
便携型吸尘器	是供车主随车携带的，它使用汽车上的电源(利用点烟器插座)，体积小，携带方便，但不适合专业护理店使用

工作原理： 吸尘器利用电动机的高速转动，带动叶轮旋转，使吸尘器内部产生局部真空，形成空气吸力，将灰尘、脏物吸入，再经过吸尘器内部的过滤装置，最后将过滤后的清洁空气排出去，从而达到吸尘的目的。

日常维护：

1）使用后，应将吸尘器及其附件用湿布擦拭干净，然后晾干收好。

2）清灰后的集尘袋可用微温的水洗涤干净后晒干。

3）吸尘器的刷子上黏附的毛发、线头要及时清除干净，磨损过大的刷子要及时更换。

4）紧固件如有松动，要立即紧固好。

5）电动机如有故障，要及时维修。

2. 脱水机

脱水机如图 2-17 所示。

（1）产品性能 大负荷，高效率，可装载 13kg 的脱水物，3min 即可完成脱水；不锈钢外壳，外形美观。

（2）技术参数 脱水机的主要技术参数见表 2-6。

图 2-17 脱水机

表 2-6 脱水机的主要技术参数

电 源	380V/220V	功 率	720W
转速	1200r/min	脱水时间	2~4min
装载质量	13kg	本机质量	110kg

（3）适用范围 适用于汽车内饰物清洗脱水。

第四节 汽车清洗工艺

由于汽车车身和内室常受到不同程度的污染，如不及时处理，将使车漆失光、失色，车室内空气浑浊。车漆失光、失色将大大地影响汽车的外观，车室内空气浑浊将影响驾驶人的健康，因此，汽车清洗可分为车身清洗和车室清洁。

一、汽车清洗工艺条件

1. 清洗剂的温度

清洗剂溶液温度越高，去垢作用越显著，但温度过高时，往往造成汽车表面漆层发软。对于日常保养的汽车冲洗时，清洗剂到达汽车表面的温度在 30~40℃ 较合适。清洗剂溶液加温的温度可依据管路的长短及当时天气温度而定，一般冬季温度要高一些，夏季要低一些。在用清洗剂清洗汽车之前，先用温水冲洗一下被清洗表面，不仅会提高清洗效果，而且会减少清洗剂用量。

2. 清洗剂的浓度

一般情况下，清洗剂溶液浓度增加，去垢效率也增加。但当浓度过大时，去垢效率并不再增加，且浓度过大时对漆层会有破坏作用，对非铁金属也有不利影响。清洗剂溶液对漆层的影响可用清洗剂的 pH 值来确定。当溶液的碱性增大即溶液的 pH 值增大时，其去垢能力增加，但对漆层有不利影响；中性溶液对漆层无害，但又缺乏足够的去垢能力。实践证明，采用 pH=7.5~8 的弱碱性清洗剂，既能保证去垢效果，又能使漆层不受影响。

3. 冲洗压力

一般冲洗车身的压力为 3~5MPa 较为适合。个别情况下（如污垢多、清洗表面形状复杂等）压力可达 7MPa。冲洗汽车底盘可将压力增大至 10~25MPa，因为底盘形状复杂，且油污多，压力过低不易将污垢冲掉。

4. 清洗剂对污垢作用时间

冲洗外表面一般只要 3~5s，冲洗底盘要 5~10s，个别地方如一些形状复杂的深孔、拐角，冲洗时间可延长至 10s 以上。对外表面的冲洗时间不宜过长，因为长时间冲洗会造成局部漆层发软，且易在汽车表面上形成一层难以冲洗的薄膜痕迹。冲洗中应使各处冲洗的时间一致，并应以一定方向和按一定顺序进行。

5. 机械作业强度和性质

在冲洗过程中，大部分干燥性的污垢都会被水冲掉。黏滞性的污垢往往在用清洗剂溶液冲洗后，还要用手工或专用清洗设备进行刷洗，这对最后的清洗质量影响很大。

6. 气温对清洗质量的影响

冬季清洗汽车，会使水结冰而引起漆膜开裂。在这种情况下，可将水加热进行冲洗，汽车最后冲洗完毕立即用抹布擦干。另外在强烈的阳光下进行冲洗，由于水分蒸发会使车身遗留下干燥的水珠污迹，在这种情况下不宜进行操作，此点对轿车、客车尤为重要。

二、车身清洗方法

1. 人工清洗工艺流程

人工洗车步骤一般分冲淋、擦洗、冲洗、擦车和吹干等五个步骤。洗车时一般由两人配合进行，这样不但速度快，而且清洗质量好。

（1）冲淋 接到服务车辆后，由一人负责驶入工作间，一人在车前引导，并适时提醒驾驶人控制好方向。车辆停放平稳后，一人用高压水冲去车身污物，顺序自上而下，整个过程当中始终由一个方向向另一边的斜下方冲洗，尽量避免正向或反向冲洗，以免将泥沙冲回已经冲洗干净的部位。冲淋时不可忽视的部位是车身的下部及底部，因为大量的泥沙和污物一般都聚集在这些部位，如果稍不注意，就会遗留下泥沙等物质。这样在进行下面的工序——擦洗时就会划伤漆面。因此必须尽可能地冲洗掉车身下部及车底的大颗粒泥沙。

（2）擦洗 将配制好的洗车液均匀喷洒在车身表面，如果有泡沫清洗机，可先将泡沫喷洒在车身表面，然后两人手持海绵一左一右按照从上到下的顺序擦洗车身，如图 2-18 所示。擦洗时应注意全车的每个角落都要细致认真地进行擦洗，同时注意车身表面有些冲洗不掉的附着物，不可用力猛擦，以免损坏车身漆面。对于焦油、沥青等顽固污渍，应使用专用溶剂来清洗。

图 2-18 车身的擦洗

（3）冲洗 擦洗完毕之后，开始冲洗车身，顺序同冲淋一样，但这时应以车顶、上部和中部为重点。因为冲淋时已经将车身下部冲洗得比较干净并进行了一定的擦洗。这时的冲洗主要应为冲洗中部以上的部位，向下流动的水基本能够将下部及底部冲洗干净，所以下部

和底部一带而过即可。

（4）擦车　用半湿的大毛巾将整个车身从前至后先预擦一遍，待车身中部及下部大部分水分被吸干之后，用干毛巾细擦一遍，要求擦干所留下的水痕，如图 2-19 所示，这样经过"一湿一干"两遍抹擦之后，车身应不留水痕，而且十分干净。擦车时应注意检查洗车工序中容易遗漏的部位，如刮水器安装部位、车身底部等。

（5）吹干　完成前面四道工序后，车身表面基本洗干净。但是有些地方在擦车时不容易擦干，如发动机盖边沿及内侧、车门边缘内侧、车门把手内侧、行李箱边沿内侧、油箱盖内侧等凹进去的地方，这时要用压缩空气来进行吹干，如图 2-20 所示。操作时可一手拿着压缩空气枪，一手拿着干净抹布，边吹边抹，直到吹干为止。然后就可进行研磨抛光工作了。

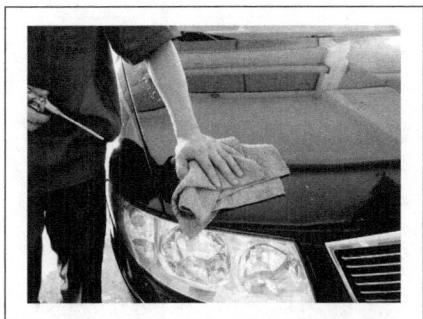

图 2-19　擦车

图 2-20　吹干

（6）车表顽固污渍的清除　汽车行驶时有可能粘上焦油、沥青等污物，如果没有及时清洗，长时间附着在漆面上，会形成顽固的污斑，使用普通的清洗液一般难以清除干净，可以采用如下方法处理。

1）**焦油去除剂清除**。焦油去除剂是汽车美容的常用产品，主要用于沥青、焦油等有机化合物的清洁。使用专用的焦油去除剂，既可有效地溶解顽固污物，又不会对漆面造成损伤。在沥青、焦油等顽固污渍的清除作业中，最好选用专用产品，若无专用去除剂，可考虑使用下面两种方法。

2）**有机溶剂清除**。如果没有专用的焦油去除剂，可选用有机溶剂，但选用时一定要注意不可选用对车漆有溶解作用的有机溶剂，如含醇类、苯类的有机溶剂和松节油等。一般可用有机溶剂浸润后，擦拭清除。

3）**抛光机清除**。使用抛光机清除时可加入适当的研磨剂，也能有效地去除附着在车表的沥青、焦油等顽固污渍。但操作时要注意抛光机的使用，注意选择抛光机的转速和抛光盘的材质，避免抛光过度，得不偿失。

（7）洗车注意事项　为保持车容整洁，应经常对汽车进行清洗，在进行汽车清洗作业时，应注意以下几点。

1）洗车时应选用专用洗车液，任何车身漆面均不能用洗衣粉、洗洁精等含碱性成分的普通洗涤用品清洗，以免使车身漆面失去光泽，甚至使车漆干裂，造成损失。

2）洗车时最好使用软水，尽量避免使用含矿物质较多的硬水，以免车身干燥后留下痕迹。

3）在进行冲洗时，水压不宜太高，喷嘴与车身应保持一定的距离。

4）洗车各工序都应遵循由上到下的原则。

5）擦洗车身漆面时，应使用软毛巾或海绵，并检查其中是否裹有硬颗粒，以免划伤漆面。

6）车身粘有沥青、油渍等污物时，要及时用专用清洗剂进行清洗。

7）洗车时，应注意最后一道吹干工序不能省略。车身的隙缝之间的水滴如果不吹干，时间久了将会形成顽固的水垢，难以去除。

8）不要在阳光直射下洗车，以免车表水滴干燥后会留下斑点，影响清洗效果。

9）若发动机罩还有余热，应待冷却后再进行清洗，防止温差太大伤及漆层。

10）北方严寒季节不要在室外洗车，以防水滴在车身上结冰，造成漆层破裂。

2. 专业设备清洗

专用汽车清洗设备可分为半自动和全自动两种。

两种之共同点为：驾驶人将待洗的汽车驶入洗车线的车道中，发动机熄火，拉紧驻车制动杆，紧闭车门、车窗。

相异处为：半自动型需要人工操作洗车机上的功能按钮。全自动型只要按下机器上的起动钮即可全程自动操作。

下面介绍半自动清洗设备的清洗方法。

（1）蒸汽洗车 目前市场上出现一杯水能洗一辆车的蒸汽洗车机。这种从韩国引进的集清洗、打蜡、保养于一体的蒸汽洗车机，旨在从根本上改变目前落后的洗车方式，从而给洗车行业带来一场前所未有的产业革命，如图 2-21、图 2-22 所示。

图 2-21 蒸汽洗车机

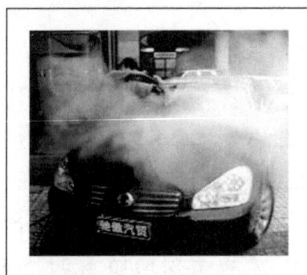

图 2-22 蒸汽洗车

蒸汽洗车有七大优点：

1）**绿色环保**。使用蒸汽洗车对周围环境绝无污染，洗车是在雾状下进行的，洗完后场地仍旧干净整洁，对保护市容市貌、改善生态环境具有重要意义。

2）**节水**。使用蒸汽洗车每辆车仅用水 0.3~0.5kg，耗水量仅为传统水洗方式的 0.1%。

3）**节能**。使用蒸汽洗车每辆车仅用电 0.4kW·h。

4）**高效**。该机采用特殊清洗剂、上光剂和高档车布，清洁护理一次完成。

5）**快捷**。使用蒸汽每洗一辆车用时 5~10min，人员 1~2 人。

6）**方便**。使用蒸汽洗车无须专门店面场地，可流动作业，上门服务。

7）**干净**。使用蒸汽洗车无论是尘土、油污都能洗净。

（2）干洗保护釉洗车 干洗保护釉内含有三大类物质：清洗剂、润滑剂及保护釉。

1）**清洗原理**：呈雾状喷射到车表面的干洗保护釉，把所有能接触到的污物和车身表面

加以覆盖。在清洗剂的作用下，车身表面污渍被软化，并在保护釉的包裹下变成无数小形珠粒，保护釉同时把车身表面加以覆盖，在珠粒与车身表面保护釉之间的润滑剂起到减少摩擦的作用。珠粒状的污渍在干毛巾的吸水引导下，被毛巾带离车身表面。车身表面只剩下凹凸不平的保护釉及少量润滑剂。用另一干毛巾擦拭后，去除润滑剂，留下的就是有相当硬度的耐磨、防水、防尘及防晒的保护釉。

干洗保护釉不与污渍起任何化学反应，它所含的高度润滑配方与高度反光因子不会破坏车漆，使用后车身整洁干净、光亮如新。

2）干洗操作：进行干洗时操作非常简单，只需把干洗保护釉用特制的喷瓶，以雾状喷洒到未经任何清洗的车身表面，无须等候即可用一块干毛巾轻擦车身表面，就可轻易地除去污渍。再用另一块毛巾轻轻擦拭加以抛光，就可完成车身的清洁、上光作业，整个过程只需15～30min。同时，用干洗保护釉抛光后的车表面不但不会留下螺旋纹，而且由于坚硬、光滑的保护釉使沙、水、泥等脏物无法吸附在车身表面，因此，下次清洗时只需用湿毛巾把留在车表面上的微尘粒轻轻抹去，再用干毛巾轻轻抛光，车身表面又能恢复原亮度，保护釉对车身表面的保护期长达30天。

三、车室清洁

车室清洁通常是对汽车内部空间的美容，主要包括车内顶篷的清洁、车侧立柱及车门内表面的清洁、仪表控制面板的清洁护理、车窗玻璃的清洁护理、座椅的清洁护理、安全带的清洁、地毯的清洗、转向盘的清洁、其他饰面的清洁（如离合器踏板、制动踏板、加速踏板等），还包括行李箱的清洁。作业时常用设备及用品见表2-7，车室美容设备实物如图2-23所示。

表 2-7　车室美容常用设备及用品

美容项目	具体作业项目	设备及用品	选用要点
车室	车室美容	吸尘器，高温蒸汽杀菌器，喷壶，毛巾，真皮、塑料、纤维织物清洗保护剂，真皮上光保护剂，真皮与塑料上光翻新保护剂，地毯清洗剂等	1）不宜用碱性清洗剂进行车室清洁 2）纤维织物清洗剂一般可用于地毯清洁

1. 车室美容工艺流程

车室美容如图2-24所示，工艺流程如下。

汽车桑拿机　　吸尘吸水机

图 2-23　车室美容设备

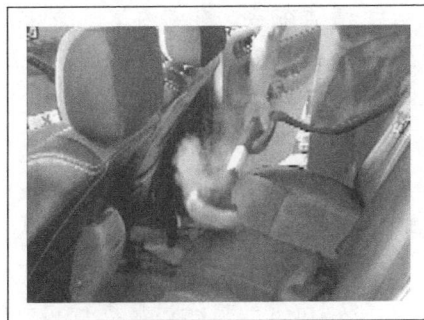

图 2-24　车室美容

（1）整理杂物 将杂物箱里的杂物或垃圾清理干净，并把地毯拿出来用软刷清理。

（2）除尘 杂物清理完后，用吸尘器将车内的灰尘吸净，特别是座椅下和各角落里。

（3）清洗 对于不同材质的内饰件使用不同的清洗方法，见表2-8。

表 2-8 车室清洗的不同方法

方 法	说 明
真皮制品的清洗	清洁真皮制品时，应选专用皮革清洗剂进行清洗。喷上清洗剂后用软毛刷轻轻刷洗，然后用干净的抹布抹干。清洁后，可使用皮革类专用保护剂，如油性真皮上光保护剂、2001配方皮革保护剂等，对抹干的真皮进行上光擦拭
塑料制品的清洗	先用专用的清洗剂喷洒于塑料部件，然后用海绵稍蘸清水擦洗表面，直至细纹中的污垢清除干净，再用半湿性毛巾擦净表面的污垢，擦洗时应避免用力过猛，以免出现失光白化现象。清洁后，可用塑胶护理上光剂、皮塑防护剂等进行上光处理
橡胶制品的清洗	可将专用清洗剂喷洒于半湿性毛巾上，然后直接擦洗橡胶部件，再用干净的半湿性毛巾擦净表面的污物
玻璃的清洗	先用风窗玻璃专用清洗剂进行清洗，然后涂上风窗玻璃防雾剂
车内其他材质的清洗	现代汽车内部运用了多种复合材料，其中较多的有乙烯塑料纤维等。可直接喷洒专用清洗剂在上面，然后用抹布擦干净即可。清洁完后，喷涂一层塑料橡胶润光剂，可防止其过早老化、变脆、变硬

（4）上光护理 清洗过的真皮制品、塑料制品、橡胶制品都必须进行上光护理，以保持其光艳。

（5）消毒处理

1）**臭氧消毒**。臭氧氧化能力很强，对细菌、病毒等微生物杀灭率高、速度快，对有机化合物等污染物质去除彻底而又不产生二次污染。使用时，应关闭好车门窗，保持车内良好密封效果，臭氧消毒机要求在相对湿度大于60%的条件下使用，一次开机消毒时间以多于0.5h为宜。

2）**光催化剂消毒**。"光催化剂"是以二氧化钛为代表的具有光催化功能的光半导体材料的总称。它比臭氧、负氧离子有着更强的氧化能力，可分解臭味源，有极强的防污、杀菌和除臭功能。光催化剂消毒机如图2-25所示。

图 2-25 光催化剂消毒机

3）**光催化剂消毒施工操作技巧**。

① **清洁车室**。车室内蒸汽除味、清洁上光。

② **屏蔽**。用遮盖胶布或旧报纸遮好不施工的物品，如汽车内饰、音响、木质品、玻璃、镀品、深色表面、光泽度高的表面、精密仪器等。

③ **喷光催化剂的规范**。

a. 喷涂距离一般为30~40cm，以水平铅垂方式从左到右喷涂，不能斜角度或倒立喷向施工面。

b. 上下喷涂间距为5~6cm。

c. 以1m/s的喷涂速度进行均匀的纵、横向喷涂。

d. 误喷处理：应尽快用湿抹布擦拭干净。

e. 光催化剂是速干型产品，在阳光照射或荧光灯照射和通风良好的情况下，一般30min可干燥。如有需要，可进行第二次喷涂。

f. 喷涂用量按实际测量面积 $10\sim15mL/m^2$，膜厚 $0.5\sim1\mu m$ 即可达到较佳效果。

④ **整理恢复**。喷涂完毕后，清理收拾好现场，恢复施工前原貌。施工完毕后 0.5h，打开车门，保持空气畅通及充足的光线照射。

⑤ **完工验收**。

2. 车室清洁注意事项

（1）使用适当的清洗剂　进行车室清洁时，要根据不同材质使用专用的清洗剂或最相近的清洗剂。例如，用水性真皮清洁柔顺剂清洁真皮座椅，用化纤清洗剂清洗丝绒纤维制成的座椅。地毯等，用玻璃清洗液清洗车窗内侧的玻璃等。

（2）切记不要随意混合或加温使用车饰清洁用品　不同的车饰清洁用品混合后，有可能产生一些有害物质，如有些化学成分混合后可能会释放出有毒气体。若将清洗剂加温，如放入蒸汽清洗机内使用，也容易产生有害气体。因此，除非产品包装上特别注明的混合比例或配合机械的使用方法，否则切勿随意混合或加温使用车饰清洁用品，以免发生化学反应，产生有害物质。

（3）对不熟悉的产品应先测试使用　对于首次使用的清洗剂，应先找到相同材质的部件进行清洗测试，也可在待清洗部件的不显眼处进行测试。如使用真皮清洗剂清洗车内座椅皮革时，可先在座椅底部或背面等不显眼的地方小面积使用，观察清洗效果如何，以防褪色或有其他损害。

（4）特殊污渍　车饰件上有特殊的污渍如焦油、油漆、机油等时不可用力擦洗，应选用专用清洗剂进行清洗。

（5）清洁作业　喷上清洗剂，稍停片刻后再进行擦拭。擦拭方向要求后期只能单向运动，以便保持与光线漫射面一致。

（6）烘干处理　如有需要，可对清洗过的较难干燥的饰件进行烘干处理，有利于防止发霉。

第三章

汽 车 护 理

汽车护理是采用专用的护理用品，对汽车表面和其他系统或物品表面实施保护的美容作业。汽车在使用过程中，由于自然侵蚀和人为因素，导致漆面出现变色、老化等现象，要按汽车护理周期进行定期的护理。

第一节　汽车漆面研磨与抛光

一、研磨、抛光、还原用品

1. 研磨剂

研磨剂属于修复性护理产品。它主要用来去除氧化层、微划痕等不同程度的车漆损伤。其选用原则有两个方面：

1）根据损伤的情况，应选用不同功效的研磨剂。

2）根据车漆的性质来选用研磨剂的种类。

研磨剂按使用范围不同可分为普通型研磨剂和通用型研磨剂。

（1）普通型研磨剂　普通型研磨剂中作为摩擦材料的一般都是坚硬的浮岩。根据浮岩颗粒的大小，分为深切、中切和微切三类，如图3-1所示。

◀普通深切研磨剂

性能和用途：
　　适用于各种大面积车漆研磨工作，是漆房、修理厂及做深划痕修复的汽车美容店的必备产品

◀普通中切研磨剂

性能和用途：
　　选用特殊材料制成，不易粘在切盘上，是国内大部分微型汽车的理想研磨材料。适用于去除各种普通漆的严重氧化、中度划痕、擦伤等

◀普通微切研磨剂

性能和用途：
　　选用特殊材料制成，不易粘在切盘上，是国内大部分微型汽车的理想研磨剂。适用于各种普通漆的去氧化层和去划痕

图3-1　普通型研磨剂

1）**作用：**主要用于治理普通漆不同程度的氧化、划痕、褪色等漆膜缺陷。

2）**注意事项**：坚硬浮岩如用在透明漆上，很快就会把透明漆层打掉，因此，它们不适合透明漆的研磨。

（2）**通用型研磨剂** 通用型研磨剂对普通漆和透明漆均可使用，该研磨剂中的摩擦材料是合成微晶体颗粒磨料，它们具有一定的切割功能，但不像浮岩那样坚硬。

研磨剂按切割方式不同可分为物理切割式、化学切割式和多种切割式的研磨剂。

1）**物理切割式研磨剂。** 物理切割方式有浮岩型和陶土型两种。

特点：材料坚硬，切割速度快，利用颗粒与漆层摩擦产生高热，去除表面的瑕疵，但操作过程中颗粒体积不会因切割的速度和力度而发生变化。

2）**化学切割式研磨剂。** 化学切割方式为微晶体型。

特点：可通过摩擦产生的热量逐步化解微晶体颗粒，使其体积在操作过程中逐步变小，产生极热高温而去除氧化层，同时溶解漆层表面凸出的部分，填平凹处的针眼。

3）**多种切割式研磨剂。** 多种切割方式主要是中性研磨剂。

特点：中性研磨剂是目前市场上最佳的漆面护理研磨材料，内含陶土及微晶体两种切割材料，适合各类汽车漆面，而且便于操作，速度快，研磨力度小。既有物理切割作用，又有化学溶解填补功能，利用两种材料与漆层摩擦产生热量，去除氧化层，同时迅速溶解漆层凸点，填补凹处，起到双重效果，以达到符合抛光要求的表面基材。

2. 抛光剂

如果说洗车是车身护理最重要的一步，研磨和清洁是最关键的一步，抛光则是车体护理最具有艺术性的一步。一辆车做得有多新、多光滑、多亮和能保持多久，主要看抛光。

抛光剂其实也是一种研磨剂，是一种含颗粒更细的摩擦材料的研磨剂。

车身抛光的作用是：

1）消除研磨造成的细微划痕。

2）修理车漆的轻微损伤，包括酸雨点、石灰和水泥点及虫尸、鸟屎、飞漆点等。

3）为还原、打蜡做好准备。

抛光质量的好坏对车漆外观效果及耐腐蚀能力的影响很大，甚至能影响汽车本身的价值。抛光剂按摩擦材料颗粒或功效的大小不同可分为微抛光剂、中抛光剂和深抛光剂三种，如图3-2所示。

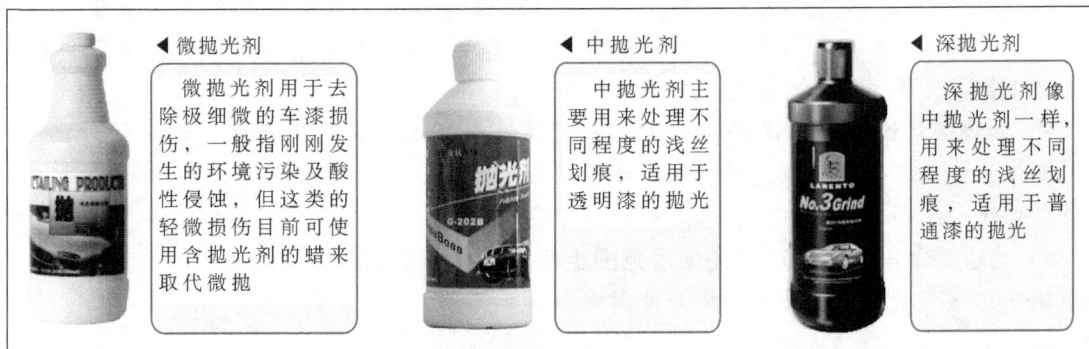

◀ 微抛光剂

微抛光剂用于去除极细微的车漆损伤，一般指刚刚发生的环境污染及酸性侵蚀，但这类的轻微损伤目前可使用含抛光剂的蜡来取代微抛

◀ 中抛光剂

中抛光剂主要用来处理不同程度的浅丝划痕，适用于透明漆的抛光

◀ 深抛光剂

深抛光剂像中抛光剂一样，用来处理不同程度的浅丝划痕，适用于普通漆的抛光

图3-2 抛光剂

3. 还原剂

"还原"是介于抛光与打蜡之间的一道工序，还原剂可使研磨和抛光等工作成果再上

一个台阶。还原剂中有些产品又称"增光剂"，如图3-3所示。

还原剂与抛光剂本质的区别在于还原剂含蜡(或上光剂)，而抛光剂不含蜡(或上光剂)。

还原剂与抛光剂在使用上的区别：

1) 因抛光剂不含蜡，使用抛光剂可切实地检验出抛光的质量。

2) 因还原剂加入了蜡或上光剂，在抛光功效上比纯抛光剂要差些。

3) 还原剂实际上是一种集抛光和打蜡为一体的二合一产品，可以缩短工作时间。

4) "还原"是上蜡前的一道工序，可以进行一步完善抛光的效果。

5) 还原剂虽然有蜡的效果，但还原剂一般

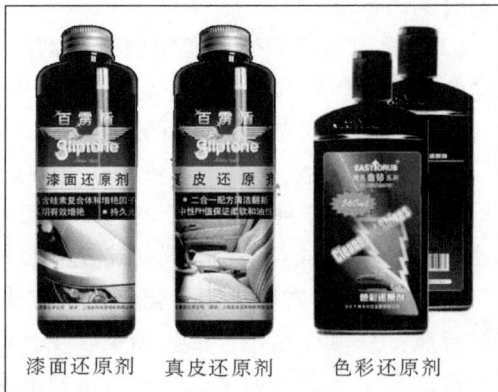

漆面还原剂　　真皮还原剂　　色彩还原剂

图3-3　还原剂

保持时间不长，接触几次水后就会流失。要取得长久保持的效果，还原剂上还应再加一层高质量的蜡。

4. 研磨与抛光用品的正确选用

市面上出售的汽车研磨(抛光)用品的包装及型号多种多样，**选用时应注意以下几点：**

1) **注意漆面种类不同。**风干漆与烤漆，其表面都可做研磨(抛光)处理，但其所用的研磨(抛光)用品是不一样的，因为这类漆本身所含溶剂不同，用错会造成漆膜变软、裂口及变色。纯色漆与金属漆所使用的研磨(抛光)用品也应区分清楚。金属漆所专用的研磨(抛光)用品不但可增加漆面亮质，而且能使金属(或珍珠)的闪光效果更清晰，更富立体感。

2) **注意漆面颜色不同。**浅颜色漆与深颜色漆所用的研磨(抛光)用品不能混用。浅颜色漆若用了深颜色漆的研磨(抛光)用品会使漆膜颜色变深，出现花脸；反之，漆膜颜色会变淡，出现雾影，严重影响外观。

3) **研磨剂与抛光剂要分清。**先用研磨剂研磨，然后再用抛光剂进行抛光。如果颠倒使用，不但浪费抛光剂，而且达不到应有的研磨效果。

4) **机器用品与手工用品要分清。**机器用的研磨(抛光)用品必须配合专用研磨/抛光机使用；手工用品则是用棉布直接手工涂抹研磨(抛光)。机器用品用手工操作不但费工费时，而且效果极差，手工用品用机器操作则浪费严重。

5) **漆膜保护增光剂与镜面处理剂要分清。**镜面处理剂是对漆面进行增光处理的专用剂，其保护作用不如保护增光剂；保护增光剂含有许多成分，可在漆面上形成一层保护膜，抵御紫外线、酸雨、静电粉尘、水渍等的侵害。

6) **含硅产品与不含硅产品在使用范围上应分清。**在修理厂尽量避免使用含硅产品，因为漆膜一旦粘有硅质，漆面修补将会很困难。

二、研磨与抛光设备

1. 研磨机

研磨机如图3-4所示。

（1）种类 研磨机按转速可分为高（中）速研磨机和低速研磨机。高（中）速研磨机速度可调，市场上常见的有转速范围为 1750 ~ 3000r/min 的高速研磨机和转速范围为 1200 ~ 1600r/min 的中速研磨机，低速研磨机一般为单速，转速为 1200r/min。

图 3-4　研磨机

（2）配套材料 研磨机的配套材料主要是研磨盘和抛光盘，根据装盘方式分为吸盘式研磨盘和抛光盘，以及紧固式研磨盘和抛光盘。研磨盘的材料有全毛、混纺毛和海绵三种，每种所用的研磨和抛光材料又有明显的区别，如海绵研磨盘是黄色的，质地硬；抛光盘是白色的，质地软、细腻。盘的厚度和形状也不一样，美式的厚度一般为 1 ~ 1.25in（1in = 25.4mm），圆盘直径为 7 ~ 10in，圆盘有平底的，还有波纹底的；欧式的圆盘直径小，一般为 6in，但厚度则有 2in，同样也有平底和波纹底两种。波纹盘的优点是研磨时可减少飞溅。

2. 抛光机

抛光机是汽车维修和美容护理的必备设备，如图 3-5 所示，其规格和型号较多。它的基本操作较为简单，但操作要领很重要，需要考虑被抛光物的实际情况和环境条件，否则会影响抛光效果。

图 3-5　抛光机

抛光机的动力主要是电动和压缩空气，电动的用得最普遍。电动抛光机的外形与电动砂轮机很相似，结构也差不多，只是叶轮形状和材质不同。砂轮机用的是砂轮片；抛光机用的是抛光垫，其材质主要有布、海绵和羊毛等，可根据抛光的需要进行选择。

抛光机的主要技术参数见表 3-1。

表 3-1　抛光机的主要技术参数

产品型号 技术参数	RAP180.03E 抛光机	RAP150.03E 抛光机	RAP80.02E 抛光机	产品型号 技术参数	RAP180.03E 抛光机	RAP150.03E 抛光机	RAP80.02E 抛光机
功率/W	1500	1050	500	抛光轮直径/mm	180	150	80
转速/(r/min)	500 ~ 2650	900 ~ 2500	750 ~ 2300	质量/kg	3.1	2.7	1.6

三、研磨与抛光方法

1. 研磨

（1）研磨的目的 修整划痕、去除氧化层和网纹及除去无法清洗掉的污渍，使汽车漆膜表面相对平整光滑。研磨应选用研磨剂，该剂颗粒较大，可将车身表面不平漆面或粗粒磨

去，使车身表面漆膜平滑细腻，漆层变薄。

（2）研磨的方法 研磨的方法如图3-6所示。

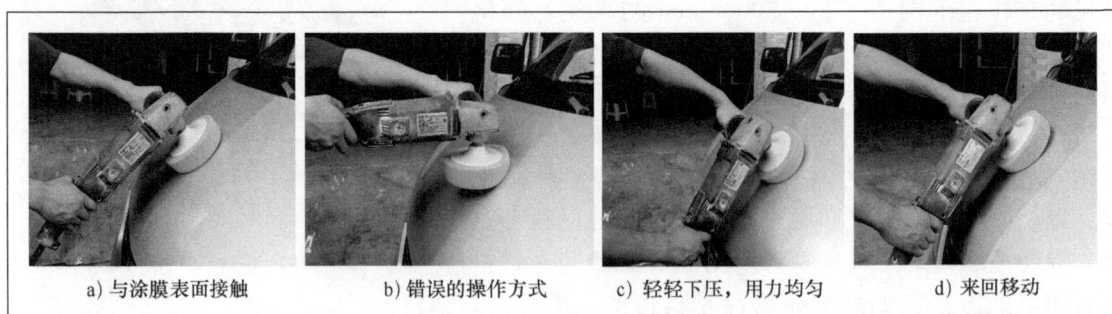

　　　a) 与涂膜表面接触　　　　b) 错误的操作方式　　　　c) 轻轻下压，用力均匀　　　　d) 来回移动

图3-6 研磨的方法

1）先起动研磨机，然后再与涂膜表面接触。

2）研磨机与涂膜表面应平行，不能倾斜。

3）两手抓牢研磨机并轻轻下压，用力应均匀。

4）研磨机不能长时间在一个位置工作，要来回移动。

2. 抛光

研磨后，应选用抛光剂实行全车抛光，以除去漆面上更细小的划痕及研磨所遗留的研磨痕等，使漆面达到光洁如镜的程度，其抛光方法与研磨大致相同。

抛光之后在漆面涂一层还原剂，起密封和增亮作用。

第二节　汽车漆面打蜡

汽车漆面打蜡就是给车身表面涂上一层保护蜡后，再将蜡抛出光泽。汽车在行驶过程中，空气中的尘埃与车身金属表面相互摩擦产生静电，车蜡可隔断尘埃与车身表面金属的摩擦。通过打蜡，不仅可有效地防止车身表面静电的产生，还可大大降低带电尘埃在车身表面的附着。同时，车身打蜡对保护面漆、光亮漆层也有很好的效果。因此，汽车在使用过程中，定期进行打蜡处理是非常必要的。

一、汽车蜡的简史

汽车蜡从产生至今已有几十年的历史。最初的打蜡仅仅是增加光泽，如今打蜡已是保护性上光，功能作用上可以说发生了飞跃。

汽车蜡发展过程大体经历了以下几个阶段。

第一代 固体石蜡

固体石蜡中石油蒸馏物含量极高，附着力很差，无保护作用，晾干时间很长，约24h，非专业人员使用容易出现亮度不均匀的现象。

第二代 蜡膏状石蜡

蜡膏状石蜡是液状石蜡的过渡性产品，石油蒸馏物含量很高，附着力较好，但晾干时间较长，约8h，使用后容易出现油腻现象。

第三代 液状石蜡

液状石蜡是经稀释以后使用的复合型石蜡，渗透能力较强，附着力很好，晾干时间较长，约8h，但仍然采用传统配方，使用后很难在第二次打蜡时清洗干净。

第四代 单种聚合蜡

单种聚合蜡是内含单种聚合物的保护性上光蜡，其中包括清洗型和非清洗型两种。清洗型上光蜡内含有柔和的研磨材料，上光的同时能够去除漆面轻度氧化层和细微划痕；非清洗型上光蜡只具有保护作用。

第五代 多种聚合蜡

多种聚合蜡是内含多种聚合物的保护性车蜡，能在漆面上形成一层薄薄的膜，具有上光、防腐蚀、抗氧化等功能。适用于任何颜色的漆膜，保护时间长，耐候性极好，用于透明漆效果尤佳。

第六代 纯天然原料蜡

纯天然原料蜡属于高科技产品，采用纯天然原料，更有利于对车漆的保护。

前三代车蜡都属于传统车蜡，使用起来较麻烦，需要晾干后才能抛光，而且沾水易掉。

从第四代开始属于新产品，蜡中所含的聚合物成分（如特氟隆、釉、硅材料等）使车蜡具有多种功能，对漆面起到保护作用。

近几年，含有聚合物的汽车蜡和天然原料制成的汽车蜡逐步占领市场，种类很多。

新型汽车蜡主要有以下几种特点：

1）色蜡：按车的颜色用蜡，红色用红蜡，黑色用黑蜡。目前的流行色有12种。

2）含釉成分：有的称为"太空釉"，这类车蜡的特点是抗腐蚀、抗氧化，增加亮度。

3）含特氟隆：特点是牢固、持久、防氧化，可渗入漆表层。

4）含硅材料：渗透性好，对氧化引起的毛细孔裂纹起密封作用。

5）含研磨剂：在打蜡的过程中起抛光作用。

6）含天然原料（如棕蜡等）：能产生极好的光泽和透明度，是美容产品中的极品，适用于高档车。

二、汽车蜡的作用与种类

1. 汽车蜡的作用

汽车蜡的主要成分是聚乙烯乳液或硅酮类高分子化合物，并含有油脂和其他添加成分。

这些物质涂抹在车身表面具有以下作用。

（1）隔离作用 汽车属于室外用品，运行环境复杂，容易受到有害气体、有害灰尘及水分等具有腐蚀性的物质侵蚀。以水分为例，空气中的水蒸气冷凝后形成水滴存留在车身表面，在强烈阳光照射下，每个小水滴就是一个凸透镜，在它的聚焦作用下，焦点处温度达800~1000℃，造成漆面暗斑，极大地影响了漆面的质量及使用寿命。另外，有害气体和有害灰尘会造成车漆的变色和老化。

汽车蜡可在车漆与大气之间形成一层保护层，将车漆与有害气体、有害灰尘有效地隔离，起到一种"屏蔽"的作用。汽车蜡可使车身表面的水滴附着减少60%~90%，高档车蜡还可使残留在漆面上的水滴进一步平展，呈扁平状，最大限度地减少水滴对阳光的聚集，大大降低了车身遭受侵蚀的可能性，使车漆得到保护。

（2）美观作用　汽车的车身漆面等于汽车的外衣，一辆车看上去是新是旧，好不好看，很大程度上取决于它的车漆，因此对车漆的护理十分重要。汽车蜡用来保护车漆，同时又是美观车漆的专用品。经过打蜡的汽车可以改善其表面的光亮程度，增添亮丽的色彩。

（3）抗高温作用　汽车蜡可以对来自不同方向的入射光产生有效地反射，防止入射光使面漆或底色漆老化变色，延长漆面的使用寿命。

（4）防紫外线作用　其实，汽车蜡防紫外线作用与它的抗高温作用是并行的，只不过在日光中，紫外线较易于透入漆面，防紫外线车蜡充分地考虑了紫外线的特性，使其对车身漆面的侵害得以最大限度地降低。

（5）防静电作用　汽车在行驶过程中，车身表面与空气气流发生相对摩擦，易产生静电，由于静电的作用，会使灰尘附着于车身外表。给汽车打蜡，在车身表面与空气气流之间形成一层隔离层，从而减小静电的影响。有人曾做过实验，让一辆打过蜡的车与另一辆没有打蜡的车在同一路段行驶同样的距离，结果发现，两车外表吸附灰尘的程度明显不同。打过蜡的车身表面上的灰尘很少且容易被清除掉，而没有打蜡的车身表面上却覆盖着一层厚厚的灰尘且难以清扫，清扫之后还会有明显的痕迹。这个实验说明，车身打蜡会消除或减小静电影响，对车身保持整洁具有重要作用。

2. 汽车蜡的种类

（1）按物理状态不同分类　如图3-7所示，汽车蜡按其物理状态的不同可分为固体蜡、半固态蜡、液体蜡和喷雾蜡4种。这些汽车蜡的黏度越大，光泽越艳丽、持久性越强，但去污性越弱，而且打蜡操作越费力。相反，黏度越小的汽车蜡越便于使用，但持久性越弱。

a）固体蜡　　b）半固态蜡　　c）液体蜡　　d）喷雾蜡

图3-7　按物理状态分类的车蜡

（2）按其作用不同分类　汽车蜡按其作用不同，可分为防水蜡、防高温蜡、防静电蜡及防紫外线蜡等多种，如图3-8所示。

（3）按装饰效果不同分类　汽车蜡可分为无色上光蜡和有色上光蜡。无色上光蜡主要以增光为主，有色上光蜡主要以增色为主，如图3-9所示。

a) 防水蜡　　　　　　b) 防静电蜡

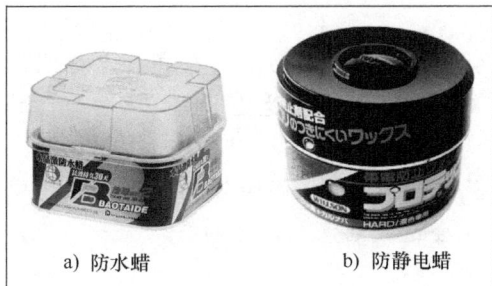

图 3-8　按作用分类的车蜡

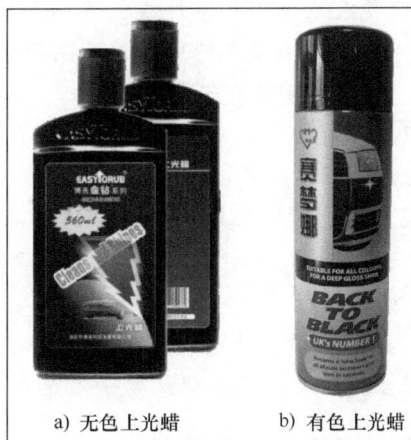

a) 无色上光蜡　　　　　b) 有色上光蜡

图 3-9　按装饰效果分类的车蜡

（4）按其功能不同分类　汽车蜡按其主要功能不同分为上光蜡和抛光研磨蜡两种。国产上光蜡的主要添加成分为蜂蜡、松节油等，其外观多为白色或乳白色，主要用于喷漆作业中表面上光。国产抛光研磨蜡的主要添加成分为地蜡、硅藻土、氧化铝、矿物油及乳化剂等，颜色有浅灰色、灰色、乳黄色及黄褐色等多种，主要用于浅划痕处理及漆膜的磨平作业，以清除浅划痕、橘皮、填平细小针孔等。

（5）按生产国别不同分类　汽车蜡按不同的生产国，大体分为国产蜡和进口蜡。目前，国产汽车蜡基本上都是低档蜡，中高档汽车蜡绝大部分是进口蜡。

三、汽车蜡的选用

1. 汽车蜡选用的依据

选择汽车蜡应根据汽车蜡的作用特点、车辆的新旧程度、车漆颜色及运行环境等因素，选用时一般应注意以下几点。

（1）根据车辆选择

1）高级轿车应选用高档车蜡。

2）进口轿车最好选用进口车蜡。

3）普通车辆选用普通的珍珠色和金属漆系列车蜡即可。

（2）根据车身颜色选择

1）白色、黄色和银色等颜色的车身应选用浅色系列的车蜡。

2）红色、黑色和深蓝等颜色的车身应选用深色系列的车蜡，以掩盖车身表面的细小划痕，使车身显得更加光滑、漂亮。

（3）根据运行环境选择

1）沿海地区应选用防盐雾功能较强的车蜡。

2）工业集中区应选用防酸雨功能较强的车蜡。

3）多雨地区应选用防水性能优良的车蜡。

4）夏天应选用防紫外线、抗高温性能优良的车蜡。

5）行驶环境较差的地区应选用保护作用突出的树脂车蜡。

2. 汽车蜡选购的方法

（1）看品牌 选择汽车蜡时，应注意包装上标明的品牌和生产厂家，要选择正规厂家生产的产品或名牌产品。

（2）看说明 正规厂家生产的产品或名牌产品都有使用说明书，或在包装上标明产品特性、适用范围、使用方法和注意事项等内容。选购时要仔细阅读这些说明，根据自己的需要进行选择。

（3）看质量 选购车蜡时，可用手指蘸一点蜡，在两手指之间轻轻揉搓，如果感觉到有小颗粒状的物质，说明此蜡一定是劣质蜡，打蜡时会造成划痕，切勿购买。

四、打蜡设备与方法

1. 打蜡机

打蜡机是汽车美容护理中最基本、最常用的设备，如图3-10所示。打蜡机主要为电动，使用简单。当车漆表面出现微划痕、中划痕或水渍时，可根据划痕的严重程度来选择适用的汽车蜡配合打蜡机进行修复。打蜡机像打磨机一样，其转速可调。

2. 打蜡方法

打蜡有两种方式。手工打蜡：便于掌握均匀度，不会出现一圈圈的痕迹，但耗时较长；**电动圆盘式打蜡机打蜡：**时间短、效率高，可快速将车蜡在车身上打匀，但其操作技术要求很高，若操作不当，车身表面易出现圈痕，如图3-11所示。

图3-10 打蜡机

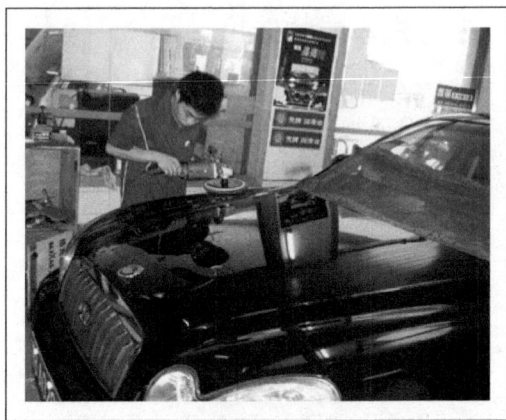

图3-11 电动圆盘式打蜡机打蜡

打蜡的方法如下：

1）清洗车辆，待车身完全干燥后才能打蜡。

2）手工打蜡时，应将适量车蜡涂在海绵块上，然后在车身表面直线往复涂抹，不可将蜡液倒在车身上乱涂或进行圆圈式涂抹。一次作业要连续完成，不可涂涂停停。车蜡在车身上涂抹5～10min，待蜡渗透漆面内，再用麂皮均匀擦拭，将蜡层擦得如镜面般光滑为止。

3）使用打蜡机打蜡时，将车蜡涂在海绵垫上，操作人员不可用力过大，以免将原漆打起。

4）打蜡作业完成后，应清除车灯、车牌、车门和行李箱等处缝隙中的残留车蜡，这些车蜡如不及时清除，不仅影响车身美观，而且可能产生锈蚀。因此，应仔细检查，彻底清除干净。

3. 新车开蜡

所谓"开蜡"，是指汽车制造厂家为防止新车在储运过程中漆膜受损所喷涂的封漆蜡，在购买车辆后应进行清除原车蜡的处理过程。

（1）开蜡方法

1）在环境温度为20℃以上时，对车身进行高压冲洗，去除车身表面尘埃及其他附着物。

2）按比例将开蜡用品进行混合，然后装入手动或电动喷雾器中使用。

3）用喷雾器按自上而下的顺序将开蜡用品喷涂在车身表面，确保每个部位都被覆盖，保持湿润4~5min，使开蜡用品完全渗透于蜡层。

4）用毛巾或无纺布擦拭车身表面，然后用高压水枪冲洗，注意缝隙处不留残液。

5）检查车辆表面是否残留有未洗净的蜡迹，若存在，应将其洗净，最后将车擦干。

（2）开蜡注意事项

1）有些用户为了省事，用棉纱沾汽油、煤油开蜡，此种方法虽然能除掉封漆蜡，但同时汽车漆膜也会受到损害。一是棉纱虽然柔软，但其中很容易混入铁屑、砂粒及其他坚硬的细小颗粒，且很难发现，极易造成漆膜表面划痕；二是汽油或煤油也会伤害漆膜。因此，建议用户新车开蜡最好到正规的汽车美容场所，选用开蜡用品进行新车开蜡。

2）冬季开蜡比较困难，因气温低开蜡液不能与车身上的封漆蜡很快地发生化学反应，从而导致开蜡失败。所以开蜡工作最好选择气温在20℃以上时进行。

3）在除蜡前的汽车清洗中，不必使用清洗剂，水压不要高于7MPa。

4）开蜡用品施喷要均匀，不要忽视边角缝隙处。

5）要在开蜡用品完全渗透于蜡层后才可进行擦拭。

4. 打蜡注意事项

1）根据汽车使用环境及车蜡的质量确定打蜡频率。车辆使用环境较好，且有车库停放，一般每隔3~4个月打一次蜡；使用环境较差，且车辆停在露天，最好每隔2~3个月打一次蜡。另外，使用车蜡的质量好，打蜡后保持时间长，打蜡间隔也可适当延长。当然，这并非是硬性规定，一般用手触摸车身感觉不光滑或光泽较差时，应再次打蜡。

2）不可在阳光直射下或车身温度过高时打蜡。车蜡中起主要保护作用的是硅化合物，在阳光直射下或车身温度过高时，硅化合物会分解，使车蜡的保护作用被破坏。这时打蜡，车身表面看似光亮，但一经雨淋或洗车，车身便失去应有的光泽。

3）打蜡时，要特别注意不要将车蜡涂抹到门边的塑料装饰条、前后塑料保险杠及车体其他的塑料件上。

4）打蜡后，应等待5~10min再将蜡抛出光泽。

第三节　汽车保护用品和设备

一、汽车保护用品

汽车保护剂也是汽车护理用品之一，是一种能够起到增亮、抗磨、抗老化等保护作用的用品。主要用于发动机、变速器、皮革(包括人造革)、塑料、橡胶、化纤等。

1. 保护剂的特点

随着化学工业的不断发展，汽车保护剂的性能也在不断提高，目前市场上出售的新一代保护剂是含有多种成分的优良聚合物，在功能及操作方法上具有以下特点。

1) 使用方便：现在保护剂产品的包装大都采用罐装喷雾式，使用时只要将保护剂喷在物面上，然后擦几下即可完成护理作业。

2) 保持时间长：一次护理可保持1~2个月之久。

3) 耐磨：保护剂作用于物体表面，形成一层保护膜，增强了物体表面的抗磨能力。

4) 光泽好：保护剂中含增光剂，可提高物体表面的光泽度。

5) 防老化：保护剂中含有抵御紫外线的材料，可阻挡阳光中的紫外线照射，对预防塑料、橡胶、皮革等材料老化具有良好效果。

保护剂的品牌很多，按适用材质区分，可分为发动机保护剂、自动变速器保护剂、皮革保护剂、化纤保护剂、橡胶保护剂和轮胎上光保护剂等。

2. 发动机保护剂

汽车发动机常用的保护剂有以下几种。

(1) 发动机清洗剂　发动机清洗剂可分发动机外部清洗剂和发动机内部清洗剂。发动机外部清洗剂主要是清洗发动机外部的油垢和灰尘，保持发动机外部的清洁。发动机内部清洗剂根据清洗要求的不同，可分为发动机清洗液和发动机清洗剂。

1) **发动机清洗液**用于行程在10万km内，发动机内部(润滑系统)油垢的清洗。它要求必须排放旧的发动机机油，按排放机油量的多少加入相应的发动机清洗液，再急速运转十几分钟后，熄火排净清洗液，重新加注适量的机油，整个清洗过程完成。

2) **发动机清洗剂**用于清洗发动机内部，主要是气门及喷油器，使其更好地工作。使用发动机内部清洗剂不用将发动机解体，通过润滑系统、燃油系统，在发动机运转过程中就能将发动机内的各种沉积物、积炭和积胶清除，如图3-12所示。

(2) 发动机保护剂　按行驶里程更换机油或添加发动机保护剂能有效地清洁发动机内部油垢，特别适用于新车或大修后的发动机，对磨合期内的发动机具有特殊的保护作用，以防止初驶期发动机"拉缸""敲缸"和早期磨损，如图3-13所示。

1) 产品性能。

① 在发动机的各摩擦表面形成强力耐磨树脂润滑膜，这层膜能提高发动机的抗磨损能力，还能减小摩擦阻力，使内阻下

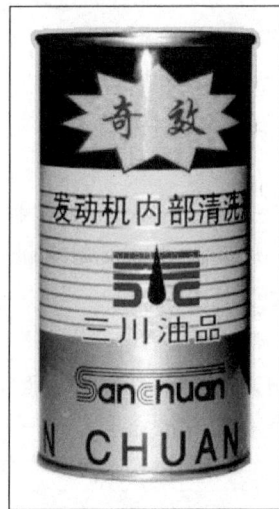

图3-12　发动机内部清洗剂

降，从而减少起动损失，提高机械效率 25%~35%。

② 在发动机的运行过程中，可清洗活塞环槽间隙中及气门导管等处形成的胶质和积炭，从而保证了活塞环、气门的正常运行，避免了初驶期内发动机"拉缸""敲缸"及其他故障。

③ 发动机保护剂有极强的耐磨润滑性能，可明显降低发动机的噪声。

④ 适用于任何发动机，能与任何型号的机油兼用。

⑤ 减少发动机中腐蚀物的产生，保护发动机，延长机油的使用寿命，同时延长发动机的寿命。

⑥ 降低油耗，减少尾气排放。

2）使用方法。

① 使用前更换机油和机油滤清器。

② 起动发动机，怠速运转 20min，将一瓶发动机保护剂通过机油口加入新的润滑剂中。

图 3-13　发动机保护剂

③ 初驶期后每行驶 7000~10000km，更换新机油后加入发动机保护剂。

3）注意事项。如果发动机内部有脏物和积炭，应先使用发动机内部清洗剂清洗发动机，然后使用该产品。

（3）发动机抗磨保护剂　以往发动机的传统润滑机理是靠机油的油膜来减小发动机的摩擦，当发动机起动时，由于机油沉积在曲轴箱底部，一时无法起到润滑作用，因而导致较严重的磨损。据汽车专家确认，发动机的磨损有 70% 是发生在刚起动阶段，这是单纯依靠普通润滑剂的缺陷。

发动机抗磨保护剂可使发动机起动阶段的磨损明显减少，延长发动机使用寿命，如图 3-14 所示。

（4）发动机强力修复剂　发动机长期在高温、高压的环境下工作，随着磨损加剧而引起发动机动力不足或油耗增大，而发动机强力修复剂就能解决这些问题。定期加注发动机强力修复剂不仅能延长发动机的使用寿命，还能修复发动机的磨损，使发动机恢复动力性，如图 3-15 所示。

图 3-14　发动机抗磨保护剂

图 3-15　发动机强力修复剂

1）产品性能。

① 自行修复已磨损的发动机部件表面，提高气缸压力。

② 快速消除烧机油、冒蓝烟等故障。

③ 防止高温高压下机油变质、氧化。

④ 防止胶质、积炭和酸性物质的生成，保护机件不被腐蚀。

⑤ 降低摩擦阻力及温度，增强润滑性能。

⑥ 恢复和提高发动机动力，成倍推迟大修期，延长发动机寿命。

2）使用方法。发动机热机后停机，再将本品整瓶加入曲轴箱内，怠速运转 5min 即可。

3）产品用量。本品适用于行驶 5000km 以上的车辆，汽车每行驶 15000km 使用一瓶。发动机严重磨损的汽车可一次加入两瓶。

注意：若发动机机件损坏，则不属于本品可自行修复的范围。

（5）冷却系统保护剂　20 世纪七八十年代，人们对汽车的护理知识了解得很少，为了省事，往往向冷却系统内加注自来水或湖水，这是不正确的做法。这将导致冷却系统容易沸腾和结水垢，大大地影响了冷却性能和增加了冷却系统的泄漏。到 20 世纪 90 年代，人们对汽车护理有了重视，才开始使用保护剂来维持发动机的使用寿命和性能。而冷却系统保护剂具有凝点低和不易结水垢的特点，有效地保护冷却系统，因此，为广大车主所接受，如图 3-16 所示。

（6）冷却系统止漏保护剂　随着科技的发展和人们对汽车护理的了解，人们研究出一系列的止漏剂来自动修补泄漏。冷却系统止漏剂就是其中之一。只要把它和冷却液一起加到冷却系统内，当冷却系统有泄漏时，止漏剂会流向泄漏部位，进行堵塞，防止冷却液泄漏，如图 3-17 所示。

图 3-16　冷却系统保护剂

图 3-17　冷却系统止漏保护剂

3. 自动变速器保护剂

常用自动变速器保护剂可分为清洗剂和抗磨剂两种。

（1）自动变速器清洗剂　自动变速器清洗剂的功能和发动机清洗剂功能相似，都是清洗内部的油垢和铁屑。但要注意的是，清洗自动变速器时，要每个档位挂入 2~3min，以便完善清洗各档位油路的油垢和积泥。

注意：在挂入每个档位之前，确保拉紧驻车制动杆，同时也要踩住制动踏板，防止挂档

后汽车行驶。

清洗完毕，将自动变速器中的旧油排净，换上适量的自动变速器油，整个清洗过程完毕。

备注： 通常在排净旧油后，要重新加注适量的自动变速器油再清洗一次，再排出油，再重新加注适量自动变速器油，这才算完成整个清洗过程。

（2）自动变速器抗磨剂 将自动变速器抗磨剂直接加到变速器内部，与自动变速器油一起，产生油膜，防止零件干摩擦，起到抗磨保护作用。

4. 皮革保护剂

皮革保护剂一般也都适用于塑料制品，所以有的称为"皮塑保护剂"。用于皮革（含人造革）和塑料制品表面，起上光、软化、抗磨、抗老化等作用。适用于皮革座椅、仪表台、转向盘、车门内侧以及塑料保险杠等，如图 3-18 所示。

1）产品性能。

① 可清洗保护车内座椅、沙发和仪表台等皮革和塑料材料制品，可恢复其表面光泽。

② 防止制品因恶劣环境影响而提前老化。

③ 使驾驶室清洗后赏心悦目。

2）使用方法。将此保护剂均匀喷洒于皮塑制品表面，用纯棉软布蘸少许保护剂轻擦几下即可。如皮塑表面过脏，请先用清洗剂清洁表面后再使用该产品，经过保护剂处理后，皮塑制品可达到翻新效果。

3）注意事项。避光保存。

皮革保护剂　皮革清洗剂

图 3-18　皮革保护剂

5. 化纤保护剂

化纤保护剂用于化纤制品表面，起清洁、抗紫外线、抗老化和抗腐蚀等作用。一般汽车内室的化纤制品较多，如顶篷、车门内侧、座椅外套等，这些物品表面很容易接触灰尘、油泥等污垢，直接影响汽车内室的美观。在护理中使用单纯的化纤清洗剂，只能起到去污清洁的作用，而化纤保护剂含有硅酮树脂，在清洗去污的同时，将这种聚合物附着在纤维上，能起到防紫外线、防老化、防腐蚀等保护作用，而且再次脏了后也比较好清洗。

选用化纤保护剂时，应注意产品说明中它对化纤类是否有保护作用，作用效果如何，选择有较强保护作用的产品使用。使用中将化纤保护剂喷洒在化纤制品表面，然后用毛刷刷洗或用毛巾擦洗，晾干后即可使用。

6. 橡胶保护剂

将橡胶保护剂喷涂在橡胶或塑料上，通过它对紫外线的屏蔽作用，防止橡胶或塑料的氧化和老化，从而实现保护作用。同时，一些橡胶保护剂还可当作保险杠的翻新剂，具体可参阅其使用说明来使用，如图 3-19 所示。

7. 轮胎上光保护剂

轮胎上光保护剂用于轮胎表面，起清洁、上光和抗老化等作用。该用品内含有专门的聚合树脂，能提供持久的不受天气影响的光亮，恢复轮胎表面自然光泽，对漆面或金属件没有影响，如图 3-20 所示。

图 3-19 橡胶保护剂

图 3-20 轮胎上光保护剂

按轮胎保护剂的功能不同，可将其分为两种。

1) 以清洗功能为主的保护剂，在达到清洗目的的同时，对轮胎有增黑上光的作用，产品中所含的硅酮树脂(上光材料)对橡胶具有保护作用。

2) 以上光为主的保护剂，它没有清洗功能，但上光功能很强，喷上后不用擦，数分钟后光亮如新。

这两种产品建议同时使用，前者清洗，后者上光，这样保护作用更佳。单独使用保护剂时，应将轮胎表面清洗干净，待其干燥后再使用保护剂，或喷或刷后，擦掉多余的部分，等晾干后即可。

8. 多功能防锈剂

多功能防锈剂主要用于金属表面，起到除锈和防锈作用。该产品具有很强的防腐蚀作用，对不同金属的腐蚀现象都有很好的防护作用，对塑胶无任何腐蚀作用。多功能防锈剂也可用于油漆、橡胶及塑料表面，是发动机表面及汽车底盘的理想保护用品，如图 3-21 所示。

图 3-21 多功能防锈剂

二、汽车护理设备

1. 废油抽取机

废油抽取机结构紧凑，使用简单，能将机械设备、汽车等的油箱和油底壳中的废油抽取出来，如图 3-22 所示。

使用方法：将抽油管插入废油中，起动设备，即可将废油吸出。在抽废油前，要先检查电源线是否完好无损，且要定期地清洁和维护废油抽取机。

2. 注油机

注油机形式多种，通常有电动、脚踏、手压和气动等四种

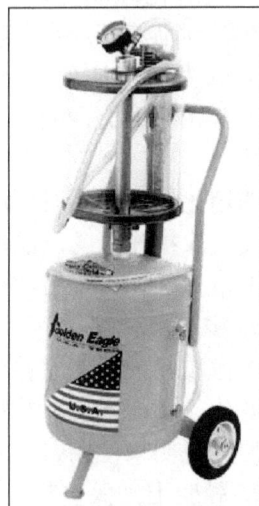

图 3-22 废油抽取机

类型。只要接通电源或加压后就可加注各种润滑油脂，是汽车维修护理注油的理想设备，如图 3-23 所示。

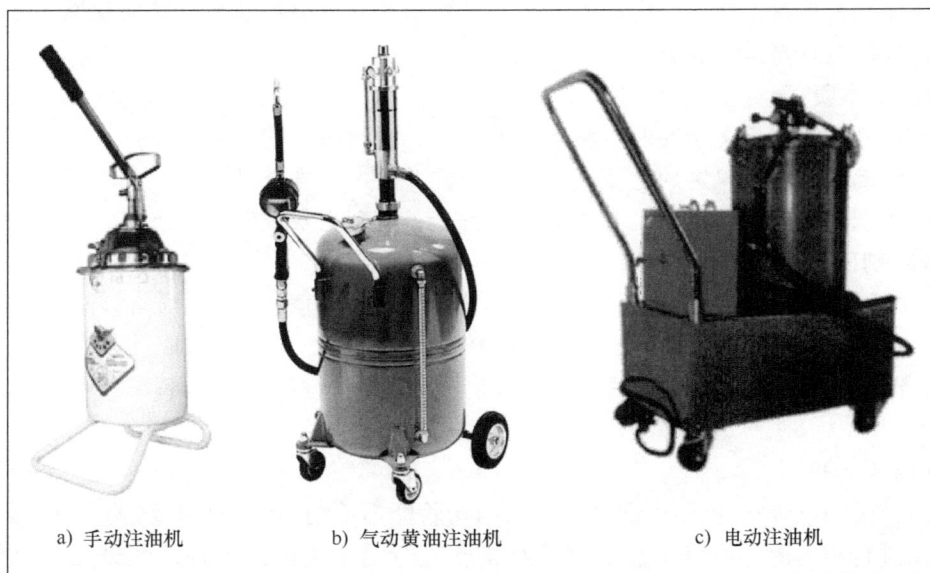

a) 手动注油机　　　　b) 气动黄油注油机　　　　c) 电动注油机

图 3-23　注油机

使用方法：先将润滑脂装入容器中，盖好盖，将注油枪对准润滑脂的入口，加适量的压力或插上电源开关，开动开关，润滑脂便可注入所需要的注油处。

3. 充电机

充电机如图 3-24 所示，其主要技术参数见表 3-2。

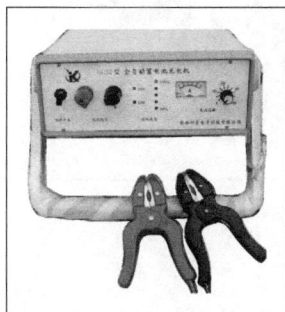

图 3-24　充电机

表 3-2　充电机的主要技术参数

产品型号 技术参数	ENERGY5600 多功能充电机	ENERGY2300 多功能充电机
充电电压/V	12/24	12/24
最大充电电流/A	170	170
起动电压/V	12/24	12/24
最大起动电流/A	2600	1300
功率/kW	5.6	2.3
电源	220V 1PH 50/60Hz	220V 1PH 50/60Hz
质量/kg	85	43

主要特性：

1）充电、起动、电焊三种功能合一，是汽车维修、汽车美容护理企业的重要设备之一。

2）电子定时器设定充电时间，时间长短可调。

3）核心部件——变压器。

4）采用数字电流表显示电流，具有快速、准确、方便等特点。

5）转换开关选用大电流白金触点开关，可使由于开关引起的故障降到最低。

6）设有过热自动保护装置。

使用注意事项：

1）充电机的正、负夹子要相应接上蓄电池正、负极桩。

2）确定无误后，按规定的电流或电压调好，并设定好充电时间。

3）如果充的是湿式蓄电池，要将加注盖拧开，充到电解液沸腾为止。

4. 制冷剂回收机

制冷剂回收机主要是对空调系统的制冷剂进行回收。其机柜后面通常装有两个工作罐，可同时对 R12 或 R134a 进行回收。一些比较先进的回收机不仅有回收功能，还有抽真空和制冷剂再生功能，将回收的制冷剂经过再生，可供给下一部车使用，如图3-25所示。

5. 轮胎平衡机

轮胎平衡机主要是使轮胎达到动平衡。当轮胎磨损不均匀或行驶时驾驶人感觉到转向盘"发飘"而进行维修时，维修工通常都要对轮胎进行动平衡测试，特别是进行二保保养时，如图 3-26 所示。

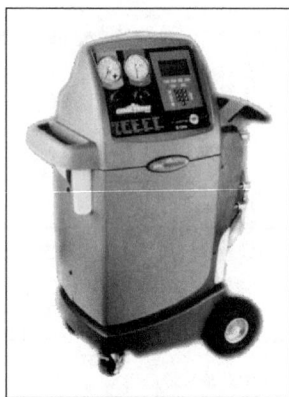

图 3-25　制冷剂回收机

图 3-26　轮胎平衡机

轮胎进行动平衡作业时，要注意以下几点：

1）轮胎气压要达到标准值(生产厂家的标准)。

2）进行数据输入之前，要将旧的平衡块拆下，防止误诊。

3）精确地输入数据(辋宽和辋距)。

4）按诊断的结果选择平衡块，且左右轮胎的平衡误差不得大于5g。

6. 轮胎拆装机

轮胎拆装机如图 3-27 所示。

拆装注意事项:

1) 拆装时,注意拆装头与轮辋保持一定的距离,防止拆装头磨损轮辋。

2) 拆装前,最好在轮辋与轮胎面接合部位喷上适量的机油或肥皂液。

3) 拆装时,先用手左右摇摆轮辋,检查撑爪是否牢固地撑住轮辋,最好在撑爪与轮辋接合面上垫一块布,防止撑爪拉伤轮辋。

4) 轮胎安装完毕后,用肥皂液喷涂在轮辋与胎面的接合缝隙处,检查是否漏气。

5) 定期地对轮胎拆装机进行保养与维护。

7. 汽车举升机

汽车举升机是对汽车进行举升的专用设备,如图3-28所示。

使用时要注意以下几点:

1) 车辆举升时,要确保举升机安全装置打开或起作用。

2) 车辆举升到合适的高度后,不要马上进行维修或护理工作,要先按一下安全按钮,确定安全装置起作用后再进行维修或护理工作。

图 3-27 轮胎拆装机

3) 举升好的车辆最好在举升机的举升臂下用支撑杆支撑,防止举升机失效,整车掉下。

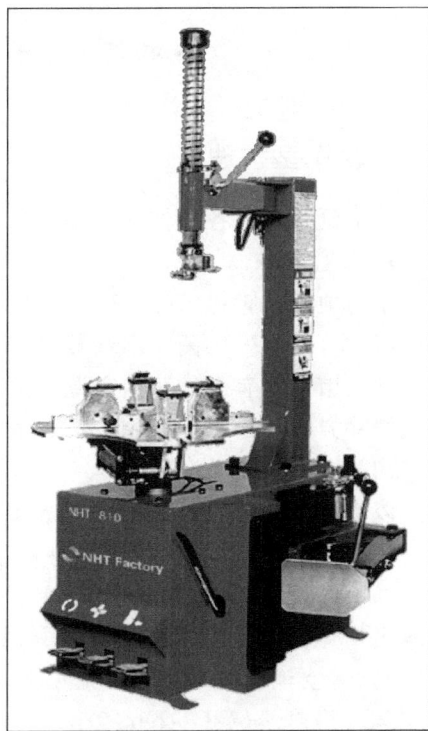

图 3-28 双缸液压举升机

第四节　车室护理与漆面日常护理

一、车室护理

为了延长车内各部件的使用寿命，保持其光泽，进行完车内清洁后，应进行护理作业。

1. 杀菌除味

车内地毯、脚垫、冷暖风口、顶篷丝绒、门边丝绒、丝绒座椅、真皮座椅及各缝隙等受潮后特别容易滋生细菌，出现异味，应定期实行灭菌消毒、除味。

现在市面上有一种车内空调除菌、消臭剂，其除菌、消臭颗粒可直接进入空调器内部，彻底消除异味和霉菌。使用一次，消臭、抗菌效力可保持三个月。

（1）杀菌除味操作

以空调除味为例，其操作方法如下：

1）将宠物、食物、地毯、脚垫等移出车外，关紧车窗。

2）起动发动机，按下空调(A/C)开关，将空调鼓风机调至最高档(HI)，设置空气循环为车内循环，并持续运转5min，如图3-29a所示。

3）将空调除菌剂均匀摇晃几下，在鼓风机吸气口处(以起亚千里马车型为例)喷上适量的空调除菌剂，如图3-29b所示。

4）立即关上车门，让空调系统持续工作15~30min。

5）打开车门、车窗，并将空气循环设置为车外循环，换气10min左右，使发动机停止运转。

6）用棉签沾上适量的清洁剂，清洗各出风口，如图3-29c所示，整个空调系统除菌工作完成。

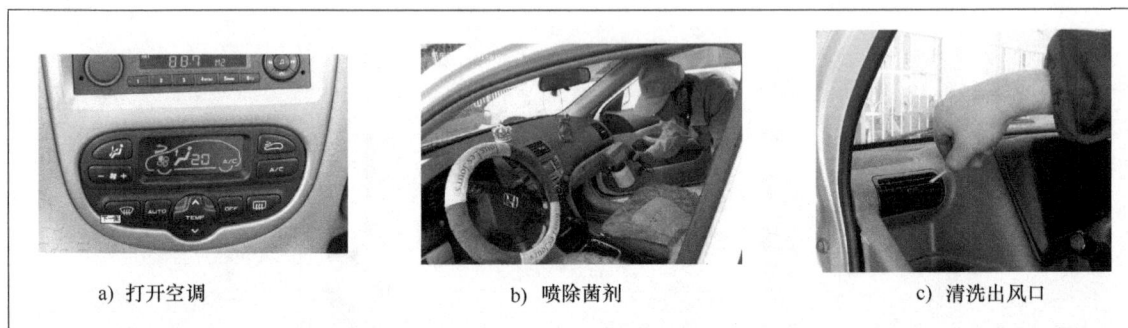

| a）打开空调 | b）喷除菌剂 | c）清洗出风口 |

图 3-29　空调除味的操作

（2）杀菌除味的注意事项

1）禁止喷涂过多除菌剂。由于该药剂对人体有害，使用时，人不可在车内。如误入眼内，应立即洗净。如吸入除菌剂而造成不适，应立即到通风良好处，或到医院进行诊治。

2）注意正确使用。因产品不同，其使用方法也不同，因此，在使用过程中，应详细阅读使用说明书，按使用说明书的流程使用。

3）注意使用安全。为了防止人体吸入过多的除菌剂，往往要求空调系统除菌后，还要将空气循环设置为车外循环，让空调系统继续工作10min，进行换气过程，以确保车内空气新鲜。

2. 增光处理

车内清洁干净后，应及时进行上光护理。传统车内护理产品只有单一的上光功能，只能保持光亮，起不到保护作用。新一代上光剂内含表面活化剂和软化剂，不仅具有增光作用，还具有护理功效，用后能迅速滋润物体表面，恢复室内物件的弹性和光滑状态，防止龟裂、硬化及脱色等现象发生。

3. 塑料件上光

对汽车内的塑料件应定期使用塑料上光剂进行上光处理，上光剂使用时可喷涂也可擦涂，经处理的塑料件表面光亮如新，并可防止塑料老化。

4. 皮革件上光

选用皮革清洁柔顺剂和上光保护剂对皮革件进行上光处理。使用方法是：先将清洁柔顺剂喷在皮革件上，浸润1～2min后擦干，再喷施上光保护剂，浸润1～2min后根据需要进行擦干处理，干燥后即可。

二、漆面日常护理

对于汽车车漆表面的日常护理主要有： 车辆的停放、车辆的清洁和擦拭、车漆膜光艳护理和定期检查等工作。

1. 车辆的停放

为防止腐蚀性的灰尘和有害气体对车身表面产生腐蚀，车辆应尽量停在库内，以防日晒、风吹、雨淋等自然侵蚀造成漆膜老化、龟裂及失光，如图3-30所示。

停车棚停车

停车库停车

图 3-30　车辆的停放

如果没有车库停放，应用汽车护理套进行遮盖。这样就能有效地防水、防紫外线辐射、防腐蚀，能较好地防止露天停放的汽车受到高温、紫外线、灰尘及化学污染物等的侵害。

2. 车辆的清洁和擦拭

定期的车辆清洁和正确的擦拭是保护汽车车漆膜不受伤害的基本条件，如图3-31所示。

根据道路和环境等不同的条件，在灰尘较少的高速公路行驶后，车辆在入车库时，只要掸除车身的灰尘或每周清洗一次即可。若汽车行驶在泥泞路段或有化学污染的地区，最好每天清洗一次。特别要注意的是，不要因一时贪便宜或图省事，用碱性较强的清洗剂（如洗衣粉）来清洗车身，这容易使车漆膜龟裂。

3. 车漆膜光艳护理

清洗后的车为了预防漆膜受到阳光和有害物质的侵蚀，必须对清洗后的车漆表面进行上光护理。常用的上光护理材料主要有各种上光蜡（如光亮蜡）、增亮剂等。主要成分是聚乙烯乳液、硅酮等高分子材料，这些材料易在油漆表面生成高分子保护膜，从而起到保护漆膜，增加光洁度，防紫外线、酸等侵蚀的作用。

4. 定期检查

在日常护理中应对全车车膜进行定期的检查，以确定缺陷的种类和分布情况，为以后的护理做好准备。

图 3-31　车辆的清洁和擦拭

1）定期检查车漆表面是否残留有未被清洗掉的沥青、酸雨以及其他污渍。

2）定期检查车漆表面是否有橘皮、网纹等漆膜缺陷。

3）定期检查车身表面是否有划痕，如有划痕应进行研磨、打蜡处理。若划痕很深，伤及底漆，应进行补漆处理。仔细检查车身表面各缝隙及塑料件上是否有刮痕及污渍，如有应进行修补处理。

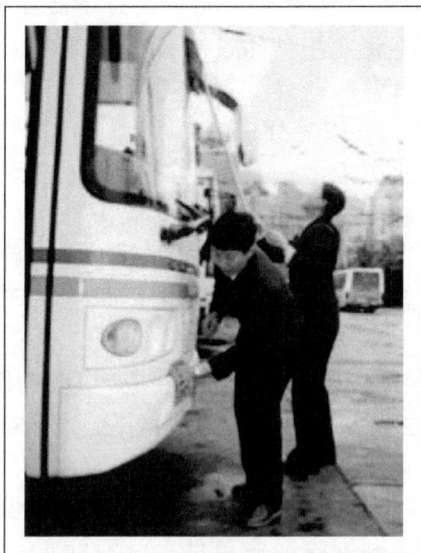

第四章

汽车漆膜修补

第一节　汽车车漆发展史

一、汽车车漆简史及作用

汽车车漆在历史上经过了三次主要飞跃：

20世纪20年代出现的醇酸磁漆。

20世纪60年代出现的聚丙烯磁漆。

20世纪80年代出现的氨基甲酸透明漆。

为了便于理解，把车漆简单地划分为普通漆和透明漆两种。

普通漆的结构：金属—电解漆—底漆—色彩漆。

透明漆比普通漆要多一层：一般通常是用聚氨酯或氨基甲酸酯形成的透明表层。各漆层的厚度如下。

透明漆层：0.05mm

色彩漆或金属漆层：0.025~0.04mm　　　　电解漆层（浅灰）：0.025mm

底漆层（深灰）：0.025~0.076mm　　　　金属层（白色）：0.025mm

---

1. 透明漆的作用

透明漆主要有两个作用：一是增加漆的亮度和反光度；二是用以保护色彩漆层。

注意：由于透明漆的出现，现有色彩漆的厚度比以前薄了很多。原来的色彩漆不但是美观层，同时也是保护层，有了透明漆后，它只起美观层的作用，因此也就没必要喷涂得很厚了。中外合资汽车制造厂生产的轿车都采用透明漆技术，进口车自20世纪80年代起大部分都采用透明漆。

目前，汽车的透明漆材料包括四种：氨基甲酸酯、聚氨酯、含氟树脂、聚酯。

2. 透明漆的特点

透明漆如图4-1所示，其特点主要有以下几点。

1）透明漆美观，光泽度很高。正因为如此，它非常"娇气"，很容易出现划痕，稍微有些硬度的物体，如牛皮纸等在漆面上滑过后便可造成划痕。如果洗过车之后，用稍有些发硬的毛巾或麂皮去擦车，结果便是遍体出现发丝般的划痕。

2）除美观外，透明漆层一般含有减少紫外线照射的保护功能（色彩漆层不含此功能）。只要透明漆层完好无损，就可以有效地延缓色彩漆的老化（褪色）。

3）透明漆护理的好坏，通常是通过"倒影线条"来反映的，拿一张报纸，竖直放在车漆表面，若能从透明漆反射的光影中读报，这就说明这辆车的透明漆有影深，表层光滑如镜。普通漆显不出此种效果。

4）透明漆比普通漆更易受到环境污染的影响。有害物质的主要来源为：汽车尾气中排放的有害气体和颗粒物、酸雨、酸雾、酸雪等。

一旦这些有害物落在车上，被空气中的水分所浸润，马上就会变成可腐蚀透明漆的酸性溶液，稍一加温（如阳光），便会开始发生化学反应，侵蚀车漆的保护层，一两次的损害并不明显，但若长期不进行护理，最终这种化学反应会侵蚀到色彩漆层、底漆层甚至金属层。

图4-1 透明漆

从以上对透明漆的了解，可以看出，对透明漆的护理一定要慎重，选择什么样的护理材料，如何规范操作程序，都显得特别重要。我们忠告车主和汽车美容护理人员，对透明漆的护理一定要经过专业培训，千万不要听从"门外汉"的建议。

3. 怎样识别普通漆与透明漆

目测： 透明漆光泽的层次比普通漆要深。

试验： 用湿布沾一点研磨剂在车身不显眼处磨几下，布上若有颜色，则是普通漆；反之，则是透明漆。

在难以目测的情况下，可以假设它是透明漆，并按护理透明漆的程序来工作。

二、21世纪汽车车漆的发展趋势

汽车诞生百年以来，汽车漆料也已有70多年的发展历史，特别在近20多年来得到了突飞猛进的发展。目前汽车涂层的各项性能，如装饰性、耐蚀性、抗石击性、施工性以及耐候性等都有了很大程度的提高和改善，已达到一定的水平。

随着各国对环保的日益重视，21世纪汽车车漆的主要发展趋势是适应市场竞争的需要和追赶新潮流，努力提高汽车涂层的外观装饰性、耐磨性、抗石击性和抗环境污染性。此外，**现代车漆还必须具备以下三点：**

1）环保。

2）提高涂装经济性。

3）提高产品的附加值。

为满足上述几方面的需求，汽车车漆趋向水性化、高固体化、非异氰酸酯化方向发展。

1. 涂料的水性化

早在20世纪60年代中期，欧洲、北美的车用底漆就率先完成了水性化的历程，电泳底漆投入使用。

20世纪80年代中后期又完成了底色漆的水性化工作。

20 世纪 90 年代初期水性罩光清漆也开始进入市场。

水性化车漆如图 4-2 所示。

具有代表性的应推 Herbests(贺伯兹)公司。目前该公司已有从底漆到面漆的系列水性涂料供应汽车总装厂。

汽车修补漆的水性化速度相比之下就要缓慢得多，迄今只有少数几家公司有商品供应市场。目前汽车修补漆的水性化比较成功的品种是双组分聚氨酯系涂料的水性化。

ICI 公司最近推出了 Aquabase 牌水性底色漆。它采用了先进的微胶合成技术，使该产品在很大程度上克服了以往水性涂料的种种固有缺点，从而赋予它极大的市场竞争潜力。Aquabase 底色漆可与溶剂型双组分中间涂料或水性中间涂料配套使用。至于罩光面漆，ICI公司建议最好采用溶剂型高固体成分聚酯、聚氨酯或丙烯酸聚氨酯系涂料。Aquabase 成功地克服了原有水性涂料对环境湿度要求严格给施工带来的不便，因而为进入汽车修补漆市场铺平了道路。

2. 涂料的高固体化

20 世纪 80 年代，随着各国对环保的日益重视，高固体成分的聚氨酯高温烤漆、丙烯酸聚氨酯漆和清漆普遍被汽车厂采用。高固体成分涂料的出现，可以大大减少有机溶剂的挥发量。但是，由于种种原因，高固体成分漆料在我国汽车修补行业中推广缓慢，这可能与我国至今为止尚无严格的汽车涂装车间的 VOC 排放限制法令有关。随着人们对保护环境和减少大气污染越来越重视，相信我国政府也将会制定出相关的环保法规。

3. 非异氰酸酯化

双组分聚氨酯系涂料具有很多突出的性能，多年来一直受到涂装业的普遍欢迎，但是这里所用的异氰酸酯衍生物具有较大的毒性，势必严重危及操作人员的身体健康。据了解，英国已经明令禁止在涂料中使用含异氰酸酯基的化合物作交联剂，美、日等国也准备拟定禁止使用的有关条例。进入 21 世纪以后，将逐渐停止使用含异氰酸酯基的化合物作为汽车修补涂料的交联剂。最近荷兰阿克苏公司开发了一种商品牌号为 AUTONOVA 的非异氰酸酯系双组分汽车修补漆，如图 4-3 所示。

图 4-2　水性化车漆

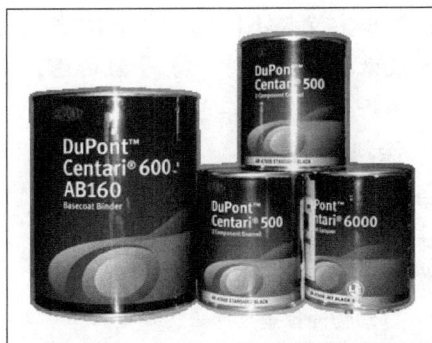

图 4-3　AUTONOVA 汽车修补漆

功能：AUTONOVA 具有双组分聚氨酯系涂料的几乎所有特点，且交联剂不采用含异氰酸酯基的化合物，干燥速度特快，可低温干燥等。

第二节 汽车修补涂料

一、涂料基本知识

1. 涂料的作用

汽车涂料的主要功能有保护作用、装饰作用、特殊标识作用。

（1）保护作用 汽车用途非常广泛，活动范围宽广，运行环境复杂，经常会受到水分、微生物、紫外线和其他酸碱气体、液体等的侵蚀，有时会被磨、刮而造成损伤。如果在它的表面涂上涂料，就能保护汽车免受损坏，延长其使用寿命。经过涂装的板材被雨淋后不会与雨水直接接触，可避免生锈。

涂料的防护作用可以从两方面保护汽车：一方面，车身表面经涂装后，使零件的基本材料与大气环境隔绝，起到一种屏蔽作用而防止锈蚀；另一方面，有些涂料对金属来讲还能起到缓蚀作用，如磷化底漆可以借助涂料内部的化学成分与金属反应，使金属表面钝化，这种钝化膜加强了涂膜的防腐蚀效果。

（2）装饰作用 现代汽车不但是实用的交通运输工具，而且是一种工业美术品，具有艺术性。汽车涂装的装饰性主要取决于涂层的色彩、光泽、鲜艳程度和外观等方面。

汽车的色彩一般根据汽车的类型、车身美术设计和流行色等来选择。主要由色块、色带、图案构成，使车身颜色与车内颜色相匹配，与环境颜色相协调，与人们的爱好以及时代感相适应。

（3）特殊标识作用 涂装的标识作用由涂料的颜色来体现。用颜色做标识广泛应用在各个方面，目前已经逐渐标准化了。**例如：**在工厂用不同的颜色标明水管、空气管、煤气管、输油管等，使操作人员易于识别和操作；道路上用不同颜色的画线标明不同用途的道路；在交通上常用不同的颜色涂料来表示警告、危险、前进及停止等信号，以保证交通安全。

在汽车上涂装不同的颜色和图案以便区别不同用途的汽车。**例如：**消防车涂成红色；邮政车涂成橄榄绿色，字及车号为白色；救护车为白色并做红十字标记；工程车涂成黄色与黑色相间的条纹，字及车号用黑色等。

2. 涂料的组成

各种涂料都是由主要成膜物质、次要成膜物质和辅助成膜物质三部分组成的。

主要成膜物质是涂料的主要成分，它是涂料的基础，没有它就不能形成牢固的涂膜。主要成膜物质有油脂和树脂两大类。

油脂
- 动物油：鲨鱼肝油、带鱼油、牛油
- 植物油
  - 干性油：桐油、亚麻油、苏子油
  - 半干性油：豆油、向日葵油、棉籽油
  - 不干性油：蓖麻油、椰油、花生油

树脂
- 天然树脂：虫胶、松香、天然沥青
- 人造树脂：松香衍生物、纤维素衍生物、环氧树脂等
- 合成树脂：酚醛树脂、醇酸树脂、氨基树脂、丙基酸树脂、环氧树脂等

　　次要成膜物质是构成涂膜的组成部分，它不能离开主要成膜物质单独成膜，虽然涂料中没有次要成膜物质照样可以形成涂膜，但有了它可赋予涂膜一定的遮盖力和颜色，并能增加涂膜的厚度，提高涂膜的耐磨、耐热、缓蚀等特殊性能。

　　体质颜料：滑石粉、硫酸钡、碳酸钙等

着色颜料 {
无机颜料：铬黄、铁红、铁蓝、钛白、铁黑、铬绿等
有机颜料：耐晒黄、甲苯胺红、酞菁蓝、苯胺黑等
缓蚀颜料：红丹、偏硼酸钡、氧化铁红、云母氧化铁等
}

　　辅助成膜物质主要有溶剂和添加剂两大类，它也不能单独形成涂膜，但有助于改善涂料的加工、成膜及使用等性能。

　　溶剂：真溶剂、助溶剂、稀释剂。

　　添加剂：增塑剂、催干剂、悬浮剂、乳化剂、稳定剂。

3. 涂料的分类、命名及型号

　　（1）涂料的分类

　　1）**按涂料中主要成膜物质分类。**根据国家标准，以涂料基料中主要成膜物质为基础进行分类，若主要成膜物质为混合树脂时，则按在涂膜中起主要作用的一种树脂为基础作为分类依据。这样，便可以根据其类别、名称了解其组成、特性及施工方法等。据此分类方法，将涂料产品分为 17 大类，见表 4-1。

表 4-1　涂料分类表

序号	代号	类别	主要成膜物质
1	Y	油脂漆类	天然植物油、清油（熟油）、合成油
2	T	天然树脂漆类	松香及衍生物、虫胶、乳酪素、动物胶、大漆及衍生物
3	F	酚醛树脂漆	改性酚醛树脂、纯酚醛树脂
4	L	沥青漆类	天然沥青、石油沥青、煤焦沥青
5	C	醇酸树脂漆	甘油醇酸树脂、季戊四醇醇酸树脂、其他改性醇酸树脂
6	A	氨基树脂漆	脲醛树脂、三聚氰胺甲醛树脂、聚酰亚胺树脂
7	Q	硝基漆类	硝基纤维素、改性硝基纤维素
8	M	纤维素漆类	乙基纤维、苄基纤维、羟甲基纤维、醋酸纤维、醋酸丁酸纤维、其他纤维及醚类
9	G	过氯乙烯漆类	过氯乙烯树脂、改性过氯乙烯树脂
10	X	乙烯漆类	氯乙烯共聚树脂、聚醋酸乙烯及其共聚物、聚乙烯醇、缩醛树脂、聚二乙烯乙炔树脂、含氟树脂
11	B	丙烯酸漆类	丙烯酸树脂、丙烯酸共聚物及其改性树脂
12	Z	聚酯漆类	饱和聚酯树脂、不饱和聚酯树脂
13	H	环氧树脂漆类	环氧树脂、改性环氧树脂
14	S	聚氨酯漆类	聚氨基甲酸酯
15	W	元素有机漆类	有机硅、有机钛、有机铝等有机聚合物
16	J	橡胶漆类	天然橡胶及其衍生物、合成橡胶及其衍生物
17	E	其他漆类	未包括在以上所列的其他成膜物质

　　在这 17 类中，前面 4 类使用植物油和天然树脂作为主要原料，产品性能和质量不高，

通常称为油性涂料。后面13类采用合成材料做原料的比重较大，有的甚至完全以合成树脂作为主要成膜物质，通常称为合成树脂涂料。

此外，在涂装施工中还有不可缺少的辅助材料，如稀释剂、催干剂、防潮剂、脱漆剂、固化剂等，见表4-2。

表4-2　辅助材料分类

序号	代号	名称	序号	代号	名称	序号	代号	名称
1	X	稀释剂	3	G	催干剂	5	H	固化剂
2	F	防潮剂	4	T	脱漆剂			

2）**按固化机理分类。** 一般认为，按照涂料的固化机理分类显得更加直观一些，见表4-3。

表4-3　按固化机理分类

类别	主要物质
溶剂挥发型	这类涂料是靠溶剂的挥发而干燥成膜的，涂料自身不会发生化学反应。这类涂料有：硝基漆、过氯乙烯树脂漆、乙烯树脂漆、纤维素漆、丙烯酸漆等
氧化固化型	这类涂料的干燥主要是在常温空气中，靠自身的氧化和聚合反应而形成坚硬的涂膜。这类涂料有：油脂漆、天然树脂漆、酚醛树脂漆、沥青漆、醇酸树脂漆等
热固化型	这类涂料的干燥是靠成膜物质在高温作用下起交联反应而固化成膜。这类涂料有：氨基树脂漆、热固性丙烯酸漆、热固性环氧漆等
	这类涂料的两种活性组分分开包装，施工时将两种活性组分按比例混合，活性基团交联反应而固化成膜。一般以常温干燥为主，也可低温（60~70℃）烘烤固化成膜。双组分涂料的干燥速度及涂膜性能与环境温度和固化剂加入量有关，如固化剂加入量过多，某些涂料的干燥速度反而降低，而且涂膜脆性大，因此必须按规定比例配制。这类涂料有：环氧树脂漆、聚氨酯漆、有机硅漆及橡胶漆等
催化固化型	这类涂料主要依靠包括有机过氧化物、氨蒸气和湿气的催化物质固化成膜。这类涂料有：湿固型有机硅改性丙烯酸树脂涂料、过氧化物引发固化丙烯酸树脂涂料、氨蒸气固化聚氨酯树脂涂料等

3）**按涂料的组成中是否含有颜料分类，** 见表4-4。

表4-4　按涂料的组成中是否含有颜料分类

类别	主要物质
清漆	涂料的组成中，没有颜料或体质颜料的透明体
色漆	涂料的组成中，加有颜料和体质颜料的有色漆
腻子	加有大量体质颜料的稠厚浆状体

4）**按溶剂构成情况分类，** 见表4-5。

表4-5　按溶剂构成情况分类

类别	主要物质
无溶剂涂料	涂料的组成中，没有挥发性稀释剂的，称为无溶剂涂料，其中呈粉末状的称为粉末涂料
溶剂涂料	涂料的组成中，以一般有机溶剂为稀释剂的，称为溶剂涂料
水性涂料	涂料的组成中，以水作为稀释剂的，称为水性涂料

除了上述的涂料分类法外，另外还有其他的分类方法，如按施工方法分类有：刷漆、喷漆、烘漆、电泳漆、粉末涂装漆等。按涂料作用分类有：底漆、中间涂料、面漆、罩光漆等。按涂料作用效果分类有：绝缘漆、防腐漆、防锈漆等。

（2）涂料的命名　涂料的名称由三部分组成，颜色或颜料的名称、成膜物质的名称和基本名称，即：

涂料全名＝颜色或颜料名称＋成膜物质名称＋基本名称

颜色位于名称的最前面，若颜料对涂膜性能起显著作用，则可用颜料的名称代替颜色的名称，如铁红醇酸底漆、锌黄酚醛防锈漆等。

涂料名称中的成膜物质名称应做适当简化，如聚氨基甲酸酯简化成聚氨酯等。

如果基料中含有多种成膜物质，则选取起主要作用的一种成膜物质命名，必要时也可选取两种成膜物质命名，主要成膜物质名称在前，次要成膜物质在后，如环氧硝基磁漆、硝基醇酸磁漆等。

基本名称采用我国广泛使用的名称，如清漆、磁漆等。

涂料的代号及基本名称见表4-6。

表4-6　涂料的代号及基本名称

代号	基本名称	代号	基本名称	代号	基本名称	代号	基本名称	代号	基本名称
00	清油	14	透明漆	33	（黏合）绝缘漆	50	耐酸漆	67	隔热涂料
01	清漆	15	斑纹漆	34	漆包线漆	51	耐碱漆	80	地板漆
02	厚漆	16	锤纹漆	35	硅钢片漆	52	防腐漆	81	鱼网漆
03	调合漆	17	皱纹漆	36	电容器漆	53	防锈漆	82	锅炉漆
04	磁漆	18	裂纹漆	37	电阻漆、电位器漆	54	耐油漆	83	烟囱漆
05	粉末涂料	19	晶纹漆	38	半导体漆	55	耐水漆	84	黑板漆
06	底漆	20	铅笔漆	40	防污染、防蛆漆	60	耐火漆	85	调色漆
07	腻子	22	木器漆	41	水线漆	61	耐热漆	86	标志漆、马路画线漆
09	大漆	23	罐头漆	42	甲板漆、甲板防滑漆	62	示温漆		
11	电泳漆	30	（浸渍）绝缘漆			63	涂布漆	98	胶液
12	乳胶漆	31	（覆盖）绝缘漆	43	船壳漆	64	可剥漆	99	其他
13	其他水溶性漆	32	（绝缘）磁漆	44	船底漆	66	感光涂料	—	—

（3）涂料的型号　为了区别同一类型的各种涂料，在涂料名称之前必须加有型号。

1）**涂料型号**。涂料型号由三部分组成，即一个汉语拼音字母和两组阿拉伯数字，如图4-4所示。涂料产品序号代号见表4-7。

字母（代号）表示涂料类别。前面一组阿拉伯数字表示产品的基本名称。后面一组阿拉伯数字则表示涂料产品序号。用以区别同一类型的不同品种，前后两组阿拉伯数字之间加一

短横使基本名称代号与序号分开。

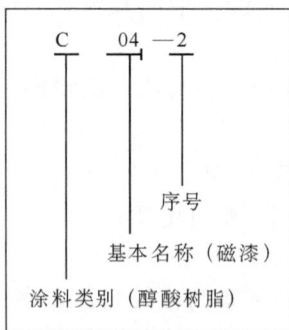

图 4-4　涂料型号的组成

表 4-7　涂料产品序号代号

涂料品种		代号	
		自干	烘干
清漆、底漆、腻子		1~29℃	30℃以上
磁漆	有光	1~49	50~59
	半光	60~69	70~79
	无光	80~89	90~99
专业用漆	清漆	1~9	10~29
	有光磁漆	30~49	50~59
	半光磁漆	60~64	65~69
	无光磁漆	70~74	75~79
	底漆	80~89	90~99

2）**辅助材料型号**。辅助材料型号由两部分组成，即一个汉语拼音字母和 1~2 位阿拉伯数字，如图 4-5 所示。

字母表示辅助材料的类别。数字为序号。用以区别同一类型的不同品种，字母与数字之间加一短横。

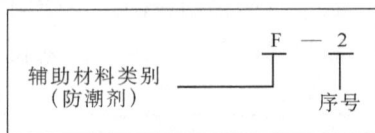

图 4-5　辅助材料型号的组成

二、汽车常用修补材料

汽车涂料用于涂敷在汽车物料表面，干燥固化后形成连续的牢固附着的一层膜。其中包括底漆、原子灰、中涂漆、面漆等。

1. 底漆

（1）底漆的性能要求

1）底漆对底材表面应有良好的附着能力；对其他面漆或中涂漆要有良好的结合能力。

2）底漆干燥后要有很好的物理性能和机械强度；能随金属伸缩、弯曲；能抵抗外来的冲击力而不开裂、不脱落；能够抵抗其上面涂层的溶剂溶蚀而不被咬起。

3）底漆要具有一定的填充力，能够填平底材上微小的高低不平、孔眼和细小的纹路等。

4）底漆要便于施工，涂膜流平性要好，不流挂、干燥快而且要容易打磨平整、不粘砂纸，保证漆面平滑光亮。

底漆的使用应根据涂装的要求和使用的目的，采用不同类型的底漆；根据工件表面状态和底漆的性质选择适当的涂装方法。

底漆涂膜的强度和结合能力的大小取决于涂膜的厚度、均匀度及其是否完全干燥，底漆涂膜一般不宜过厚，以 15~25mm 为宜（在汽车表面装饰性要求不高，底漆上直接喷涂面漆的情况下，膜厚可以在 50mm 左右），过厚则涂膜干燥缓慢，还容易造成涂膜强度不够和附着不良。

（2）底漆的种类　底漆的种类比较多，现在汽车涂装中以环氧树脂底漆和侵蚀底漆最为多见。

1）**环氧树脂底漆**。环氧树脂底漆简称环氧底漆，是物理隔绝防腐底漆的代表。环氧树

脂是线型的高聚物,由环氧丙烷和二酚基丙烷缩聚而成。它具有极强的黏结力和附着力,良好的韧性和优良的耐化学品性能。

环氧底漆具有如下的优点:

① 附着力极强,对金属、木材、玻璃、塑料、陶瓷、纺织物等都有很好的附着力和黏结力。

② 涂膜韧性好,耐挠曲,且硬度比较高。

③ 耐化学品性能优良,尤其是耐碱性更为突出。因为环氧树脂的分子结构内含有醚键,而醚键在化学上是最稳定的,所以对水、溶剂、酸、碱和其他化学品都有良好的耐受力。

④ 良好的电绝缘性,耐久性、耐热性良好。

环氧底漆的缺点:

① 表面粉化较快,这也是它主要用于底层涂料的原因之一。

② 环氧底漆使用胺类作为固化剂,胺类对人体和皮肤有一定的刺激性,因此在使用时要注意防护。

2) **侵蚀底漆**。侵蚀底漆是以化学防腐手段来达到其防腐目的的,主要代表为磷化底漆。

磷化底漆是将聚乙烯醇缩丁醛树脂溶于有机溶剂中,并加入防锈颜料四盐锌铬黄等制成的,使用时与分开包装的磷化液按一定比例调配后喷涂。

注意: 品牌漆中的磷化底漆一般都已经制成成品,按一定的比例加入固化剂即可使用。

① **磷化底漆的作用**。金属表面涂装磷化底漆后,磷化液(弱磷酸)与防锈颜料四盐锌铬黄反应生成同一般磷化处理相似的不溶性磷酸盐覆盖膜。同时生成的铬酸使金属表面钝化。由于聚乙烯醇缩丁醛树脂具有很多极性基团,它也参与了锌铬颜料与磷酸的反应,转变成不溶性铬合物膜层,与上述的磷酸盐覆盖膜共同起防腐蚀和增强涂层附着力的作用。

磷化底漆作为非铁及铁金属的防锈涂料,能够代替金属的磷化处理,在提高抗腐蚀性和绝缘性,增强涂层与金属表面的附着力等方面比磷化处理层更好,而且工艺和设备要求比较简单。但磷化底漆涂膜很薄(8~15mm),因此一般不单独作为底漆使用,所以,在涂装磷化底漆后通常仍用一般底漆打底。

② **磷化底漆的优点**。环氧底漆与磷化底漆对底材都具有良好的防腐性,对其上的涂层也都具有良好的黏结能力,一般在汽车修补中常使用环氧底漆打底,而在汽车制造或大面积钣金操作后对裸金属面进行磷化防腐处理时常采用磷化底漆。

2. 原子灰

原子灰又称聚合型腻子,是一种膏状或厚浆状的涂料,它容易干燥,干后坚硬,能耐砂磨。原子灰一般使用刮具刮涂于底材的表面(也有使用大口径喷枪喷涂的浆状原子灰,称为"喷涂原子灰"),用来填平补齐底材上的凹坑、缝隙、孔眼、焊疤、刮痕以及加工过程中所造成的物面缺陷等,使底材表面达到平整、匀顺,使面漆的丰满度和光泽度等能够充分地显现。

1) 国产常用汽车原子灰的配制、性能及用途见表4-8。

表 4-8 国产常用汽车原子灰的配制、性能及用途

序号	品名	配 制	性 能	用 途
1	Q07-5 各色硝基原子灰	由硝化棉、醇酸树脂、顺酐树脂、颜料、体质颜料、增塑剂和有机溶剂制成膏状物	干燥快,易打磨,附着力好	供有底漆的物面填平孔隙用或喷涂头道面漆后刮涂小砂眼用。不适用于凹坑等较大缺陷的填平,以防干后附着力差
2	C07-5 醇酸原子灰	由醇酸树脂、颜料、大量的体质颜料、适量催干剂及有机溶剂配制而成的膏状物	涂层常温干燥,附着力强,坚硬,易涂刮	适用于汽车金属表面或木制车厢凹坑及缝隙等的填平
3	C07-6 灰醇酸原子灰	由酚醛改性醇酸树脂、颜料、体质颜料、催干剂和松节油等配成	常温干燥快。涂层的耐水性、耐潮性及打磨性好,并耐硝基漆	适用于温热带地区汽车表面凹坑及缝隙填平
4	H07-5 各色环氧酯原子灰	由环氧酯与颜料、体质颜料、催干剂、二甲苯、丁醇等配成稠厚液体	易刮涂、不卷皮,原子灰膜坚硬平滑,易打磨不粘砂纸,耐潮性好,可自干,与底漆有良好的结合力,经打磨后表面光滑	用于有底漆的金属表面不平处填嵌,尤其适用于焊缝、凹坑的填平
5	H07-8 各色环氧醇酸原子灰	由环氧树脂、中油度醇酸树脂、颜料、体质颜料、催干剂等制成	与其他环氧原子灰相比,更易刮涂和打磨,且对各种底漆均有较好的附着力	同 H07-5 原子灰
6	H07-34 各色环氧酯烘干原子灰	类似于 H07-5 各色环氧酯原子灰,不同点:H07-34 必须先低温 50～60℃ 烘烤 30min 后,再升至 100～110℃ 下烘烤 1h	类似于 H07-5 各色环氧原子灰	适用于与氨基烘漆等面漆配套,常用于中、高级轿车用料
7	T07-2 各色酯胶原子灰	由酯胶清漆与颜料、体质颜料混合研磨后,加催干剂与 200 号溶剂汽油调制而成	具有良好的刮涂性和打磨性	适用于一般汽车表面凹坑的填平
8	G07-3 各色过氯乙烯原子灰	由过氯乙烯树脂、增塑剂、颜料、体质颜料及混合有机溶剂等配成膏状物	具有良好的打磨性和耐油性,且干燥速度较快	适用于底漆或中间层漆表面凹坑等不平之处的填平,常用于中、高级轿车的涂装
9	F07-1 各色酚醛原子灰	由中油度松香改性酚醛树脂漆料、颜料、体质颜料、催干剂与 200 号溶剂汽油混合而成	刮涂性好、易打磨	适用于载货汽车驾驶室外壳、车厢等表面凹坑的填平
10	A07-1 各色氨基烘干原子灰	由氨基树脂、醇酸树脂、颜料、大量体质颜料、催干剂和二甲苯等溶剂配制成浅灰色膏状物	对底漆附着力好,干燥后易打磨不粘砂纸,不起卷	用于填平有底漆的金属表面

（续）

序号	品名	配制	性能	用途
11	Z07-1 聚酯原子灰	Z07-1 聚酯原子灰是甲、乙两组分分装原子灰，其中甲组分为不饱和聚酯、苯酐、顺丁烯二酸酐、乙二醇、松香、颜料和体质颜料等；乙组分为过氧化环己酮固化剂	不受天气影响，常温下0.5h 就可干燥，1h 后即可打磨。涂刮时操作方便，干燥后体积收缩小，打磨方便，表面细滑光洁，附着力强，能与多种面漆、底漆配套使用，更适合氨基烘漆使用，但不能在酚醛底漆、醇酸底漆上涂刮，以免脱落起泡	主要适用于小轿车、高档豪华客车等表面凹坑、焊缝处的填平
12	UP-920 原子灰	由不饱和聚酯树脂，与颜料、体质颜料及助剂等调制而成的灰白色膏状物。为双组分原子灰，使用时按比例用该原子灰与另一种包装固化剂混合调配	刮涂性好，干燥快，附着力强，易打磨，与底、面漆配套性好，与金属基材结合力强，可自干，也可烘干	用于小轿车、各种交通车辆涂装，尤其适用于汽车快速喷漆底层的填平

2）常用进口汽车原子灰的配制、性能及用途见表4-9、表4-10。

表4-9 美国 PPG 公司原子灰的配制、性能及用途

序号	品名	配制	性能	用途
1	A656/A663 多用途聚酯原子灰	按 100 份 A656 加 A665 固化剂 1.5~2 份（20~30℃）的比例调制。调好的原子灰必须在 5~10min 用完。施工后 20~30min 即可打磨	高级双组分聚酯原子灰	适用于镀锌板、不锈钢、铝及玻璃钢在内的各种基底材料。A656 为标准型；A665 为慢干型，适用于大型车辆及高温天气
2	A659 轻型聚酯原子灰	按 100 份 A659 加 A665 固化剂 1.5~2 份（20~30℃）的比例调制。调好的原子灰必须在 5~10min 用完。施工后 20~30min 即可打磨	低密度双组分聚酯原子灰	适用于裸金属板、喷漆底漆及玻璃钢表面
3	A661 标准聚酯原子灰	按 100 份 A661 加 A665 固化剂 1 份（20~30℃）的比例调制。调好的原子灰必须在 5~9min 用完。施工后 10~20min 即可打磨	普通型双组分聚酯原子灰	适用于裸金属板、玻璃钢以及其他喷漆底漆或面漆的表面
4	A662/A668 聚酯喷灰	按 10 份 A662 喷灰加 A668 固化剂 1 份的比例调制。调好的喷灰必须在 20~25min 用完。施工后 2~3h（20~30℃）即可打磨	淡灰色双组分聚酯喷灰	适用于缺陷多以及形状不规则的表面，以减少使用传统原子灰带来的不便
5	A652 软性塑料补土（腻子）	按 100 份 A652 聚酯补土（腻子）加 A665 固化剂 1.5~2 份的比例调制。调好的腻子必须在 5~10min 用完。施工后 20~25min 即可打磨	双组分聚酯腻子。与 A665 固化剂调配，质地细腻并具有弹性，与塑料表面有良好的黏着力，同时具有很高的抗冲击强度	用于填补塑料表面的针孔或细小缺陷

表 4-10 英国 ICI 公司原子灰的配制、性能及用途

序号	品名	配制	性能	用途
1	P551-1050 原子灰	按 100 份原子灰加 2～4 份(体积比)P275-200 固化剂的比例调制。原子灰在施工中不能配制太多,必须在 7～10min 内用完。打磨后,必须喷涂 3 层二道底漆遮盖	双组分原子灰	填补较深凹的原厂高温烤漆(丙烯酸漆除外)、裸金属板、钢、铝及非溶性修补漆。对侵蚀底漆和可溶性修补漆表面不适用
2	P551-1052 原子灰(万能腻子)	按 100 份原子灰加 2 份(体积比)P275-200 固化剂的比例调制。原子灰在施工中不能配制太多,必须在 7～10min 内用完。施工后 1h 即可打磨(雨季及低温环境中干燥时间较长)。打磨后必须喷涂 3 层二道底漆遮盖	双组分万能原子灰	除用于裸金属板、钢铁等表面,尤其适用于镀锌铁板及铝板表面
3	P551-1059 原子灰(幼粒腻子)	按 100 份原子灰加 2～4 份(体积比)固化剂的比例调制。原子灰在施工中不能配制太多,必须及时用完。为避免日后可能出现"热痱",打磨后必须喷涂 3 层二道底漆遮盖	双组分、最幼滑的原子灰	可作原子灰填补层的最面层,填补车身底漆、原子灰或旧漆膜表面的细小花痕或砂眼。用于原厂高温烤漆(丙烯酸漆除外)、裸金属板、钢、铝及非溶性修补漆(镀锌铁板除外),但对可溶性修补漆(如硝基漆、丙烯酸漆、TPA 及醇酸漆等)不适宜
4	P08360 白色填眼灰(小灰)	P08360 原子灰不用稀释,在施工中极易打磨,如面积小,打磨后,可直接喷涂面漆;如面积大,必须喷二道底漆遮盖	单组分原子灰	用于填补轻微划痕、针眼、砂眼及砂纸纹等

3)自制油性原子灰的配制方法、性能及用途。在汽车修补涂装中,对一些档次较低、表面要求不高的汽车可使用自制油性原子灰。常用的自制油性原子灰主要有清油原子灰和桐油厚漆原子灰两种,见表 4-11。

表 4-11 自制油性原子灰

序号	品名	配制	性能	用途
1	清油原子灰	配方:清油、熟石膏粉、水、催干剂 配比:清油:熟石膏粉:水 = 1:0.8～0.9:0.25～0.30(体积比),催干剂适量 调制方法:调制清油原子灰要本着"现调现用"的原则,先用大部分清油和熟石膏粉混合搅拌成厚浆状,再将水慢慢加入,并边加边搅拌均匀,最后将余下的清油及石膏粉连同催干剂加入,充分搅拌均匀,即可使用。应注意的是,调配时不可加水过猛或过多,以防熟石膏粉吸水性强导致腻子变硬	刮涂性好,干燥快,涂层坚硬,耐打磨	用于酚醛、醇酸、硝基面漆等腻子层,适用于一般汽车维修喷漆前凹坑等的填平

（续）

序号	品名	配　　制	性　能	用　　途
2	桐油厚漆原子灰	配方：熟石膏粉、厚白漆、熟桐油、溶剂汽油等有机溶剂 配比：熟石膏粉：厚白漆：熟桐油：汽油＝3：2：1：0.6～0.7（体积比），并加少量水、铁红或炭黑颜料及催干剂。调制方法同清油原子灰 调制注意事项：一是熟石膏粉要过筛；二是厚白漆与熟桐油先调拌均匀；三是加熟石膏粉与水和溶剂汽油的量必须根据调拌过程中石膏粉的胀性严加控制，即防止原子灰未达胀性，或胀性过头（未达胀性,原子灰不会干燥;胀性过头,原子灰报废）	同清油原子灰	同清油原子灰

3. 中涂漆

中涂漆是指介于底漆涂层和面漆涂层之间的涂料，也称底漆喷灰，俗称"二道浆"。

（1）主要功能　主要是改善被涂工件表面和底漆涂层的平整度，为面漆涂层创造良好的基础，以提高面漆涂层的鲜映性和丰满度，提高整个涂层的装饰性和抗石击性。

（2）性能要求

1）应与底、面漆配套良好，涂层间的结合力强，硬度配套适中，不被面漆的溶剂所咬起。

2）应具有足够的填平性，能消除被涂底漆表面的划痕、打磨痕迹和微小孔洞、小眼等缺陷。

3）打磨性能良好，不粘砂纸，在打磨后能得到平整光滑的表面（现在有许多品牌漆中都有免磨中涂,靠其本身的展平性得到平整光滑的表面）。

4）具有良好的韧性、弹性和抗石击性。

提示：

对于表面平整度较好，装饰性要求又不太高的载货汽车和普通乘用大客车，在制造和涂装修理时不采用中涂漆，对于装饰性要求很高的中、高级轿车则必须采用中涂漆。

4. 面漆

（1）性能要求　在选择汽车用面漆时应从以下几个方面来考虑，见表4-12。

表4-12　面漆的性能要求

要　　求	说　　明
外观	色彩鲜艳、光泽醒目、色差小、丰满度强和鲜映性好
耐候性及耐老化性能	耐候性及耐老化性能是选择面漆时的重要指标之一。如果汽车用面漆的耐候性及耐老化性能不好，则使用不久面漆涂层就会失光、变色及粉化，直接影响汽车的装饰性。因此，要求汽车用面漆要有良好的耐候性及耐老化性能
硬度和抗石击性	面漆涂膜应坚硬耐磨，具有足够的硬度及抗石击性，以保证涂膜在汽车行驶中受到路面砂石的冲击时不产生划痕
耐湿热和防腐蚀性	面漆涂层在湿热条件下（如温度40℃,相对湿度90%），应不起泡、不变色或不失光。对面漆涂层的防腐蚀性要求虽然没有像对底漆涂层那样高，但与底漆涂层配套后，应能增强整个涂膜的防腐蚀性

（续）

要　　求	说　　明
耐化学药品性	面漆涂层使用过程中，如与蓄电池酸液、机油和制动液、汽油及各种清洗剂等直接接触，擦净后接触面不应有变色、起泡或失光等现象
施工性能	高温原厂漆必须适应生产流水线上的"湿碰湿"工艺，烘干温度在 120～140℃，烘干时间为 30min 等施工条件。在装饰性要求高的场合，还应具有优良的抛光性能。面漆还应具有较好的重涂性（即不打磨就再次涂面漆,结合力良好）和修补性。而汽车修补漆必须与原厂漆相匹配，并能在 60～80℃烘烤成膜，适应手工涂装

（2）汽车常用面漆涂料的性能和用途　汽车常用面漆涂料的性能和用途见表 4-13。

表 4-13　汽车常用面漆涂料的性能和用途

类型	品　　种	性　　能	用　　途	备　　注
溶剂挥发型	Q01-1 硝基清漆	涂膜光泽好，耐久性良好	可作为汽车硝基外用漆罩光，或调入色漆内罩光等。用量为 50～70g/m²	其品种有：硝基纤维素涂料、热塑性丙烯酸树脂涂料、各类改性丙烯酸树脂涂料，如硝基纤维素改性丙烯酸树脂涂料、醋酸丁酸纤维素改性丙烯酸树脂涂料等
	Q01-23 硝基清烘漆	涂膜光泽好，硬度高，耐汽油和机油性能好，耐水性优于 Q01-1，可打磨抛光，但柔韧性较差	可用于各种烘烤物面罩光，如汽车的空气滤清器、喇叭等。用量为 50～100g/m²	
	Q04-2 各色硝基外用磁漆	涂膜干燥快，外观平整光亮，耐候性较好，能用砂蜡抛光	可用于汽车上要求快干的物面	
氧化固化型	C01-1 醇酸清漆	涂膜的附着力、耐久性、柔韧性、耐水性、硬度及冲击强度比氨基烘漆差，由于该涂膜易变黄，不宜单纯用它罩光，应和醇酸磁漆以不同比例混合后作为最后一道罩光涂膜	适用于喷、刷汽车内外金属板材和木材表面以及作醇酸漆的罩光用。用量为 40～60g/m²	其品种有：醇酸树脂涂料、丙烯酸改性醇酸树脂涂料等
	C01-5 醇酸清漆	涂膜干燥迅速，涂膜光亮，不易起皱，有一定的保光性和保色性，耐水性优于 C01-1，但柔韧性较差。此漆干燥快，施工以喷涂为佳。与空气接触易成胶冻状而失效，故放置时应密封	主要用于醇酸磁漆和氨基磁漆的罩光涂饰。用量为 40～60g/m²	
	C01-7 醇酸清漆	涂膜附着力好，自然干燥性能良好，耐候性优于 C01-1，但三防性较差	一般用于汽车铝镁合金或铝制品罩光，也可用少量醇酸磁漆与其混合作为 C04-2 及 C04-42 醇酸磁漆罩光用。用量为 40～60g/m²	

（续）

类型	品 种	性 能	用 途	备 注
热固化型	B01-10 丙烯酸清烘漆	烘烤后的涂膜具有较好的光泽、硬度、丰满度以及防盐雾性、防潮湿性、防霉性；保色性和保光性极好，长期在紫外线下暴露，也不易泛黄或失光	适用于小轿车表面罩光，汽车装饰件抛光金属表面保护性装饰	其品种有：热固性丙烯酸涂料、热固性环氧树脂涂料、氨基醇酸树脂涂料、氨基丙烯酸树脂涂料
	B04-9 各色丙烯酸磁漆	涂膜平整光亮，附着力强，干燥快，耐候性和防潮性良好，并具有一定的防霉性能	适用于涂有底漆的轻金属板材表面，或作标志涂装使用。可与 H06-2 环氧树脂底漆、B06-2 丙烯酸底漆、X06-1 磷化底漆配套使用。喷涂施工	
双组分固化型	其品种有：丙烯酸-聚氨酯树脂涂料、聚酯-聚氨酯树脂涂料、丙烯酸-环氧树脂涂料			
催化固化型	其品种有：湿固型有机硅改性丙烯酸树脂涂料、过氧化物引发固化丙烯酸树脂涂料、氨蒸气固化聚氨酯树脂涂料等			

三、涂料颜色调配

1. 颜色调配原理

颜色是光与物体相互作用的结果，是物体对光线有选择性地吸收、反射、透射而产生的。

（1）光与颜色 所谓光线就是能够在人的视觉系统上引起感觉的电磁辐射。人们凭借光线，才能看到物体的颜色。光是一种电磁波，我们通常所见到的光线称为可见光，它在电磁波谱中占据一定范围，其波长范围为 400~700nm，在此范围之外还有紫外线和红外线等射线。我们平时所观察到的彩虹就是可见光光谱的一种表现形式，它的色彩按红、橙、黄、绿、青、蓝、紫的顺序排列，这些彩色光组合在一起就形成了白色光，也称日光或自然光，如图 4-6 所示。

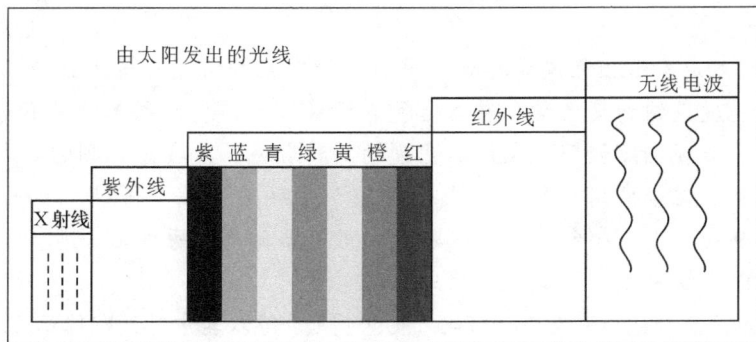

图 4-6 可见光分布

（2）颜色的特征　颜色有三个属性：色调、明度、彩度，要想完整、准确地描述一个颜色，需要包含这三方面的内容，缺一不可。

1）色调。色调（也称色相）是一定波长单色光的颜色相貌。色调是色彩的第一种性质（属性），这一特性使我们可将物体描述为红色、橙色、黄色、绿色、蓝色和紫色。色彩系统中最基本的色调是红色、黄色和蓝色，它们也称为"三原色"，几乎所有的颜色都可以用它们调配出来。而橙色、绿色、紫色又是红、黄、蓝三原色按1∶1的比例两两调配出来的，称为"三间色"，这六种颜色又统称为颜色的六种基本色调。我们把这些色调排列成一个圆环，沿着圆环的周边每向前一步，色调都会产生变化。若从色光的角度来看，色调又随光线波长的变化而变化。紫红、红、橘红等都是表明红色类中间各个特定的色调，这三种红之间的差别就属于色调差别。同样的色调可能较深或较浅，如图4-7所示。

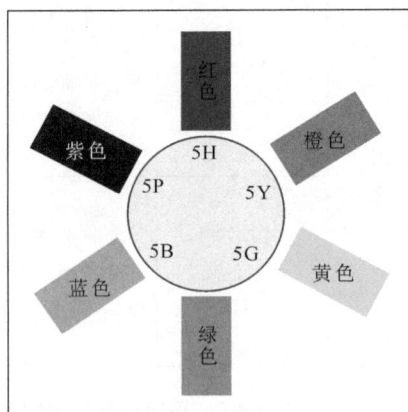

图4-7　色调

2）明度。明度是人们看到的颜色所引起的视觉上明暗（深浅）程度的感觉，也称亮度、深浅度、光度或黑白度。明度随光辐射强度的变化而变化，是色彩的第二个最容易分辨出的属性。

明度具有对比性质，它表明某种色彩呈现出的深浅或明暗程度。同一色调可以有不同的明度，如红色就有深红、浅红之分。不同色调也有不同的明度，如在太阳光谱中，紫色明度最低，红色和绿色明度中等，黄色明度最高，人们感到黄色最亮就是这个道理。明度可标在刻度尺上，从黑至白依次排列，如图4-8所示。越近白色，明度越高；越近黑色，明度越低。因此无论哪个颜色加上白色，就能提高其混合色的明度；而加入灰色，则要根据灰色深浅而定。

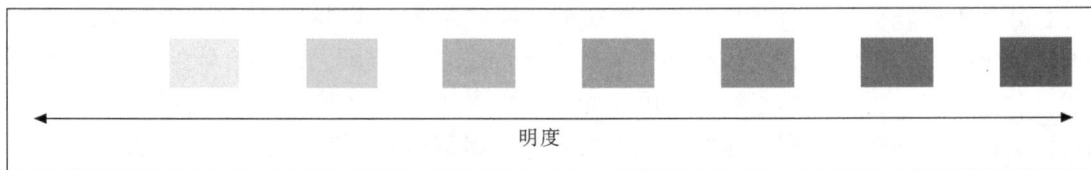

图4-8　明度

3）彩度。彩度是表示颜色偏离具有相同明度的灰色的程度，是颜色在心理上引发的感觉。彩度还有鲜艳度或饱和度之称。彩度是色彩的第三个性质，也是一种不易觉察并经常受到曲解的性质。除非我们比较同一色调和明度的两种颜色，才会意识到它的表现形式。进行这种比较时，我们通常会使用"鲜艳"或"黯淡""鲜亮"或"浑浊"这样一些词语来进行描述。在图4-9的中央，颜色看上去很黯淡，沿着图的中央每向右一步，彩度的值就会相应增加，而颜色看上去也更加鲜亮。

当某一颜色浓淡达到饱和，而又无白色、灰色或黑色渗入其中时，即称正色。若有黑色、灰色渗入，即为过饱和色；若有白色渗入，即为未饱和色。每个色调都有不同的彩度变化，标准色的彩度最高（其中红色最高,绿色低一些,其他居中），黑、白、灰的彩度最低，被定为零，称之为消色或无彩色。除此之外其他颜色称为有彩色，有彩色有色调、明度和彩度变化；无彩色只有明

度变化，没有色调和彩度。无彩色从白到黑的黑白层次为明度等级，从0~10共11个等级。

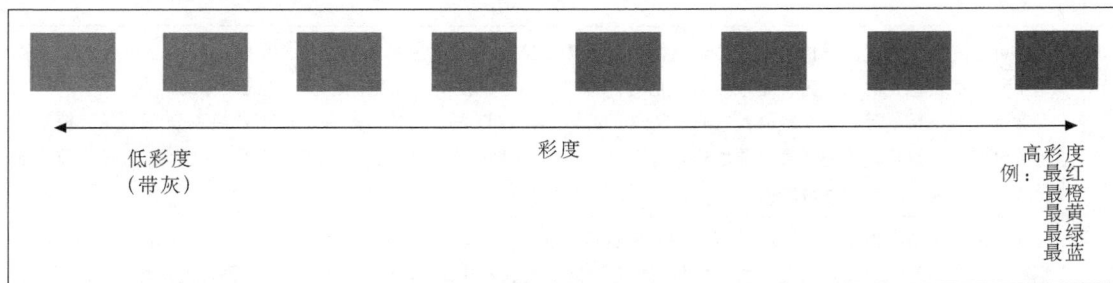

图 4-9　彩度

低彩度
（带灰）

彩度

高彩度
例：最红
　　最橙
　　最黄
　　最绿
　　最蓝

4）**纯度**。除了上述三个属性外，颜色还有一个重要特性：纯度。纯度是指颜色接近光谱上红、橙、黄、绿、青、蓝、紫七种标准色的程度。每种工作色相都有不同的纯度变化，标准色的纯度最高，黑、白、灰的纯度最低。普通颜色总夹杂着一些杂质成分，所以颜料在反射色光的同时，杂质反射的色光也会附带反射，因而表现出的颜色总是不及色谱上的标准色。所以凡是接近标准色的颜料就是纯度较高的颜料，它呈现的色彩也就越鲜艳。

物体颜色的纯度往往与物体的表面结构有关。如果物体表面粗糙，光线的漫反射作用将使颜色的纯度降低；如果物体表面光滑，颜色的纯度就较高。色漆为什么湿的时候色泽觉得鲜艳，干了以后颜色会变暗呢？因为颜料是由极细颗粒组成的，湿的时候，颜料颗粒之间的空隙被溶剂填满，表面变得光滑，减少了漫反射白光，所以颜色的纯度就较高。色漆干了，溶剂被蒸发，颜色颗粒显露，表面变粗糙，因此色泽就变得灰暗，颜色就变深了。

2. 颜色感觉效应

（1）**颜色情感作用**　自然界的五颜六色引起人们的各种心理活动（感觉、感情、联想方面的变化），不同的色彩会产生不同的心理反应，由于人们的传统习惯、生活方式和民族风俗等不同，对色彩的心理反应有共同点，也有差异，见表4-14。

表 4-14　颜色对情感的作用

颜色	作　用
红色	红色是强有力的色彩。在可见光谱中红色光波最长，处于可见光谱的极限附近，容易引起注意、兴奋、激动、紧张，但人眼不适应红光刺激，不善于分辨红光波长的细微变化。同时，红光容易造成视觉疲劳 在自然界中，不少芳香艳丽的鲜花、丰硕甘甜的果实和不少新鲜美味的肉类食品，都呈现红色，因此给人留下了艳丽、芬芳、青春、富有生命力、充实、饱满、鲜甜、甘美、成熟、富有营养之感，能引起食欲 在社会生活中，因红色对神经有强刺激作用，不少民族把红色作为欢乐、喜庆、胜利的装饰色，习惯用红色作为兴奋与欢乐的象征。由于红色的注目性与喜庆感，它在标志、旗帜、宣传等用色中占了首位，成了最有力的宣传色 红色常伴随着火灾、战争、事故、流血、受伤、恐怖和死亡，又有痛苦、愤怒、紧张感。因此被看成是危险、灾害、爆炸、愤怒、恐怖的象征。它使人易注目、易警觉，常用于信号色 红色汽车给人一种喜庆、平安、吉祥如意的视觉效果。所以，很多出租车采用红色，近年来国内许多地方开业庆典、结婚喜庆也常用红色轿车。另外，红色远视效果好，容易引起注意。紧急行车方便，又能令人联想起火焰，所以成了消防车的颜色

（续）

颜色	作　用
黄色	在可见光谱中，黄色波长适中，与红色相比，眼睛易接受些。黄色光照明性好，早晚的阳光、灯光、火光都趋于黄色。黄色光的明度亮、光感强，有光明、辉煌、灿烂、轻快、柔和、纯净、充满希望的感觉 黄色光波不易分辨，又有轻薄、软弱等特点。黄色物体在灯光下失色，故有"灯下黄白不分"之说。植物呈现黄色时临近衰败，人呈现黄色谓之病态。天空黄昏预示着风暴、黑暗、灾害等将来临，因而黄色有时被看成是酸涩、颓废、病态和反常的象征
橙色	在可见光谱中，橙色光波居红、黄之间，色性也在两者之间，既温暖又光明。它的冷暖感属心理色性。火、钢液、岩浆不是红色而是橙色，所以橙色较红色更暖，是色相中最暖的色。它明亮、华丽、健康、向上、兴奋、温暖、愉快、芳香、辉煌，最易动人 橙色是橙子的色彩，成熟的柑橘、玉米、南瓜、菠萝、柿子、杏子等也都是橙色，给人以香甜感。使人感觉充实、成熟、愉快和富有营养，能引起食欲 橙色在空气中的穿透力仅次于红色，因其较红色更亮，注目性高于红色，所以也被用为信号色、标志色和宣传色，同样也容易造成视觉疲劳感
绿色	绿色光在可见光谱中波长居中，人眼对绿色光波的微差分辨能力最强，对绿色的反应最平静，绿光在各种高纯度的色光中，是最能使眼睛得到休息的色光 在自然界中，绿色是植物色，又称生命色，因为有了植物，一切生物才可以生存。因而它又是农业、林业、牧业的象征色 绿色的植物可以给人以休息的感觉，还可以给人以清新空气的感觉，益于镇定、疗养、休息与健康，所以绿色是旅游业的象征色。在各色相中绿色处于中庸、平静的地位，又象征生命与希望，人们又把它看成是和平事业的象征色 绿色是邮政车的颜色，寓意为"绿色的使者"，有慰问、平安之意
蓝色	在可见光谱中，蓝色的光波短于绿色，比紫色略长些。它在穿透空气时形成的折射角度大，辐射的直线距离短。每天早晨与傍晚，太阳光线穿越比中午厚三倍的大气层才能到达地面，其中蓝紫色早已被折射在大气之中，达到地面的大都是红、黄、橙、绿光。所以早晚的太阳我们看上去是橙红色的，天空、远山等则是蓝色的（空气中折射着大量蓝色光）。它在视网膜上成像的位置最浅。红橙色被看成是前进色，而蓝色则是后退色 蓝色很容易被人联想到天空、海洋、湖泊、远山，让人感到有崇高、深远、无边无涯、冷漠、流动、轻快、洁静、缺少生命的感觉。当橙色被视为是心理学上的暖极色时，天蓝色则是冷极色
紫色	在可见光谱中，紫色光的波长最短，波长再短的就是看不见的紫外线了。因此，眼睛对紫色光的细微变化分辨力弱，易感到疲劳。人眼对紫色光的知觉度最低，纯度最高的紫色同时是明度最低的色 无论自然界还是社会生活中，紫色都是较稀少的。紫少，紫果也少，紫花显得特别娇艳。紫色颜料稳定性不高，纯度也低，因此紫色给人以高贵、优越、奢华、幽雅、流动、不安等感觉
白色	白色是由全光谱可见光混合而成的，称为全色光，是阳光之色，是光明的象征色。白色明亮、干净、卫生、畅快、朴素、雅洁、直率、坦荡、明洁、圣洁、一尘不染 物体之所以呈现白色，因为它的反射率高，又反射全色光。夏天穿的白色衣服可以反光，因而显得凉快；白色又是冰雪、云彩的颜色，能使人感到清凉、轻盈、单薄、爽快 就色彩的应用而言，白色的性格最为谦逊。它若作衬色可使其他色显得格外纯净、美丽、个性强烈。衬红色，红色显得更鲜艳；衬绿色，绿色显得更可爱；衬灰色，灰色显得更高雅；衬黄色，黄色显得更娇嫩；衬黑色，黑色显得更醒目。白色唯独不显示自己，可谓品格高尚。如果用它来混合其他色彩，可使其提高明度，降低纯度，削弱其对比，增强其调和。例如，一组或几组补色关系的色或对比色放在一起很难相处，十分吵闹，若加入白色混合其中，使它们显得既对比而又调和，也显得明朗、艳丽、洁净、欢快、热烈且舒适。所以，白色是不可丢失的重要色彩

（续）

颜色	作　用
黑色	从理论上讲，黑色无光，是无光之色。在生活中，只要光照弱或反光弱的物体，都呈现黑色 无光对人的心理影响有两大类：一是消极，令人想起漆黑的地方、阴森、恐怖、烦恼、忧伤、消极、沉重、悲痛、迷惑、沉闷，甚至死亡。二是积极，黑色使人休息、安静、深思、坚持、准备、考验、严肃、庄重、坚毅。它同时有沉重、神秘、庄严、不可征服之感
灰色	灰色原意是灰尘之色，从光学上看，它居黑、白之间，属于中明度无彩色或低彩色系。从生理上看，它对眼睛刺激适中。既不眩目，也不深沉，属于视觉不易疲劳之色。因此，视觉以及心理对它反应平淡、乏味、休息、抑制、枯燥、单调，没有兴趣，甚至沉闷、寂寞、颓丧 在生活中，灰色与含灰色量大的物体其鲜艳度低，因而最不引人注目。许多美好而鲜艳的色彩蒙上了灰，显得脏、旧、不卫生、衰败、枯萎、不动人，表现出灰色的消极面。所以人们常用灰色比喻丧失斗志、失去进取心、意志不坚、颓废不前。但灰色是最复杂的色，高级毛料、高级汽车、精密仪器都用灰色作单色装饰，所以漂亮的灰色作单色使用是很高雅的，但只有较高文化层次的人才欣赏。因此，灰色有时给人以高雅、精致、含蓄、耐人寻味的印象

（2）颜色感觉作用　颜色的感觉效应是指色彩对人所产生的心理、生理作用和影响。不同的色彩能给人们以不同的感觉，色彩直接影响着人们的精神，这种影响因年龄、性别、爱好等不同而有所差异，见表4-15。

表4-15　颜色对感觉的作用

感　觉	作　用
色彩的冷暖感	人们在观察不同的颜色时，根据生活经验会形成各种联想。如一看到红、橙、黄等颜色就会使人联想到旭日东升和燃烧的火焰，从而与暖、热的概念联系起来，产生温暖感。而看到青、蓝等色会使人联想到天空、海水，又与清凉的概念相联系，产生凉爽感。所以把黄橙、橙、红橙、红、紫红等颜色称为暖色；把紫、紫蓝、蓝、蓝绿、绿、黄绿等颜色称为冷色；黄色介于冷、暖色之间，称为中间色。色彩的冷暖感是在比较中形成的，并且是相对的。中间色与暖色相比较则偏冷，而与冷色相比又偏暖，这就是它们的相对性的体现 几种主要颜色的冷暖次序如下所示 表格： 色类　暖————→冷 红色　暖　朱红　大红　深红　玫瑰红 黄色　　深黄　中黄　淡黄　柠檬黄 绿色　↓　草绿　淡绿　深绿　橄榄绿 青色　冷　群青　古蓝　海蓝　天空蓝 冷暖感不同的色彩给人们带来不同的感觉，暖色给人以温暖、兴奋、刺激感，而冷色则给人以清凉、沉静、安定的感觉。为此，根据汽车的使用环境合理地应用色彩，可调节人们对冷暖的感觉，从而提高汽车的心理舒适性。如在低温或严寒地区应使用暖色，在高温或炎热地区应使用冷色
色彩的进退感	色彩根据人们视觉距离的不同可分为前进色和后退色。例如，红、蓝两种颜色的物体与观察者保持等距离，但在观察者看来，似乎红色物体离观察者要近一些，蓝色物体要远一些。因此，把红、黄等色称为前进色，把蓝、绿等色称为后退色 一般来说，暖色是前进色，冷色是后退色；明色是前进色，暗色是后退色；纯色是前进色，灰色是后退色。但这不是绝对的，在一定的条件下，在深色底上，进退的感觉取决于色彩明度，在灰色底上往往取决于色彩的统一纯度 在车身色彩设计时，一般前进色用于汽车的主要和突出部位，后退色用于次要部位

（续）

感 觉	作 用
色彩的胀缩感	色彩根据人们视觉面积的不同可分为膨胀色和收缩色。当我们在一定距离的地方，比较两块大小完全相等的色块时，在暗底色上的亮色块比亮底色上的暗色块大。由于较亮色块的轮廓产生了膨胀感，暗色块的轮廓相对产生了收缩感。可见不同的色彩作用于人们的视觉感有面积大小的变化 　　一般情况下，明度高的暖色给人以膨胀的感觉，明度低的冷色给人以收缩的感觉；光泽度高的使人产生膨胀感，光泽度低的使人产生收缩感。实际上，物体的大小是不因人们的视觉感而发生变化的，而只是人们产生的错觉罢了
色彩的明暗感	色彩根据人们视觉亮度的不同可分为明色和暗色。红、黄等色为明色，明色物体看起来觉得大一些、近一些，给人以开朗、轻巧、雅洁的感觉；蓝、绿等色为暗色，暗色物体看起来觉得小一些、远一些，给人以稳重、含蓄的感觉，但也有压抑和忧郁之感 　　现代汽车大多采用明色，暗色只是小面积局部使用
色彩的轻重感	人们看到不同的色彩，在心理上有重量不同的感觉，这种感觉主要是由联想引起的。对钢铁、岩石等的颜色感到重；对羽毛、雪花等的颜色感到轻。色彩的轻重感主要是由色彩的明度来决定的。一般明度高的浅色感觉较轻，其中以白色最轻；明度低的深暗颜色感觉重，其中以黑色最重。另外，色彩的冷暖不同，也有不同重量感觉的差别，在同等明度条件下，冷色一般比暖色显得轻一些 　　利用色彩的轻重感，可在处理形态的均衡与稳定上起着平衡的作用。它可以使重的形体显得轻巧，也可以使轻的形体显得稳定。如在客车车身下部配置深色，上部配置浅色，使人感到下重上轻，给人以稳定的感觉
色彩的软硬感	色彩的软、硬感，表现在有的色彩给人们以柔软的感觉，有的是坚硬的感觉。这种感觉主要是由明度和纯度来决定的，明度高的颜色给人以柔软感。但当颜色明度接近白时，其软感有所下降。明度低的颜色给人以坚硬感。纯度中等的颜色显得软，高纯度或低纯度的颜色有硬的感觉 　　在汽车车厢内部色彩设计中，利用颜色软硬感可创造出适宜的乘坐环境，给乘客以轻松、明快、柔和、亲切的感觉，减轻乘车疲劳
色彩的兴奋与沉静感	这与色相、明度、纯度都有关，其中纯度的作用最为明显。在色相方面，凡是偏红、橙的暖色系具有兴奋感，凡属蓝、青的冷色系具有沉静感；在明度方面，明度高的颜色具有兴奋感，明度低的颜色具有沉静感；在纯度方面，纯度高的颜色具有兴奋感，纯度低的颜色具有沉静感。因此，暖色系中的色彩给人们以兴奋而欢快的感觉，使人情绪饱满、活泼轻快、富有朝气；冷色系中明度和纯度低的色彩给人们一种沉静的感觉，可以抑制激动情绪，便于安静休息和冷静思考
色彩的华丽与质朴感	这与纯度关系最大，但也与明度有关，凡是鲜艳而明亮的颜色具有华丽感，凡是浑浊而深暗的颜色具有质朴感。有彩色系具有华丽感，无彩色系具有质朴感 　　华丽的色彩对人的视觉具有较强的刺激性，不宜在汽车上大面积使用，通常只用于局部点缀

3. 颜色调配

（1）调色工艺流程　汽车调色工艺流程如图4-10所示。

（2）颜色调配程序

1）**色号的查询**。大多数汽车的颜色信息（即原厂色号）附在车身某个或几个特定部位上（即色号牌上）。查看汽车厂出厂编码板，记下编码板上所示汽车制造厂商的油漆编码（VIN），对调色非常有帮助。不同的厂商油漆编码的位置是不同的。表4-16列出

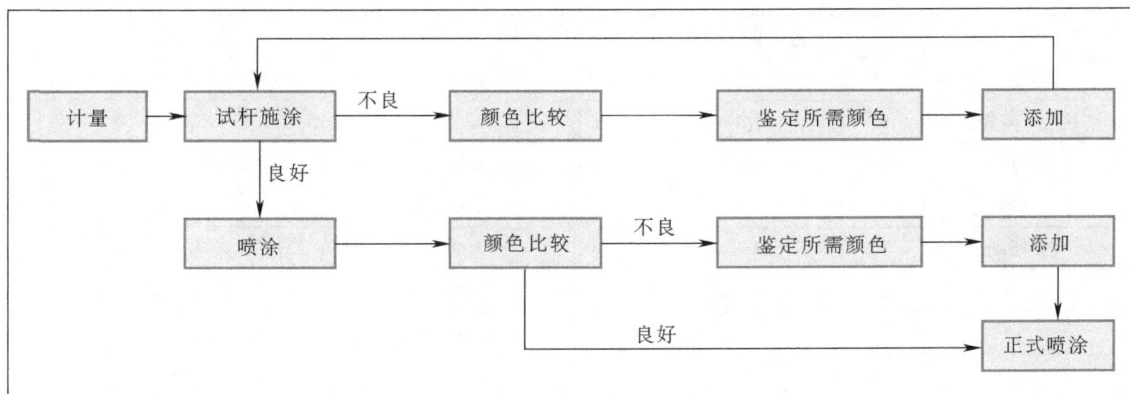

图 4-10 汽车调色工艺流程

了部分国外汽车制造厂商油漆编码位置，与图 4-11 所给出的油漆编码位置代号配合使用。

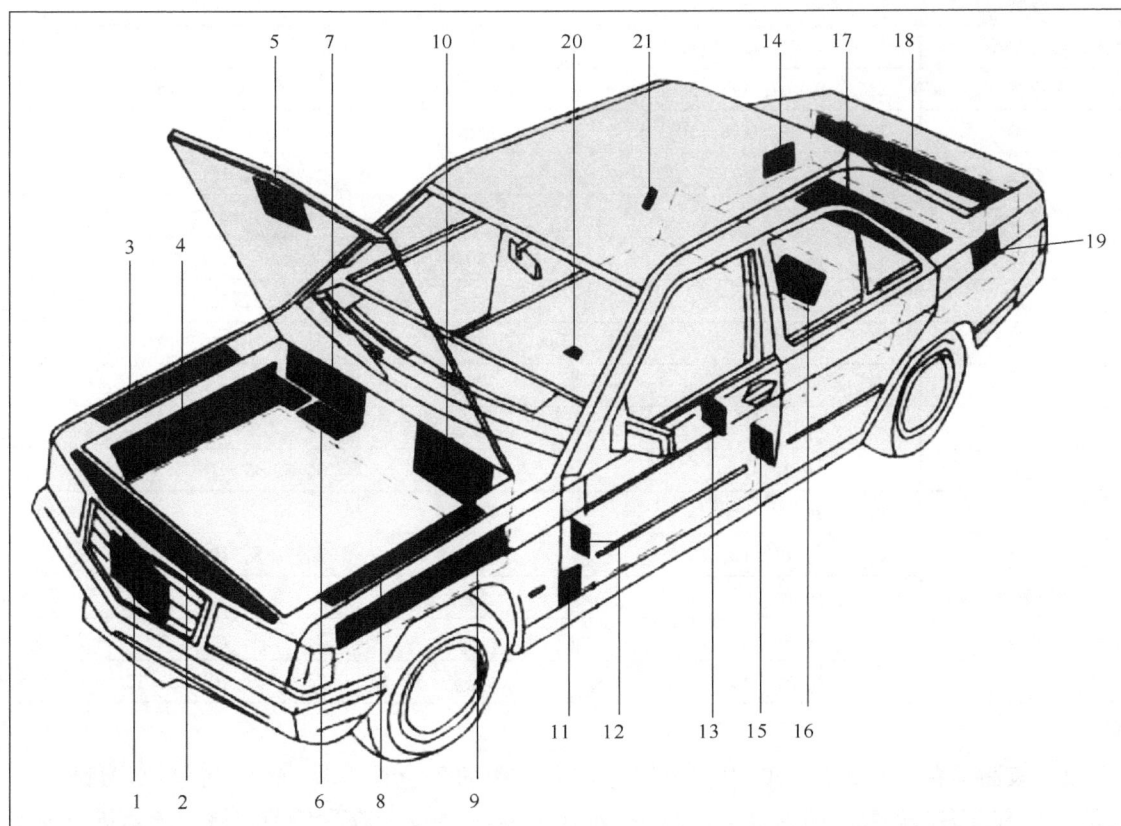

图 4-11 漆码位置

表4-16　车厂名称和漆码位置

车厂（车牌）	漆 码 位 置	车厂（车牌）	漆 码 位 置
阿库拉	15	波罗乃茨	7, 10
阿尔法·罗密欧	5, 8, 14, 17, 18	伏尔加	18
玛莎拉蒂	5	通用	2, 7, 10, 12
马自达	7, 10, 15	丰田	3, 4, 7, 8, 10, 11, 12, 15, 17
克莱斯勒	2, 4, 5, 8, 9, 10	大众	1, 2, 3, 7, 8, 14, 17, 18, 19
雪铁龙	2, 3, 4, 7, 8, 10	沃尔沃	2, 3, 7, 8, 10, 11, 12, 15
大宇	2	伏克斯豪尔	2, 8, 9, 10
达夫	12	拉达	4, 5, 8, 17, 18, 19
大发	2, 7, 10, 20	雷克萨斯	3, 7, 10, 15
托马斯	15, 18	莲花	3, 8
法拉利	5, 18	本田	15, 22
菲亚特	4, 5, 14, 18	现代	2, 7, 10, 15
福特	15	英菲尼迪	7, 10
欧洲福特	2, 3, 4, 7, 8, 15, 17, 18	迷你	22
奔驰	2, 3, 8, 10, 12, 15	五十铃	2, 7, 10, 13, 15
三菱	2, 3, 4, 5, 7, 8, 10, 15	依维柯	5
红旗	2, 3, 5, 18	捷豹	2, 4, 5, 15
兰博基尼	18	起亚	15
兰西尼	4, 5, 18	劳斯莱斯	3, 5
奥迪	14, 17, 18	罗孚	2, 3, 5, 7, 10
宝马	2, 3, 4, 7, 8	萨伯	3, 8, 10, 15, 17
莫斯科人	14	双龙	12, 15
日产	2, 4, 7, 10	土星	19
欧宝	2, 3, 4, 7, 8, 10	西特	3, 8, 17, 18
标致	2, 3, 8	斯柯达	8, 10, 17
保时捷	2, 7, 8, 10, 12, 15	斯巴鲁	2, 7, 8, 10, 11, 15
伯罗顿	2, 7, 10	铃木	7, 10, 11, 17, 20
利拉特	3, 4, 7, 9, 10	白鱼	2, 3, 4, 7, 8, 9
雷诺	3, 7, 8, 10, 15	陆虎	2, 3, 7, 10, 15, 17

　　2）**表面准备**。在日常工作中，我们通常所使用的配色标准板（燃油箱盖、车身部位），表面往往有许多污染物，可能会影响颜色的对比效果。因此，在配色前应该用细蜡进行清洁处理，以免造成将来车身上的颜色差异。

　　3）**色卡的对比**。如果在车身上无法找到原厂色号，那么可以利用油漆公司提供的各种色卡，从色相、明度、彩度3个方面进行对比，挑选出相对接近的颜色。然后根据色卡查出对应的胶片标号，即可得到相对接近的配方。

4）**配方的查询**。在车身上查到原厂漆号或通过色卡对比找到色号后，找到正确的微缩胶片号，用阅读机进行阅读，找到正确的配方。当然也可以用电脑查到配方，因为电脑中存有所有色卡配方，用户只需将查找到的色号和所需份量输入电脑就可直接查阅计算好的配方数据，快捷、方便、计算准确。便携式电脑测色仪的探头可直接在汽车上待修补的部位测到最为可靠的数据。该数据经配色系统处理后，就可以获得精确的配方。

5）**计量添加色母**。找到颜色配方，确定需要油漆的数量，利用电子秤计量添加相关色母的质量。在添加色母时，最好首先倾斜漆罐，然后逐渐拉操纵杆，让色母慢慢倒出。如果先拉操纵杆，那么当漆罐倾斜时可能有大量色母马上流出。为了在倾斜末尾进行精细调整，也必须小心操作操纵杆，以控制色母流量（图4-12）。

虽然各种色母的质量因颜色而异，但是通常情况下一滴的质量大约为0.03g，三滴的质量在0.1g左右。根据这一情况，我们在添加用量较少的色母时一定要仔细称重，在表4-17中我们不难发现少量色母的误差就能对颜色产生多大的影响。

a）正确　　　　　　　　　　　　　b）错误

图4-12　添加色母

表4-17　色母添加误差对颜色的影响

色　　母	配方中加入量/g	实际添加质量/g	误　　差/g	所占比例
M0	198.0	198.0	+0.1	0.050%
M60	1230.1	1032.1	+0.1	0.009%
A105	1275.6	45.5	+0.2	0.439%
M26	1302.2	26.6	+0.1	0.380%
M27	1306.7	1.5	+0.2	13.33%

注: 色母列中的M60、A105、M26、M27配方，加入质量占总质量的20%以上，虽然在实际添加过程中误差不大，但是对最终调配后的颜色影响较大，添加误差占单个色母的比例越大，对颜色的影响就越严重。

6）**对比色板**。添加色母并搅拌均匀后的涂料，从色相、明度、彩度三方面与待调配的标准色板进行对比，以保证调配良好。

对比方法有比较法、点漆法、涂抹法和喷涂法。比较法是用调漆棒与车色直接比对；点漆法是将漆点在车身上，待干燥后进行比对；涂抹法是将漆均匀涂布在车身上，待干燥后进行比对；喷涂法是将漆喷涂在试板上，待干燥后与车身进行比对。前三种方法速度较快，但

较不准确，喷涂法虽然速度较慢，但准确度高。如果比对结果发现颜色有差异，则需要添加色母进行微调；如果比对结果已经能满足颜色要求，则进行实车喷涂。

7）**添加色母进行微调**。如果颜色的对比结果表明，所刷颜色与汽车的颜色不一样，则必须鉴定出应添加哪一种色母，继而添加该色母，以获得理想结果，这个过程就是"精细配色"或"人工微调"。这是一个比较和添加涂料的循环，此循环一而再，再而三地重复，直至获得理想的汽车颜色。

如果把颜色体系看作是一个色立体球的话，如图 4-13a 所示，而图 4-13b 所示是在中间水平切开后的截面，该截面图在鉴定混合物中所缺的颜色时是很有用的。例如，当配红色时，如果确定圆球上与汽车颜色相配的区域是"A"，而已制备的混合物的颜色是"B"，那么便可以知道，所制备的混合物与汽车颜色相比，红色较弱（绿色较强），黄色较强（蓝色较弱）。因此也会发现，如果添加红色，那么混合物就会变得比较红，从而更接近汽车颜色；如果添加蓝色，混合物的黄色就变弱，但是由于互补色的特性，混合物将整个变暗。要注意的是，实际上该截面不能用来准确地判断汽车颜色与样板颜色之间在明度上的差别，但这种方法可以用于鉴定混合物中所缺的颜色。在这个过程中，第一个印象最为重要。这是因为，用于确定所缺颜色的时间越长，那么眼睛就越习惯于样板，从而使判断变得困难。

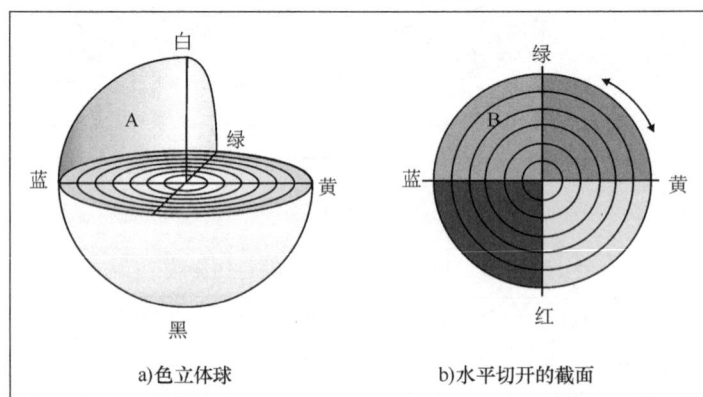

a) 色立体球　　　　　b) 水平切开的截面

图 4-13　颜色体系

8）**修补操作**。把微调完毕的涂料，按要求添加相应比例的固化剂、稀释剂并混合，按正确的施工程序进行涂装。注意采用合适的修补技巧，以达到无痕迹修补。

第三节　汽车漆膜修补工具与设备

一、除锈工具

1. 刮刀

刮刀是工件表面精加工刀具，具有锋利的刃口。刮刀多采用优质专用钢材制成，有的镶有硬质合金的刀头。刮刀分为平面刮刀和曲面刮刀两种，应根据加工工件的表面准确选用，如图 4-14 所示。

刮刀使用的安全注意事项有以下几点：

1）刮刀应装有牢固光滑的手柄。因为在刮削时用力较大，如果把柄部脱落或断裂，会给人造成伤害；特别是在用挺刮法时，刮刀尾部应装配光滑的、接触面较大的手柄，以防伤害作业者的腹部或身体的其他部位。

2）刮刀在不使用时，应放在不易坠落的部位，以防掉落时伤人及损坏刮刀；不要将刮刀同其他工具放在一个工具袋中，应单独妥善保管。

3）被刮削的工件一定要稳固牢靠，高度、位置适宜人员的操作，在刮削时，不许被刮削的工件有移动、滑动的现象。

图 4-14　刮刀

2. 扁铲

扁铲的用途很广泛，通常在汽车护理工序中，维修工用于铲除旧漆膜和旧腻子。而个别的维修人员用扁铲来做调节原子灰或腻子调合的工具。值得注意的是，不要将刚用过的扁铲没清洗干净就用来调合原子灰，这将影响原子灰的黏度。

3. 钢丝刷

钢丝刷可以用来清除零件表面的污迹，清除蓄电池极桩的氧化物及车身底盘的积垢。使用钢丝刷时，注意不要用它碰比较精密的配合面及汽车的装饰表面，如图 4-15 所示。

4. 锉刀

锉刀是用高碳钢制成的。

锉刀分为普通锉、特种锉和整形锉三类，如图 4-16 所示。

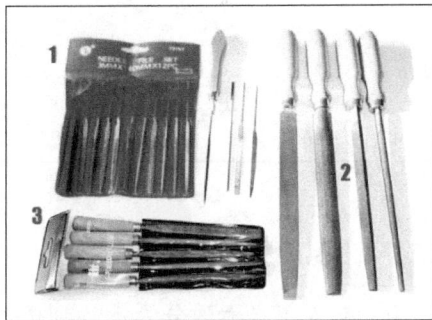

图 4-15　钢丝刷

图 4-16　锉刀

普通锉又分为平锉、方锉、圆锉、半圆锉和三角锉等；特种锉分直锉和弯锉等；整形锉俗称组锉，由许多各种形状和断面的锉刀组成一套。还有粗锉刀、细锉刀、双细锉刀和油光锉刀等。

锉刀的安全使用注意事项：

1）锉刀必须装柄后方可使用，否则锉刀的尾尖有可能扎伤手及手腕或身体的其他部位。

2）要正确地使用锉刀。一般用右手握紧锉柄，左手握住或扶住锉刀的前边，两只手均匀用力，推进锉刀；断面比较小的锉刀在使用时，施力不要过大，以免使锉刀折断；锉削速

度不要过快，一般在 20~60 次/min 为宜。

3) 锉刀和锉柄要防止油脂污染，正在锉削的工件表面也不能被油脂污染，以防锉刀打滑，造成事故。

4) 锉削时不要用嘴吹切屑，以防切屑飞入眼内；也不要用手去清除切屑，以防切屑扎破手指和手掌，应该使用刷子清扫除掉切屑。

5) 锉刀用后，应妥善放置，不应重叠摆放，以免损坏锉齿；放在操作台上时，不要露出台面，以防掉下伤脚。

6) 严禁将锉刀当作其他工具使用，不能当扁铲、撬棍使用，以防折断伤人。

5. 砂纸

砂纸是用黏合剂把磨料贴在特制的纸或布上制成的。砂纸用磨料粒度数码表示，数码越小，磨料越粗。磨料粒度不同，用途也不同。国内常用砂纸的规格表示和用途见表 4-18。

表 4-18 国内常用砂纸的规格表示和用途

种　　类	水砂纸、砂布规格		用　　途
水砂纸	规格代号	0、80、100、120、150、180、200、220、240、260、280、300	打磨腻子层及涂膜表面，砂磨以便湿磨施工
	粒度	100、120、140、150、160、170、180、200	
	规格代号	320、360、400、500、600、700、800、900、1000	
	粒度	220、240、260、320、400、500、600、700、800	
砂布	规格代号	4/0、3/0、2/0、0、1/2、1、3/2、2、5/2、3、4、5、6	打磨钢铁表面及底层腻子
	粒度	200、180、160、140、120、100、80、60、46、36、30、24、18	

二、刮涂工具

常用的刮涂工具大致分为钢片刮板、刮灰刀、橡胶刮板和牛角板四种。

1. 钢片刮板

钢片刮板由弹性极好的薄钢片制成，其特点是弹性好、刮涂轻便、效率高，刮后的腻子层平整，既可用于局部刮涂，也可用于全面刮涂，比较适用于小轿车、大型客车等表面的腻子刮平。钢片刮板及其拿法如图 4-17 所示。

2. 刮灰刀

刮灰刀又称油灰刀。它由木柄和刀板构成，木柄由松木、桦木等制成，刀板由弹性较好的钢板制成。规格按宽窄（刀头宽度）分为多种。刮灰刀及其拿法如图 4-18 所示。

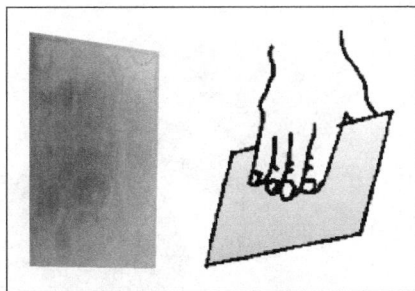

图 4-17　钢片刮板及其拿法

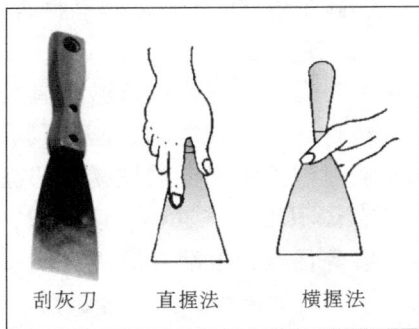

刮灰刀　　直握法　　横握法

图 4-18　刮灰刀及其拿法

特点：成品刮灰刀的规格多，弹性好，使用方便。

注意：宽刮灰刀有 100mm 宽和 75mm 宽两种，适用于木车厢、客车大板等平整大物面腻子刮涂或基层清理。中号刮灰刀的宽度多为 50～65mm，主要用于调配腻子、小面积腻子补刮及清除旧漆等。窄刮灰刀多用于调配腻子或清理腻子毛刺等。

3. 橡胶刮板

橡胶刮板采用耐油、耐溶剂和膨胀系数小的橡胶板制成，外形尺寸和形状根据需要确定。橡胶刮板弹性极好，刮涂方便，可随物面形状的不同进行刮涂，以获得平整的腻子层。尤其对凸形、圆形、椭圆形等物面，使用橡胶刮板刮涂，质量更优。橡胶刮板适用于刮涂弧形车门、翼子板等。橡胶刮板及其拿法如图 4-19 所示。

4. 牛角板

牛角板由优质的水牛角制成。牛角板及其拿法如图 4-20 所示。

特点：使用方便，可来回刮涂（左右刮涂）。

牛角板主要用于修饰原子灰的补刮等。牛角板使用后，应清理干净置于木夹上存放，以防变形，影响使用。

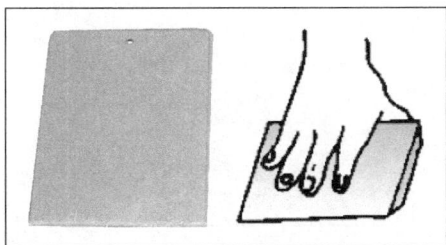

图 4-19　橡胶刮板及其拿法

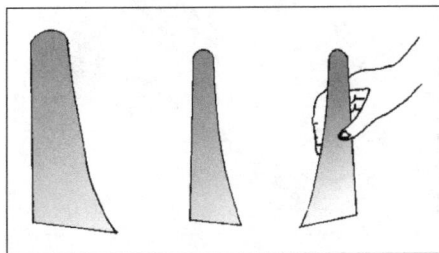

图 4-20　牛角板及其拿法

三、打磨工具

1. 手工打磨工具

汽车车漆修补手工打磨工具主要是包垫板砂布，常用的垫板由木材或硬橡胶制成。垫板可选用长 180～200mm、宽 50～60mm、厚 25～30mm 的木制垫板或橡胶制垫板，如图 4-21 所

示。砂纸、砂布是打磨工具的辅助材料，其规格和用途见表4-18。

2. 机械打磨工具

汽车车身表面护理机械打磨工具按动力装置的不同可分气动打磨工具和电动打磨工具。气动打磨工具主要用于清除钢铁表面上的铁锈、旧涂层及打磨原子灰等，具有体积小、质量小、速度快、使用安全、可水磨或干磨等优点；电动打磨工具的主要作用同气动打磨工具，具有噪声小、振动轻、粉尘飞扬少等优点，但质量通常比气动打磨工具大些，且不适于水磨。

图 4-21　手工打磨工具——垫板

四、涂刷工具

涂刷的主要工具有漆刷、毛笔和画笔等。

1. 漆刷

漆刷有很多种类，按形状可分为圆形、扁形和歪脖形三种；按材料可分为硬毛刷和软毛刷两类。硬毛刷主要用长猪鬃、马鬃制成，软毛刷由猫毛、绵羊毛和山羊毛等制成。按尺寸可分为 12mm、19mm、25mm、38mm、50mm、65mm、75mm 等。常用漆刷如图4-22所示。

注意：在选购漆刷时，通常以毛直、口齐、刷斗与刷柄组合牢固、刷毛中无脱毛现象为上品。

2. 毛笔和画笔

毛笔和画笔在涂装作业中用来描字、划线，涂刷不易涂到的部位和局部补漆用。常用画笔主要为长杆画笔，毛笔以狼毫笔为上品。常用毛笔如图4-23 所示。

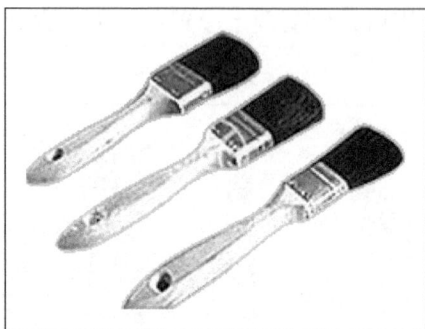

图 4-22　常用漆刷

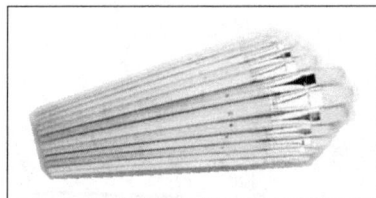

图 4-23　常用毛笔

五、调色设备

1. 调漆机

调漆机又称油漆搅拌机，各大油漆公司都有调漆机及其配套产品，有 32、38、59、108 等各种规格的调漆机。调漆机配有电动机和搅拌桨，利用这种工具很容易混合倒出涂料。涂料中的树脂、溶剂及颜料经过一段时间就会分离，这是由它们的密度不同所致。因此，涂料

在使用以前需要充分混合。调漆机如图 4-24 所示。

2. 电子秤

电子秤又称配色天平，是一种称涂料用的专用天平，帮助计算适当的混合比，由托盘秤、电子显示器、集成电路板组成，如图 4-25 所示。常用的电子秤量程可达 7500g，精确度为 0.1g，由明亮的发光二极管作显示器，安装在托盘上方，使用方便，属于专为汽车修补漆称量用的配套产品。

图 4-24 调漆机

图 4-25 电子秤

电子秤的操作程序是：

1）水平放置电子秤，避免高温、振动。

2）打开电子秤总电源开关，暖机 5min。

3）按下归零键，将被秤物轻置于秤板中心，依序操作。

4）使用完毕后，按下电子秤电源关闭键，关闭电子秤电源总开关。

3. 阅读机

查阅油漆配方的方法目前国内有胶片调色和电脑调色两种。胶片调色即通过阅读机（图 4-26）阅读胶片、查配方。因为这种方式成本低、操作简单，所以目前采用较多。电脑调色即电脑中存有所有色卡配方，用户只需将自己所需漆号和份量输入电脑就可以直接查阅计算好的配方数据，快捷、方便、准确，而且数据更新方便，是一种先进的调色方法。目前各大油漆公司都具有完善的电脑调色系统。

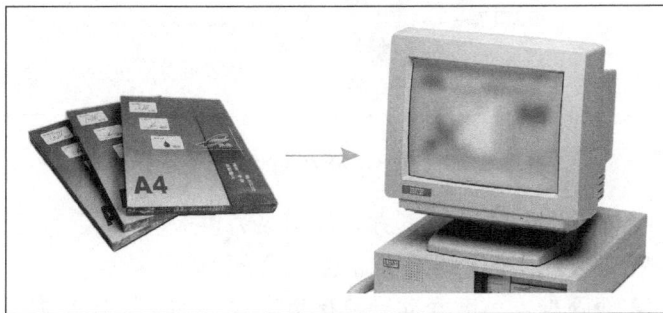

图 4-26 阅读机

阅读机操作程序如下：

1）打开阅读机总电源开关。

2）拉开置片板，将微缩胶片依正确方向置入置片板上。

3）推回置片板后，打开机座底部电源开关。

4）检视微缩胶片，查出颜色配方。

5）使用完成后，关闭机座底部白色开关，拉出置片板，取出微缩胶片，推回置片板。

6）关闭阅读机总电源开关。

4. 调色电脑

电脑调漆就是利用电脑中的程序查阅配方、计算配比量。目前市场上使用的调漆软件较多，但基本功能没有多大差别。某些电脑调漆系统将电子秤与电脑相连，这样在调漆时，一旦某一色母漆加多后，电脑则自动重新计算配比量，从而保证调漆的精度。电脑调色机如图4-27所示。

六、喷涂设备

喷涂设备主要指喷枪。喷枪的作用是将油漆和其他液态材料喷涂到被涂物表面上。要做好喷涂工作，保证喷涂质量，必须正确使用和维护喷枪。

1. 喷枪的类型

按涂料供给方式分，空气喷枪有吸力式、重力式、压送式三种类型。

图4-27　电脑调色机

（1）吸力式喷枪　吸力式空气喷枪是使用最普遍的一种喷枪。油漆置于罐内，扣动扳机，压缩空气冲进喷枪，气流经过气帽开口时形成局部真空，罐中的油漆被真空吸往已开启的针阀，形成雾状喷射流，如图4-28所示。

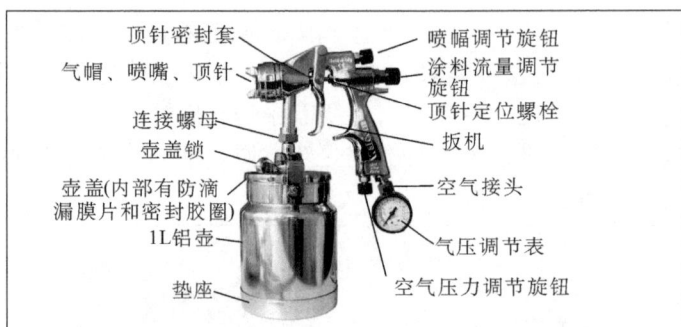

图4-28　吸力式喷枪

涂料供给方式：油漆罐安装在喷嘴下方。仅用吸力供应油漆。

优点： 喷枪工作稳定，便于向油漆罐加油漆或变颜色。

缺点： 喷涂水平表面困难。黏度变动导致排量变化，油漆罐比重力式喷枪大，因而操作者较易疲劳。

（2）重力式喷枪 重力式空气喷枪是利用油漆自身重力流入喷嘴进行雾化喷射的。这种喷枪适用于较稠的涂料（如车身填料）的喷涂，如图4-29所示。

涂料供给方式：油漆杯安装在喷嘴上方，用重力及喷嘴尖的吸力供应油漆。

优点：油漆黏度不变，所以喷量不会变化；油漆杯的位置可按喷漆件的形状变更。

缺点：由于油漆杯安装在喷嘴上方，反转操作就会影响喷枪的稳定性；油漆杯容量小，不适合喷射较大的表面。

（3）压送式喷枪 压送式空气喷枪是利用压缩空气进入油漆罐中，推动油漆从细管进入喷嘴的，如图4-30所示。

涂料供给方式：用压缩空气罐或泵给油漆加压。

优点：喷涂大型表面时不必停下来向油漆罐加油漆。也可使用高黏度油漆。

缺点：不适合小面积喷漆，变换颜色及清洗喷枪需要较长时间。

2. 喷枪的结构

喷枪主要由气帽、喷嘴、针阀、扳机、气阀、空气压力调节旋钮和手柄等组成。典型的吸力式空气喷枪的结构如图4-31所示。

空气帽引导压缩空气撞击涂料，使其雾化成有一定直径的漆雾。空气帽上有3个小孔，分别为中心孔、辅助孔、侧孔，如图4-32所示。中心孔位于喷嘴末端，产生喷出涂料所需的负压。辅助孔可促进涂料的雾化，喷出空气量的多少与涂料雾化好坏有很大关系，如图4-33所示。侧孔喷出的气流可控制喷雾的形状，当扇形调节旋钮关上时，喷雾的形状是圆形；当扇形调节旋钮打开时，喷雾的形状变成长方形。

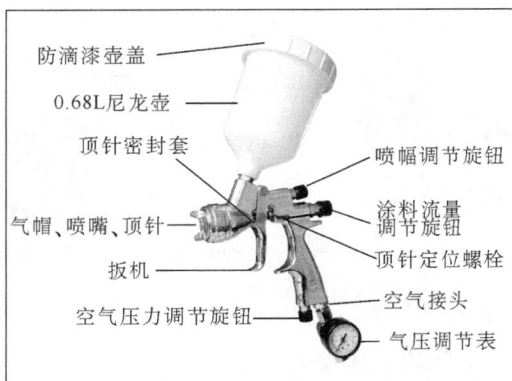

图4-29 重力式喷枪

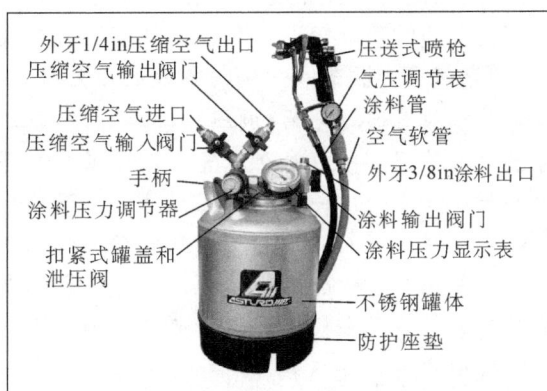

图4-30 压送式喷枪

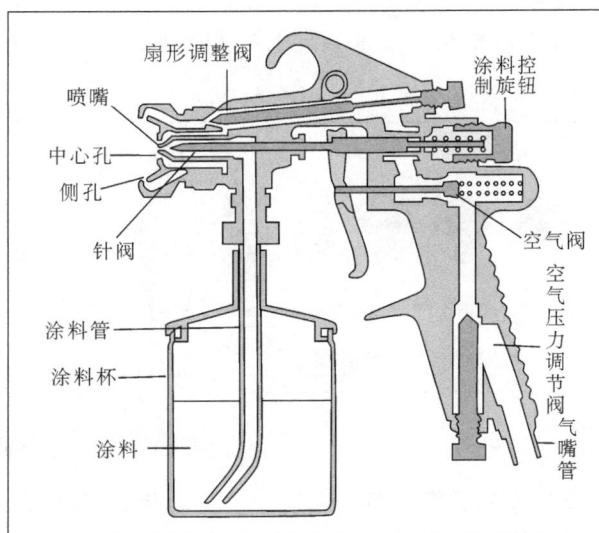

图4-31 吸力式空气喷枪的结构图

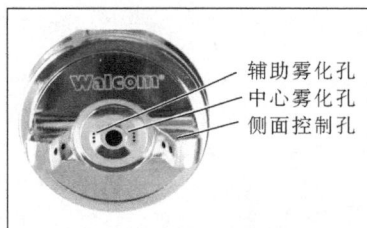

图 4-32 气帽

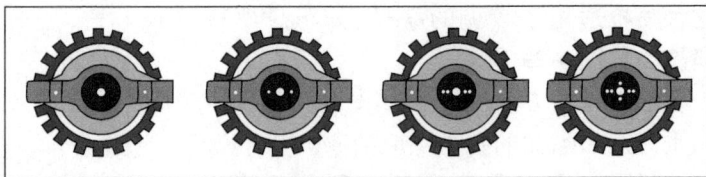

图 4-33 辅助孔大小的变化

3. 喷枪的调整与操作

（1）喷涂模式的调整 喷涂模式的调整是指喷雾扇形区域的调节，喷雾扇形取决于空气和雾化的涂料液滴的混合是否合适（就像发动机的工作取决于空气和燃油的混合是否合适一样）。涂料的喷涂应平稳，喷涂出的湿润涂层应没有凹陷或"流泪"现象，在一般情况下要想获得合适的喷雾扇形，有三种基本调节方式。

1）**空气压力调节**。喷枪喷嘴处的压力对于得到合适的喷雾扇形有明显的影响。空气压力的调节一般可通过分离/调压器来调节，但由于空气从调压器经过输气软管到达喷枪还受到摩擦力的作用，所以存在压降。调压器处测得的气压与喷枪处测得的气压的差值取决于输气管的长度和直径，一般来说孔径越大，压降越小，管长越短，压降越小。因此，应该在喷枪处测量气压值，而且我们所提到的压力值都是指喷枪处的气压。

测量气压最可靠的方法是把一块气压表插在喷枪和输气管的接头之间。有些喷枪本身就带有气压表，可用来检测和调节喷枪处的压力值，而大多数喷枪的气压表是可选件，建议在生产实践中应使用气压表。

2）**喷雾扇形调节**。通过调节喷雾扇形控制旋钮可以调节喷雾直径的大小。调节喷雾形状时，将扇形控制旋钮旋紧到最小，可使喷雾的直径变小，喷涂到板件上的形状变圆；将扇形控制旋钮完全打开，可使喷雾形状变成宽的椭圆形。较窄的喷雾可用于局部修理，而较宽的喷雾则用于整车喷涂。图 4-34 所示是扇形控制旋钮从旋紧至最小到完全打开时喷雾形状的变化。

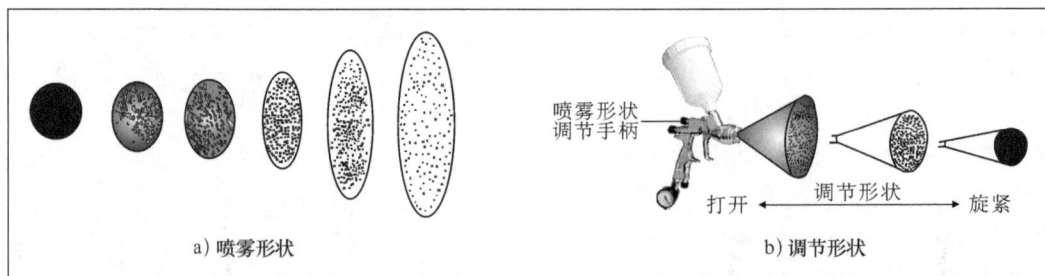

a）喷雾形状　　b）调节形状

图 4-34 喷雾扇形宽度调节

3）**涂料流量调节**。调节涂料控制旋钮可适应不同喷雾形状所需的涂料流量，如图 4-35 所示。逆时针转动涂料控制旋钮可增大出漆量，而顺时针转动将减小出漆量。

最佳的喷涂压力是指获得适当雾化、挥发率和喷雾扇形宽度所需的最低压力。压力过高

会产生过多弥漫的喷雾，从而导致用料量增加，而涂层流动性降低，因为在涂料到达喷涂表面之前已有大量的溶剂被蒸发掉了，所以易产生橘皮等缺陷。如果压力过低，会使涂层的干燥困难，因为大多数溶剂都保留下来了，因此容易产生起泡和流挂。

图 4-35　调节涂料控制旋钮控制出漆量

（2）喷涂试验　设定好空气压力、喷雾扇形和出漆流量后，就可以在遮盖纸或报纸上进行喷雾形状测试。喷涂清漆类涂料时喷枪与测试纸相距 15~20cm，而喷涂磁漆时则应相距 20~25cm。试验应在瞬时内完成，将扳机完全按下，然后立即释放。喷射出来的涂料应在纸上形成长而窄的形状。然后旋转喷雾扇形旋钮，使试样达到一定高度为止。一般情况下进行局部修理时，试样高度从底部到顶部应达到 10~15cm；进行大面积或全身修理时，试样高度从底部到顶部应在 23cm 左右（通常情况下试样高度在 15~20cm 即可）。如果涂料颗粒粗大，可以旋进涂料流量控制旋钮 1/2 圈以减少流量；如果喷得太细或过干则旋出涂料流量控制旋钮 1/2 圈，以达到增大涂料喷出量的目的。

（3）喷涂操作要领

1）**喷枪与工件表面的角度**（喷涂角度）。喷枪与工作表面必须保持垂直，绝对不可由手腕或手肘作弧形的摆动，如图 4-36 所示。

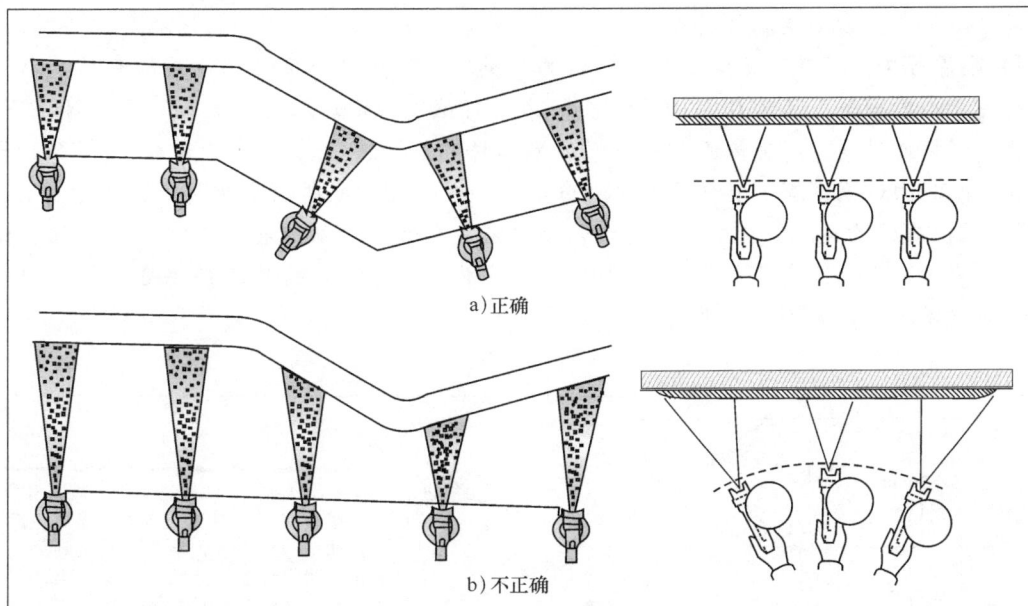

图 4-36　喷枪与工件表面的角度

2）**喷枪嘴与工件表面的距离**（喷涂距离）。正常的喷涂距离应与喷枪的气压、喷枪的扇面调整大小以及涂料的种类相配合。一般喷涂距离为 15~20cm（可按涂料供应商提供的工艺条件操作）。实际距离可通过对贴在墙上的纸张试喷而定，如图 4-37 所示。

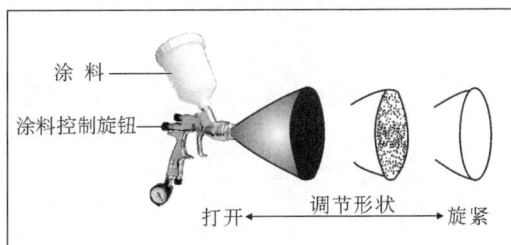

如果喷涂距离过短，喷涂气流的速度就较高，从而会使涂层出现波纹

正确的喷枪移动：距离相同

涂料堆积

不正确的喷枪移动：距离过大

薄

厚

如果距离过大，就会有过多的溶剂被蒸发了，导致涂层出现橘皮或发干，并影响颜色的效果

喷雾落到喷涂表面时已经无力

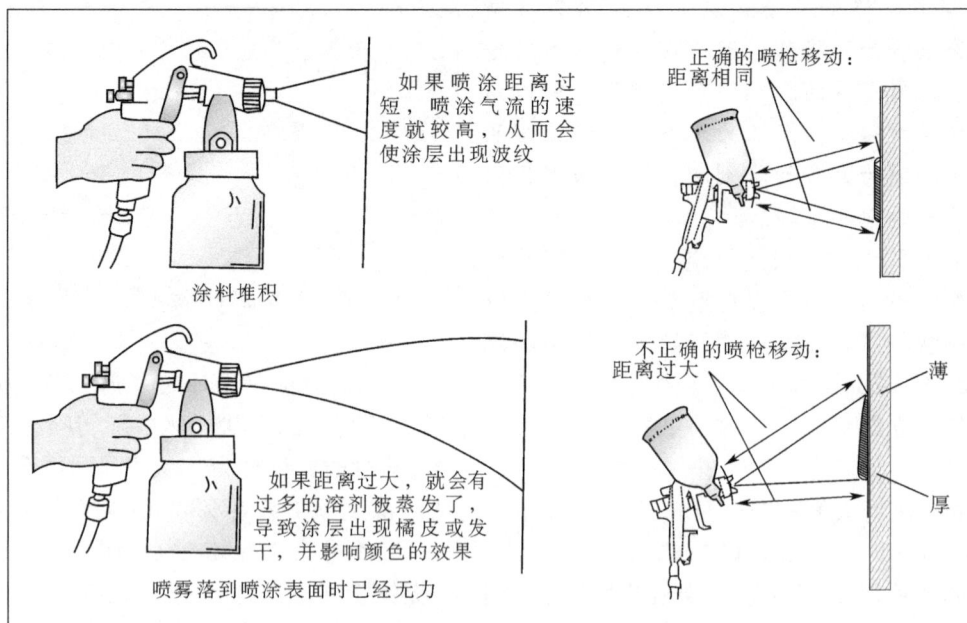

图 4-37　喷枪嘴与工件表面的距离

3）**喷枪的移动速度**（喷涂的移动速度）。喷枪的移动速度与涂料干燥速度、环境温度、涂料的黏度有关，以 30~60cm/s 的速度匀速移动。喷枪移动过快，会导致涂层过薄，而喷枪移动过慢，会导致出现流挂的现象。

4）**喷涂压力**。正确的喷涂气压与涂料的种类、稀释剂的种类、稀释后的黏度和喷枪的类型有关，一般调节气压为 0.2~0.25MPa，或进行试喷而定。压力过低极有可能雾化不好，会使稀释剂挥发过慢，涂料像雨淋一样喷涂到工件的表面，容易产生"流泪"、针孔、气泡等现象。而压力过高则有可能使稀释剂过分蒸发，严重时形成所谓干喷现象。

5）**喷枪扳机的控制**。扳机扣得越紧，液体流速越大。传统走枪，扳机总是扣死，而不是半扣。为了避免每次走枪结束时所喷出的涂料堆积，有经验的漆工都要略略放松一点扳机，以减少供漆量，如图 4-38 所示。

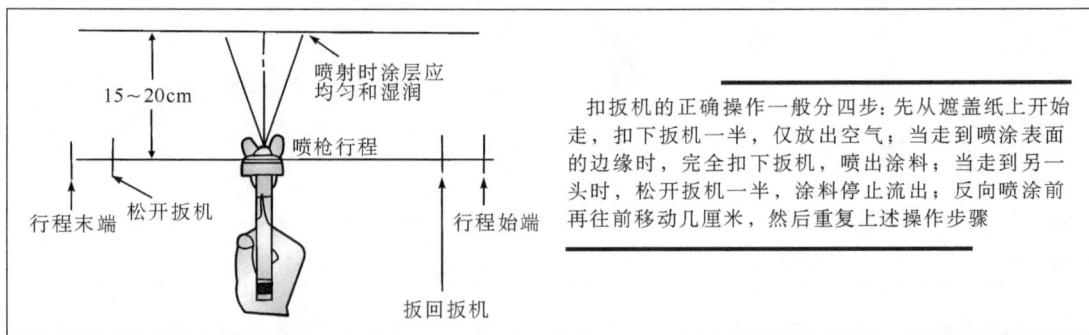

15~20cm

喷射时涂层应均匀和湿润

喷枪行程

行程末端

松开扳机

行程始端

扳回扳机

扣扳机的正确操作一般分四步：先从遮盖纸上开始走，扣下扳机一半，仅放出空气；当走到喷涂表面的边缘时，完全扣下扳机，喷出涂料；当走到另一头时，松开扳机一半，涂料停止流出；反向喷涂前再往前移动几厘米，然后重复上述操作步骤

图 4-38　喷枪扳机的控制

在"斑点"修补或者新喷涂层与旧涂层的边缘润色加工时都要进行"收边"操作。

收边法喷涂——通过手腕部移动，喷枪按月牙形轨迹离开修补表面，利用这种喷枪移动方法，漆层厚度会随着喷枪的移开而逐渐变薄。

收边法喷涂示意图如图 4-39 所示。

6）**喷涂方法、路线的掌握**。喷涂方法有纵行重叠法、横行重叠法和纵横交替喷涂法。喷涂路线应按从高到低、从左到右、从上到下、先里后外的顺序进行。在行程终点关闭喷枪，喷枪第二次单方向移动的行程与第一次相反，喷嘴与第一次行程的边缘平齐，雾形的上半部与第一次雾形的下半部重叠，重叠幅度在第二层与上一层重叠 1/3 或 1/2 处，如图 4-40 所示。

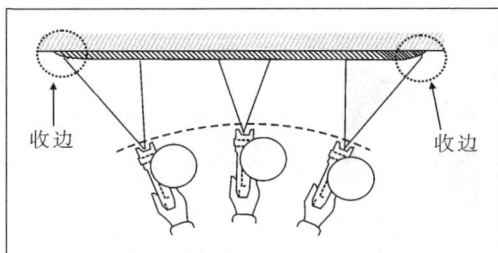

图 4-39　收边法喷涂示意图

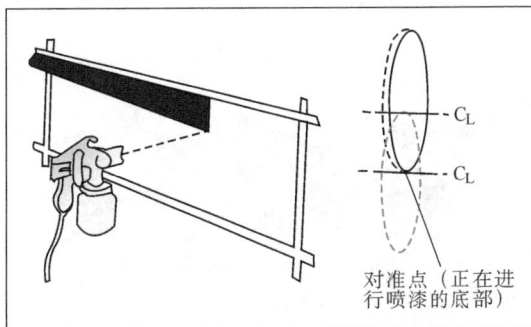

图 4-40　喷程的重叠方式

7）**走枪的基本动作**。汽车修补涂装中，被涂物的情况不同，喷漆走枪的手法也不同，以下叙述几种常用的喷漆走枪手法。

① **构件边缘的走枪手法**如图 4-41 所示。

② **构件内角的走枪手法**如图 4-42 所示。

一般采用由右至左喷涂，并采用纵喷（喷出涂料呈垂直方向）

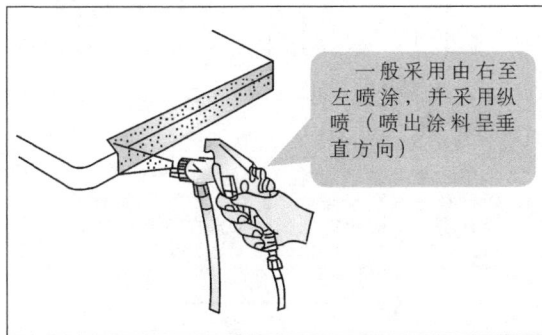

图 4-41　构件边缘的喷涂

一般采用由下而上，再由上而下喷涂，并采用横喷（喷出涂料成水平方向）

图 4-42　构件内角的喷涂

③ **小而直立的构件平面的走枪手法**如图 4-43 所示。

④ **长而直立的构件平面的走枪手法**如图 4-44 所示。

⑤ **小圆柱、中圆柱构件的走枪手法**如图 4-45 所示。

⑥ **大圆柱构件的走枪手法**如图 4-46 所示。

图 4-43　小而直立的构件平面的喷涂

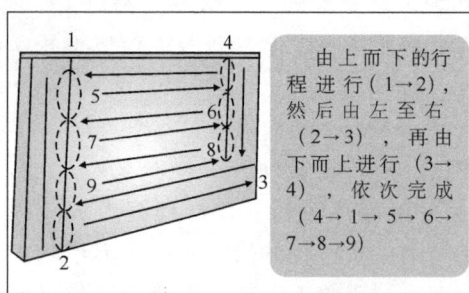

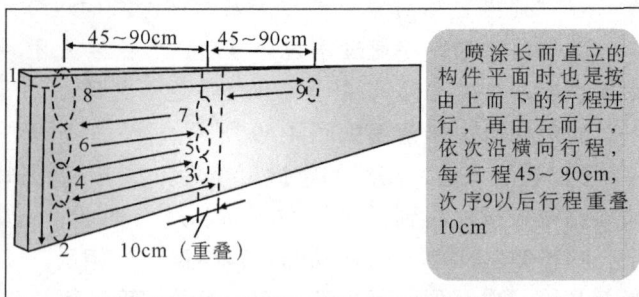

由上而下的行程进行（1→2），然后由左至右（2→3），再由下而上进行（3→4），依次完成（4→1→5→6→7→8→9）

图 4-44　长而直立的构件平面的喷涂

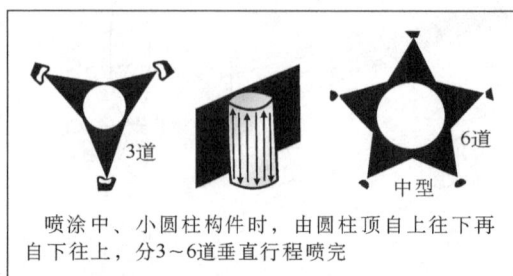

喷涂长而直立的构件平面时也是按由上而下的行程进行，再由左至右，依次沿横向行程，每行程45～90cm，次序9以后行程重叠10cm

喷涂中、小圆柱构件时，由圆柱顶自上往下再自下往上，分3～6道垂直行程喷完

图 4-45　小圆柱、中圆柱构件的喷涂

喷涂大圆柱构件时，则由左至右再由右至左，水平行程，依次喷完

图 4-46　大圆柱构件的喷涂

⑦ **棒状构件的走枪手法**如图 4-47 所示。

⑧ **大型水平表面的走枪手法。**喷涂大型水平表面如发动机盖、车顶、后盖等，可以采用长而直立构件平面的走枪手法。即由左至右移动喷枪至临近基材表面时扣扳机，继续移动喷枪至离开基材表面时放开喷枪。这样可以获得充分润湿的涂层，并且不过喷或干喷。

在喷枪使用上，最好使用压送式喷枪，如果采用的是吸力式喷枪，当需要倾斜喷枪时，千万小心不要让油漆滴落到构件表面上。为了防止油漆泄漏、滴落，在喷杯中油漆不要装得太满，整个操作过程要平稳、协调，随时用抹布或纸巾擦净泄漏出来的油漆。

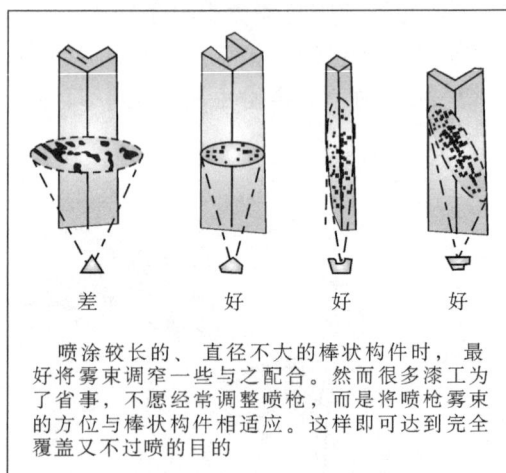

差　　好　　好　　好

喷涂较长的、直径不大的棒状构件时，最好将雾束调窄一些与之配合。然而很多漆工为了省事，不愿经常调整喷枪，而是将喷枪雾束的方位与棒状构件相适应。这样即可达到完全覆盖又不过喷的目的

图 4-47　棒状构件的喷涂

七、干燥设备

干燥设备也称烘干设备，其种类很多。按其外形结构可分为室式、箱式、通道式等3种形式；按其操作方式可分为周期式和连续式；按加热或传热方式不同可分为对流式干燥设备、辐射式干燥设备和感应式干燥设备等。

目前，我国常用的干燥设备主要是对流干燥设备和辐射式干燥设备。

1. 对流式干燥设备

对流式干燥设备是利用热源以对流方式传递的原理制造的。它通常由箱体、电热丝、电炉板、排雾管、小钢轨及活动推架组成，如图 4-48 所示。

对流式干燥设备具有以下特点：

1）对流式烘干设备加热均匀，能保证涂层的颜色不变。

2）烘干温度范围较大，基本能满足一般类型涂料烘干温度的要求。

3）设备使用管理和维修较为方便，使用费用较低。

4）热量的传导方向和溶剂蒸发的方向相反。漆层的表面受热后干燥成膜，使漆层下面的溶剂蒸气不易跑出，干燥速度变慢。如果溶剂蒸气的压力克服不了漆膜的阻力，冲破膜表面就会产生针孔，因此漆膜质量受到影响。

图 4-48　对流式干燥设备

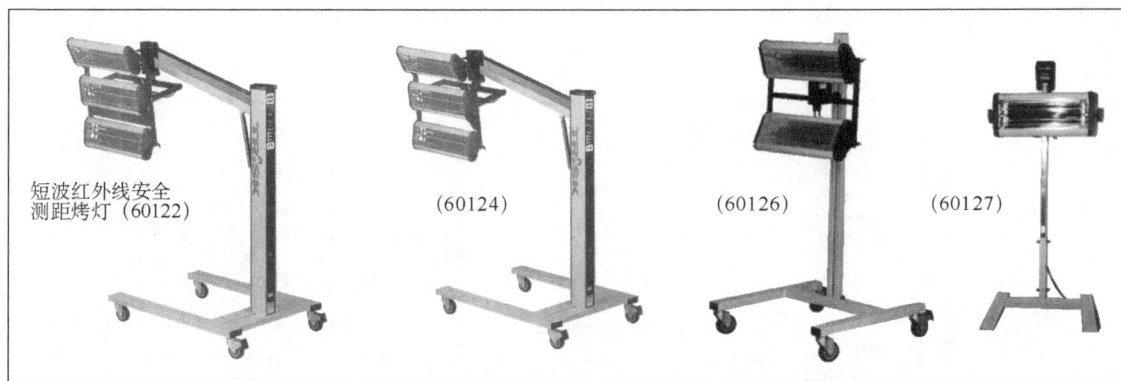

5）烘干时，必须将烘室内的空气加热，热量消耗大。

6）由于空气的导热性差，并且涂层的导热性也差，所以对流式干燥的速度较慢。

2. 辐射式干燥设备

辐射是热传导的一种方式，这种加热方法是将热能转变为各种波长的辐射能，其过程称为热辐射。以红外线为辐射源的干燥设备称为红外线干燥设备。

典型的红外线干燥设备如图 4-49 所示。

短波红外线安全
测距烤灯（60122）　　（60124）　　（60126）　　（60127）

图 4-49　红外线干燥设备

辐射式干燥设备的特点：

1）**干燥速度快**：由于自内层向外干燥，油漆溶剂易于挥发。所以可大大缩短干燥时间，一般可提高效率 2~5 倍。

2）**干燥质量好**：漆层干燥均匀，可避免或大大减少由于溶剂蒸发而产生的针孔、气泡现象。

3）**热损耗小**：由于辐射不需要中间媒介，可直接将热源传到被加热的物体上，故没有因加热中间媒介引起的热损耗。

4）**升温迅速**：大大缩短烘干时间。

5）**设备结构简单**：节约设备投资和占地面积。

6）**具有方向性**：可调节，可用于局部加热。

八、烤漆房

车身修理会不断产生粉尘和污物，许多微小的尘粒会长时间飘浮于空中。在这样的环境中进行喷漆显然是不合适的，因此需要设置独立的喷漆房，为喷漆提供一个清洁、安全、照明良好的密封环境。这样做，既可以隔开车身修理车间中其他工序对喷漆的影响，又可以将喷漆所造成的污染进行有效的控制和治理。其唯一的缺点就是不能进行烤漆，后来人们设计出烤漆房，将喷漆和烤漆合二为一。由于这种设备占地面积小，设备利用率高，投资少，经济实用等特点，所以被现代汽车维修厂或汽车美容店广泛使用。烤漆房主要由房体、通风系统、空气过滤系统、加热系统、照明系统、废气处理系统等组成。

1. 通风系统

烤漆房有两种形式。一种是单室式的，只具有喷漆功能；另一种是双室式的，同时具有喷漆和烘干功能。

风机和过滤器都设置在烤漆房外。换气系统应达到每小时全面换气两次或更多次的要求。如果喷漆区在冬季温度比较低，冷空气对冷物料喷成的冷面层会带来不利的影响，此时，在空气供给系统中应增加恒温装置，以提供温度适宜的空气来满足喷漆的需要。

目前换气系统有三种形式：正向流动式、反向流动式和下向通风式。

（1）正向流动喷漆棚　如图 4-50 所示为正向流动换气喷漆棚的补气情形。汽车从空气进口进入，沿着气流方向走向喷漆棚另一端的空气出口离开，气流是从汽车后部向前吹的。

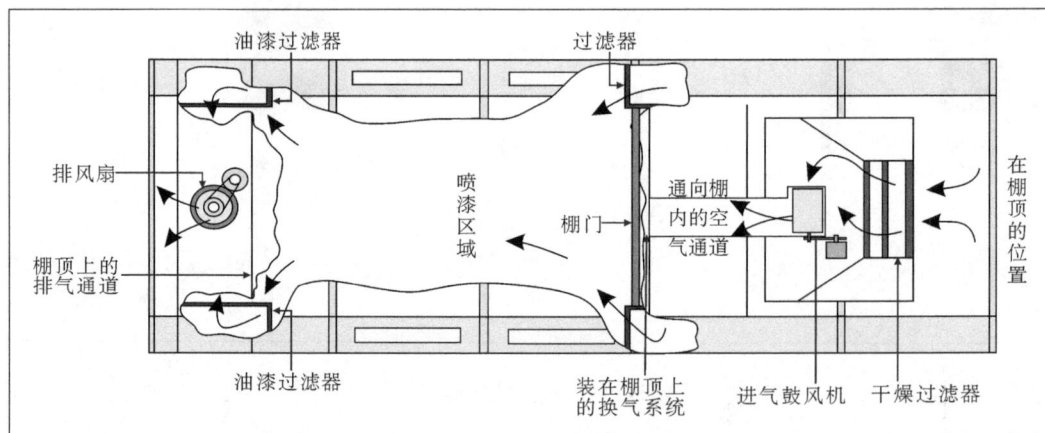

图 4-50　正向流动的换气系统

（2）反向流动喷漆棚　反向流动式系统气流是从前向后的，即汽车是以倒车的形式进入喷漆棚的。不少反向流动喷漆棚的汽车是从后面迎着气流方向驶入的。

（3）下向通风喷漆棚　目前，烤漆房最普遍采用的空气流动系统是下向通风式，如图

4-51a 所示。从天花板向下流动的空气在走向排出坑的过程中经过汽车表面时形成一道包围层，把沉积在新喷漆表面上的污染物和过多的漆雾清除掉，保证喷漆作业较为清洁。这个系统还有利于防止过喷。图 4-51b 所示为升降平台式和地板式的下向通风喷漆棚的示意图。

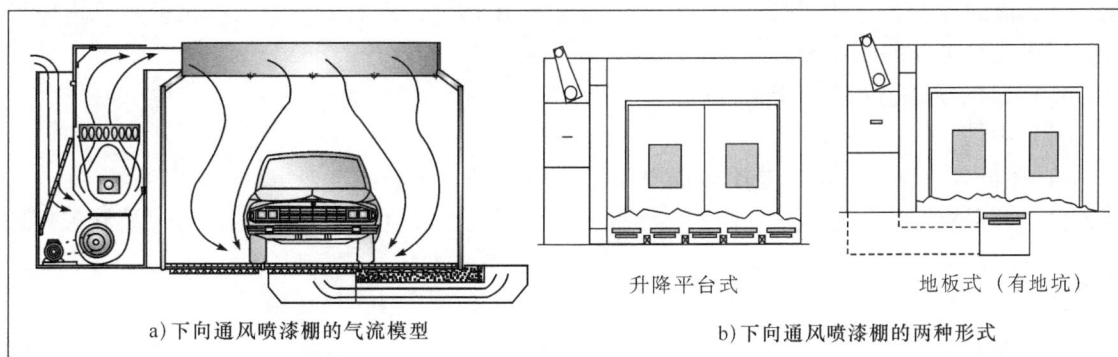

a) 下向通风喷漆棚的气流模型　　　　　　　b) 下向通风喷漆棚的两种形式

升降平台式　　　　地板式（有地坑）

图 4-51　下向通风喷漆棚

2. 空气过滤系统

烤漆房最重要的安全设施是空气过滤系统，其作用主要是将混杂在烤漆房空气中的油漆微粒和其他污染物过滤掉，使排出的气体不致污染大气。另一方面，进入烤漆房的空气也要经过过滤才能保证喷漆的质量。目前使用的过滤系统有两种，即干过滤系统和湿过滤系统。

（1）干过滤系统　干过滤系统就像一个筛子，在气流通过时，将油漆微粒和污物截住，只允许干净的气体通过。目前下向通风式喷漆房在进风口处安装有进风口棉（图 4-52a），过滤空气中较大的尘埃粒子（15μm 以上），从而使进入喷漆房的空气中的尘埃不至于过早地充满和堵塞顶棉，保证喷漆房有足够的风压；顶棉（图 4-52b）安装于喷漆房的顶部，为喷漆房做最后的过滤，以保证喷漆作业顺利进行，收集 10μm 以上的细小尘埃微粒；在底处安装有底棉（图 4-52c）或 V 形喷漆过滤纸（图 4-52d）来收集喷漆房在作业时产生的过量喷漆游离粒子，使排放气体达到环境法规的要求。

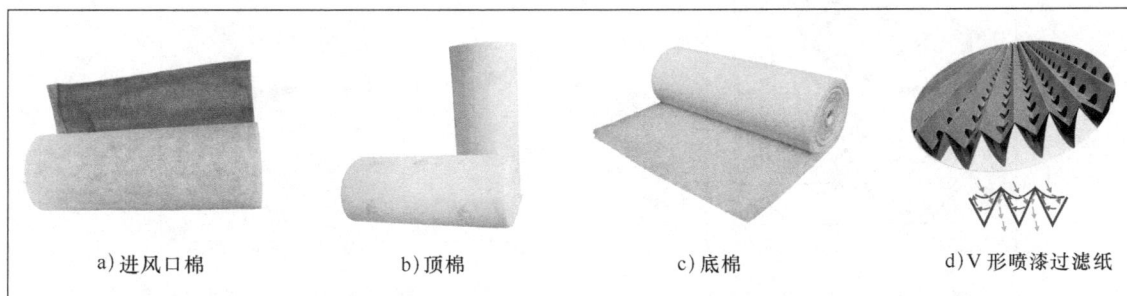

a) 进风口棉　　　　b) 顶棉　　　　c) 底棉　　　　d) V 形喷漆过滤纸

图 4-52　干过滤材料

注意：

V 形喷漆过滤纸的特点：可替代烤漆房的底棉，可替代干过滤喷漆柜所用的过滤棉，也

可用其配备干吸式喷漆过滤系统后替代水帘柜使用。

优点：过滤效果较其他过滤产品稳定，使用寿命长，而且经济、高效、环保、气流顺畅。

（2）湿过滤系统 典型的下向通风喷漆棚采用水过滤系统（湿过滤系统）。棚内污浊空气经过水幕的冲洗，将油漆微粒和其他杂物带走，由污水系统收集。经过清洗的空气再由排风机排到大气中，如图 4-53 所示。

3. 喷漆的操作方法与日常维护

（1）喷漆

1）根据环境温度，确定是用升温喷漆还是用常温喷漆。

2）当环境温度低于 10℃ 时，先将温控仪温度设定在 20℃，接通电源，将喷漆开关打到升温喷漆，使漆房的温度保持在 20℃，处在最佳喷漆温度状态。

3）当温度高于 20℃ 时，常温就可喷漆，漆房内不需升温，只需通风。

（2）烤漆

1）调好烤漆时所需要的温度及时间，打开风机开关，再打开烤漆开关，即可开始烤漆。

2）新鲜空气经加热器被加热后进入烤漆房使温度升高。当温度升至设定温度后 15s 左右，风机自动关闭。漆房保持在设定温度范围内进行烤漆。

3）当温度降到比设定温度低 45℃ 时，风机自动工作，使漆房内温度保持恒定。

4）当烤漆时间到达设定时间时，烤漆房自动关闭，烤漆结束。

（3）烤漆房的日常维护

1）定期清洗房墙、地板和挂在墙上的空气控制装置，除去灰尘和油渍。例行的保洁工作应在每次喷漆完毕之后进行，为下一次喷漆做好准备。也可以用烤房防漆保护液（图4-54）喷或刷到喷漆房墙上，形成一层防护层，并定期清洗和刷新。

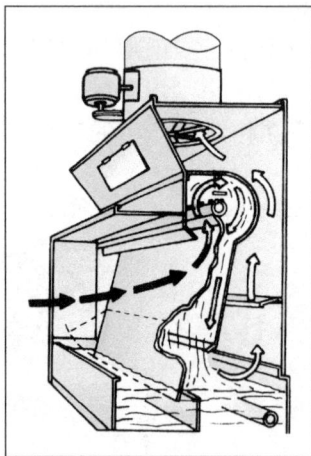

图 4-53 湿过滤系统

图 4-54 烤房防漆保护液

2）在房内不要存放零件、油漆、废料、包装物或工作台，因为这些物品会累积污物，最终影响喷漆质量。

3）不要在房内用砂纸打磨车身表面或者抛光，以免尘粒弥漫影响空气质量。所有喷漆

的准备工作，如整车的打磨清洁、油漆的调制等都要在房外进行，尽可能避免车内污染源的出现。

4）喷漆房除了大扫除可用少量水擦拭清洗外，一般不提倡用水清洗，清洁地沟或进出风口时，都必须用吸尘机及时清除粉尘和漆渣。

5）对于干式过滤系统，必须定期检查和更换过滤器。应每天用气压计检查过滤阻力。喷漆房底棉或 V 形喷漆过滤纸上油漆累积过多，空气流动阻力就会增大，空气流动太慢，会造成房内空气质量变坏而形成过喷及其他缺陷。喷漆房底棉或 V 形喷漆过滤纸要定期更换。一般来说，干式过滤系统应按厂商推荐的空气流动速度运转才能获得良好效果。

6）定期检查房周边可能漏气的缝隙是否被密封，以免外部尘粒进入房内。

7）汽车在进入房内之前，必须清洗干净。污物一般隐藏在汽车的裂隙、保险杠背面、发动机室以及汽车底部不易被发现的地方，如不清除干净而带入房内，喷漆时在强大气流作用下，这些污物必然影响喷涂质量。一般应在房外用高压气流将这些部位的附着物清除干净。

8）喷漆用的辅助物件，如喷枪、胶纸、油漆罐、带子、车轮套、空气调节器、软管、工作服、防毒面罩、擦布等都可能集纳尘污，应将它们存放在密闭和通风的储藏室中，防止它们带来的污物落入喷漆面层之内。

9）定期对排风扇和电动机进行维护保养。

九、空气压缩供给系统

1. 空气压缩机

空气压缩机是空气供给系统的心脏，俗称气泵，它将空气的压力从普通的大气压提升到预定的压力值。空气压缩机按气泵的结构可分为活塞式、膜片式和螺旋式；按缸数可分为单缸、双缸和三缸；按工作方式可分为一级压缩式和二级压缩式。活塞式空气压缩机如图 4-55 所示。

活塞式空气压缩机的结构：

活塞式空气压缩机由曲柄连杆机构、冷却系统、润滑系统和自动调节系统四大部分组成。曲柄连杆机构主要包括活塞、连杆、曲轴、曲轴箱、缸体、缸盖、进排气阀等部件；冷却系统有风冷式和水冷式。风冷式主要靠缸体和缸盖上的散热片散热；水冷式的冷却器靠冷却液来进行散热。润滑系统一般采用飞溅式润滑，在每个连杆的大头盖上装有油勺，当连杆运动时，油勺随之划开油面，将机油溅至各摩擦部位。

图 4-55　活塞式空气压缩机

工作原理：

当打开电源开关时，电动机带动压缩机，压缩机曲轴回转时带动活塞连杆组做上下往复运动。当活塞下降时，缸内压力降低，借大气压力推压弹簧阀打开进气阀，空气进入气缸；当活塞运行到下止点时，缸内充满空气，与大气压相同，借弹簧的弹力关闭进气阀。

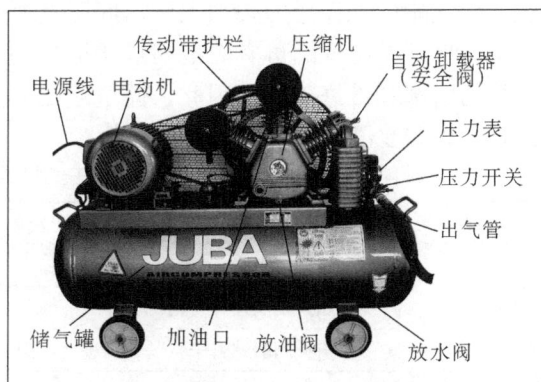

随着活塞的上升，空气被压缩，缸内压力增加到超过气缸外气体压力时，排气阀打开，压缩空气进入储气罐。当活塞上升到上止点时，排气阀被弹簧力关闭，如此反复运动，储气罐内的空气被压缩到一定的压力。

2. 空气压缩机的维护和保养

在日常使用空气压缩机时，也要对空气压缩机进行维护和保养。

空气压缩机的检查：

1）每天使用前检查机油油面的高度，如油面过低要及时加机油。

2）空气压缩机工作过程中要检查压力表的压力值是否正常，各连接处有无漏气、漏油、漏水等现象，发现故障及时排除。

3）每天应排放储气罐内的油水沉淀物 1~2 次，每两个月更换一次机油，每三个月清洗一次空气滤清器的滤网。

4）起动空气压缩机时要注意运转方向，发现倒转或抱曲轴应立即停机检修。

5）对于水冷式空气压缩机，起动前应接通冷却液，并注意冷却液流动是否正常。

6）关闭减荷阀，使空气压缩机处于空负荷下起动。

7）起动后打开减荷阀，让空气压缩机带负荷运转，并注意观察运转情况。

空气压缩机如出现故障可参阅表 4-19 进行排除。

编号：
35450**

图 4-56　储气罐外观图

3. 储气罐

储气罐用来储存空气压缩机产生的压缩空气，如图 4-56 所示。

储气罐的大小应根据用气量及空气压缩机的产气量来决定，储气罐的容积越大，则空气压缩机两次起动的间隔时间越长，储气罐的工作压力必须大于车间工具所需压力，以确保生产需要。

配备良好的储气罐可有效地缩短压缩机的工作时间，避免压缩机的频繁起动，从而减少压缩机的磨损和维修工作。因此，储气罐是所有工业厂家的必备品，所以建议一般修理厂也应配备，以减少开支，提高效率。

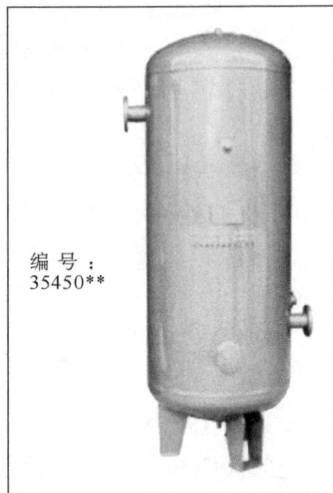

表 4-19　空气压缩机的故障原因及排除方法

故障现象	产生故障的可能原因	排除方法
工作 声音不正常	① 组合阀未紧	① 拧紧组合阀螺母
	② 阀片及阀片弹簧损坏	② 更换损坏零件
	③ 组合阀的螺钉未拧紧，掉进气缸中与活塞碰撞	③ 检查排除
	④ 活塞在上止点时，活塞与组合阀下面的间隙太小，活塞与缸盖发生顶碰	④ 检查排除
	⑤ 连杆小头磨损太大，工作时在活塞槽内上下冲击	⑤ 检查修理
	⑥ 活塞环过分磨损，工作时在活塞槽内上下冲击	⑥ 更换活塞环
	⑦ 连杆轴瓦松动，工作时产生冲击	⑦ 修理排除

（续）

故障现象	产生故障的可能原因	排除方法
排气温度过高	① 排气阀漏气或阀片小弹簧损坏	① 修理与更换
	② 排气阀严重积炭	② 清洗
	③ 冷却液量不足，水套、中间冷却器内积垢堵塞	③ 检查排除
	④ 风扇转向不对	④ 检查电动机线路，更换接反的接头
排气量不足	① 滤清器堵塞	① 清洗或更换
	② 气缸活塞或活塞环磨损，间隙过大	② 检查更换
	③ 组合阀漏气	③ 修理或更换
	④ 阀片弹簧损坏或卡住	④ 检查更换
	⑤ 排气管路漏气	⑤ 拧紧管接头
	⑥ 活塞在上止点时，活塞与组合阀下面的间隙过大	⑥ 调整垫片
机油温度过高	① 油量过少	① 检查加油
	② 活塞环咬住，气缸发生硬磨	② 检查排除
	③ 连杆轴承咬住	③ 检查更换
功率消耗增大	① 活塞、活塞环与气缸咬住	① 检查排除
	② 连杆衬套、轴承、曲轴轴承烧坏	② 检查排除
	③ 吸、排气道不畅，阻力增大产生能量损耗	③ 检查排除

储气罐的作用：

1）储存一定压力和体积的压缩空气。

2）具有排水功能。

3）保持气压和气流量的平衡。

4）避免空气压缩机的频繁起动。

温馨提示

　　储气罐属于高压容器，客户在购买时，必须选择符合国家规定并具有安检报告的厂家，并由专业技术人员安装。

　　4. 调节装置

　　空气压缩机上装有自动调节空气压力的调压阀和安全阀，以保证空气压缩机正常、安全地工作。

　　（1）调压阀

　　1）**调压阀的功能：**调整空气压缩机输送的空气压力，并使其稳定在规定的范围以内。

　　2）**工作原理：**调压阀内装有溢流阀，当输出压力超过调整压力时，压缩空气将溢流阀顶开，自动排气，此时空气压缩机空负荷运转，压力不再升高。当储气罐内的压力低于工作压力 0.1~0.2MPa 时，溢流阀自动关闭，此时空气压缩机又带负荷运转，继续向储气罐供气。旋转调压阀调整手柄，可使平衡弹簧的作用力发生变化。当调整杆旋入时，中间弹簧、平衡弹簧被压缩并迫使阀杆下移，进气阀被推开，使输出端压力也相应提高，直至平衡气室

的压力与平衡弹簧相平衡为止，输出端的压力再次稳定在一个新调高的压力上。反之，当调整杆旋出时，平衡弹簧的作用力也相应减弱，平衡气室的压力相对低一些，使其可将进气阀关闭，从而达到了调低输出端气压的目的。

（2）安全阀　安全阀是保证空气压缩机安全运行的装置。当储气罐内的气体压力超压时，安全阀就自动打开排气，以保证储气罐内壁不因受压太高而爆裂。

5. 过滤装置

为了保证喷涂质量，空气压缩机提供的空气必须是纯净、干燥的气体。但由于空气中有水分，经压缩机压缩后的气体中还会带有微小水滴，这些微小水滴和油滴随漆雾喷涂到工件表面上，会使涂膜表面产生水泡和麻点，影响喷涂质量，严重的还会造成返工或报废。为了保证用于喷涂的空气无尘干燥，在空气压缩机上装有过滤装置。常用的过滤装置是油水分离器，如图 4-57 所示。

油水分离器失效，将会使喷漆后形成的漆膜产生水泡或麻点，为此，必须加强维护，确保其工作可靠。油水分离器的维护作业包括：

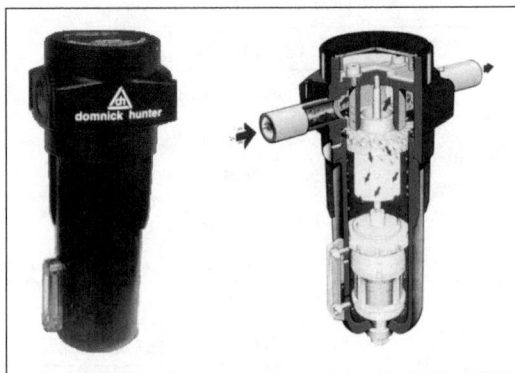

图 4-57　油水分离器

1）每日打开放水阀 1~2 次，将杯中的污水放掉。

2）要定期清洗过滤杯或存水杯。

3）如果空气压缩机采用的是圆筒式过滤器，要定期更换过滤器的活性炭。

4）按使用周期或工作小时来更换过滤装置。

第四节　汽车漆膜修复工艺

一、除旧漆

1. 机械法

所谓机械法除旧漆，就是采用专用电动或气动打磨机除去旧漆的方法。这种方法是目前应用比较广泛的一种除漆方法，其工作效率高、旧涂膜清除彻底，同时也能彻底清除锈蚀。能一步达到除膜、除锈的目的。

除漆、除锈机和磨灰机是电动或气动工具，磨灰机上附有砂纸，用于打磨油漆表层、原子灰或底漆，如图 4-58所示。除漆、除锈机配"黑金刚"，如图 4-59 所示，可快速地除去狭缝及不平表面的锈与旧漆。在一些小面积角位除锈、除旧漆时，可用小型气动除漆、除锈机，如图 4-60所示。

50122

图 4-58　磨灰机

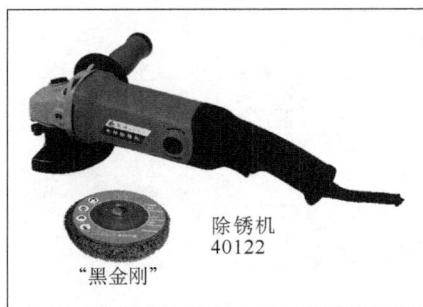

图 4-59 除漆、除锈机及"黑金刚"

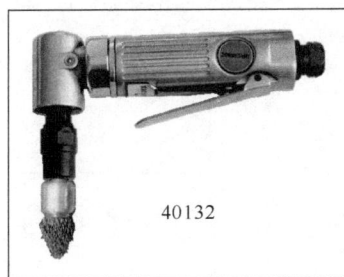

图 4-60 小型气动除漆、除锈机

温馨提示

用电动或气动磨灰机除漆、除锈作业时，如果使用的是硬性打磨头，要保持与涂膜表面平行，否则会在金属表面留下划痕；如果是柔性打磨头，与涂膜表面的接触方式应采用如图 4-61 所示的方法。

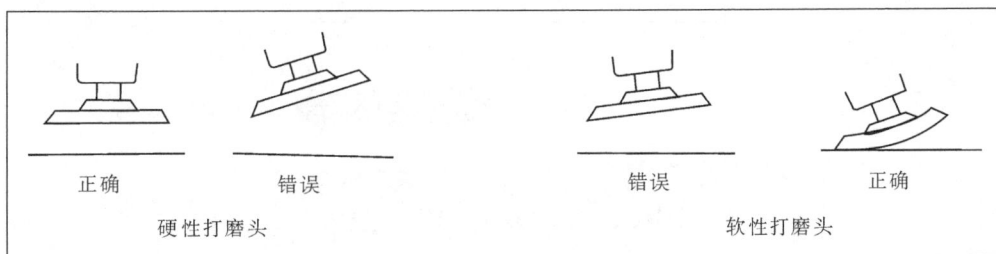

图 4-61 硬性打磨头与软性打磨头的正确使用

手工机械打磨

1）打磨操作前的注意事项。

① 打磨工应该佩戴防护眼镜和防尘面罩。

② 检查磨灰机托盘的品种及规格是否与当前操作所要求的性能一致。破损的叶轮，哪怕只有很小一点缺陷，也绝不能继续使用。

③ 检查气源或电源是否合格。

④ 将电源插头插入电源插座之前，应仔细检查磨灰机的电源开关是否关闭。

⑤ 更换托盘时，务必认真按照说明书的要求完成。

2）打磨操作。

① 穿戴好安全劳保用品。

② 戴好手套，然后轻轻地摸一遍待打磨表面，这有助于操作工人决定如何进行打磨。

③ 握紧磨灰机，打开开关并将其以 5°~10° 角移向待加工表面。

④ 使磨灰机向右移动，磨灰机托盘左上方的 1/4 对准加工表面，如图 4-62 所示。

⑤ 当磨灰机从右向左移动时，托盘右上方的 1/4 对准加工表面，如图 4-63 所示。

⑥ 打磨较为平整表面时的移动方式如图 4-64 所示。

⑦ 对于较小的凹穴处，应采用如图 4-65 所示的工具。

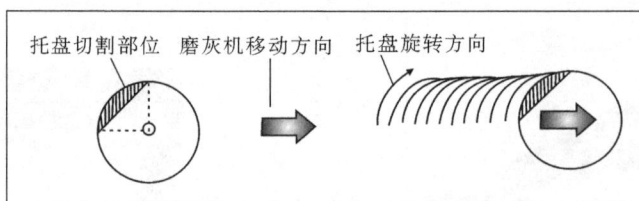

图 4-62　磨灰机右向移动的操作

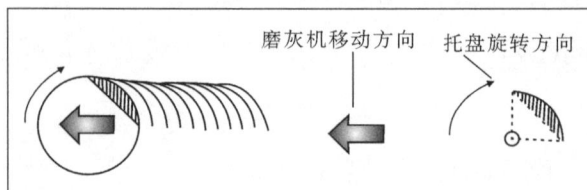

图 4-63　磨灰机左向移动的操作

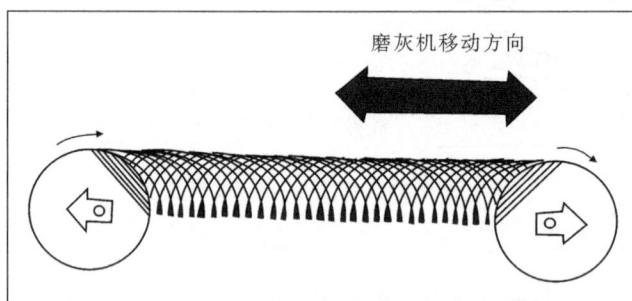

图 4-64　打磨较为平整表面时的移动操作

3）**检查**。经常检查磨料是否清洁，这是保证打磨效果最简单也是最有效的办法。如果磨料被塑料密封胶粘覆，则应该及时用毛刷、钢丝刷或气枪进行清理。如果出现类似情况，则表明密封胶固化不完全。打磨操作应该在密封胶充分固化后才能进行。

2. 喷砂法

喷砂法是利用压缩空气、高压水流将沙粒、水流、金属弹丸颗粒喷射到车身表面，以沙粒、水流、弹丸的冲击与摩擦，将旧漆膜清除干净。

图 4-65　打磨小凹穴的工具

其最大优点是汽车车身上的某些孔隙、缝隙或手都很难伸进去的部位，采用喷砂法既快又实用。在汽车修理行业中使用的喷砂打磨系统一般又可分为压入式和虹吸式，如图 4-66 所示。由于操作方便，喷砂法深受业内人士的欢迎。

典型的喷砂枪有回收式喷砂枪及喷砂机，如图 4-67 所示，都配有吸式自动喷砂回收装置。喷砂机则配有安全回收刷，可避免喷砂和灰尘撒漏在周围，而且能够充分地回收喷砂。

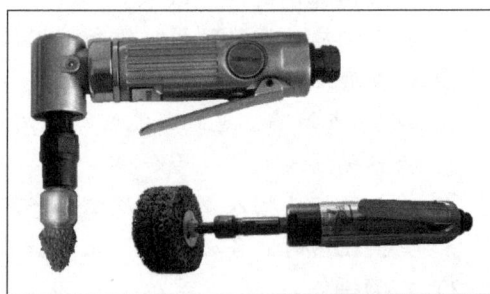

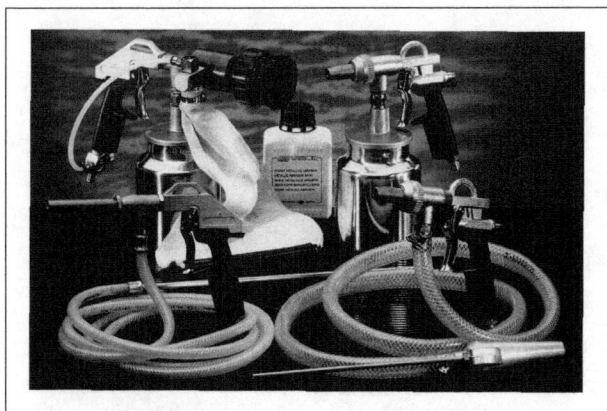

图 4-66　喷砂枪

图 4-67　喷砂机及回收式喷砂枪

1）**喷砂操作原理。**

① 扣紧扳机，压缩空气通过软管将喷砂从喷枪中喷出。

② 由于高速通过空气的作用，在沙子供应软管里形成强大的虹吸力。

③ 在喷砂操作的过程中，由于大气压的作用，沙子连续不断地落入罐中。

④ 由于虹吸作用，沙子通过软管进入喷枪。

⑤ 在喷枪中压缩空气与沙子混合形成强大的湍流，湍流强度与压缩空气的压力成正比。

⑥ 处于湍流状态的沙子和空气一道喷向基材表面，形成极大的切削力。

2）**喷砂操作前的注意事项。**

① 对汽车敏感部位进行保护，如玻璃、塑料零件、镀铬件、汽车表面完好的涂层等，特别是与处理表面相邻的区域。

② 操作工人的劳动保护。必须为操作工人配备合适的劳保用品。要求操作工人工作前必须穿戴好工作服、眼镜、手套及帽子等。

③ 空气管道的直径为 8mm 以上。

④ 在任何情况下都不允许把喷枪对着现场的其他操作人员。

3）**喷砂的操作工艺。**

步骤 1：检查空气压缩机和储气罐，空气应该是干燥、无油的。

步骤 2：采用压缩空气清洗沙子储存罐。

步骤 3：用清洁干燥的空气吹空气软管。

步骤 4：把清洁、干燥、筛过的沙子装入沙子储存罐。

步骤 5：调节压缩空气压力，一般为 0.35~0.5MPa。如果基材的厚度有限，为了防止将基材打穿，也可将压力降低。

步骤 6：在开始喷砂操作之前，仔细观察待喷砂打磨区。

步骤 7：检查设备是否安全可靠。

步骤 8：手持喷砂枪在一个直径为 1~3cm 的范围内试喷一下，找到喷砂时的感觉。

步骤 9：根据当前配置的喷砂系统决定工作速度。

步骤 10：在喷砂打磨区来回多喷几次，喷砂距离为 0.5m 左右，喷枪对基材的角度大致

为45°~80°，一直喷到表面显露出金属原有的光泽。

步骤11：根据需要对车身内外喷砂打磨区域进行清洗。

步骤12：清理设备，将沙子放入密封的塑料口袋里，以保持清洁、干燥。

步骤13：喷砂工序结束后，需进行除油、除蜡工序。

3. 化学除膜法

化学除膜法具有工作简单、工作效率高、旧漆膜清除彻底等优点。其缺点是化学制剂易燃、易发挥、有毒。化学除膜法有碱性脱漆法和有机溶剂脱漆法两种方法。下面以龙神公司油漆剥离剂（有机溶剂）为例讲解。

1）**油漆剥离剂。** 如图4-68所示，它不同于传统除漆方式，不是以酸腐蚀表面并将漆溶解，而是以脱漆的方式将油漆从金属表面剥离下来，可除去各种环氧的、聚氨酯的、聚酯的、磷脂的、丙烯酸的、合成树脂的漆层和木材表面的單光清漆、有色漆，不腐蚀各类金属、木材以及大部分塑料。

C2702505

图4-68　油漆剥离剂

2）**使用油漆剥离剂时要注意的问题。**

① 进行脱漆操作的工作间必须通风良好。

② 避免长时间呼吸油漆剥离剂的蒸汽，尽量避免剥离剂与皮肤、眼睛直接接触。因此请穿戴合适的衣物和手套，并保护好脸和眼睛。

③ 如皮肤偶然接触到油漆剥离剂，则尽快用清水反复清洗。如果剥离剂偶然溅到眼睛内，则尽快用清水冲洗，并根据具体情况送医院处理。

④ 避免油漆剥离剂与热源接触，以防产生有毒蒸汽。

⑤ 储存时注意密封。

3）**脱漆的步骤。**

① 遮蔽要除漆部位以外的地方，防止粘到油漆剥离剂，钣金件之间的空隙也必须用胶带遮蔽好，以免油漆剥离剂进入板内。

② 涂油漆剥离剂，用大约60号的砂纸，先打磨涂层，以加快油漆剥离剂的渗透，提高除漆的效率。

③ 再涂上油漆剥离剂，然后停留大约5min，用刮刀刮掉表面的漆层。

④ 如果还有没除掉的漆，重复第③步的工作。

⑤ 漆层脱离后，用干布擦掉残存的油漆剥离剂。

⑥ 然后用干净布和水清洗表面，直到没有油漆剥离剂为止。

⑦ 最后用大约120号的砂纸，除掉残余的漆，除漆后，在生锈前进行表面准备。

4. 火焰法

对于一些腻子层较厚、清除旧漆层较多的车面，用火焰法是一种行之有效的方法。它是使用设备（主要是喷枪和气焊枪）喷出的高温火焰把旧漆层烧软，随后用铲刀把旧漆层铲除。经火焰处理后的碳化物及疏松的部分旧底漆、腻子应清除干净，防止新涂膜产生起泡、脱落等现象。

火焰法的优点是设备简单，经济实用，能在任何状态下工作，对金属结构和机械强度无影响。缺点是对汽车大平面的表面加热时会引起变形，因此在用喷枪加热大平面时，要求控制加热程度，避免因追求铲除速度过分加热而导致车身变形。

二、金属表面除锈

汽车漆膜损坏使金属表面极易产生锈蚀，因此对裸露的金属表面进行处理是车身表面喷涂工作的关键，其目的是增强涂层的附着力和防止金属锈蚀。它是决定涂层寿命的重要因素。

金属表面除锈法大致可分为手工除锈法、机械除锈法、化学除锈法三种，见表4-20。在施工时应注意，根据被涂物的材质、形状、厚度、大小、涂料品种、施工条件和质量等因素来确定采用何种方法。

表4-20 金属表面除锈方法

方 法	说 明
手工除锈法	手工除锈法是一种最简单的方法，通过用锤子、铲刀、钢丝刷及砂布、砂轮机等工具，进行手工敲、铲、刮、刷等操作，达到除锈的目的。其缺点是劳动强度大、工作效率低、质量差，但该方法对被涂物的形状、施工条件限制较小，能适应任何结构和施工条件，且简便易行，因此目前仍在广泛使用
机械除锈法	机械除锈法就是利用机械产生的冲击、摩擦作用对车身表面除锈的方法。常用的工具有气动刷、电动刷、电动砂轮机和喷射法（请参阅前面的喷砂法）。其中气动刷和电动刷的原理一样，都是利用特制的圆形钢丝刷的转动，产生冲击和摩擦把铁锈和氧化层清除干净，不同的是气动刷是以压缩空气为动力，而电动刷是以电动机为动力；手提式电动砂轮机的工作效率高、施工质量好、操作方便、设备简单，因此被认为是除锈的理想工具
化学除锈法	所谓化学除锈法就是利用酸性溶液与金属氧化物发生化学反应，使铁锈、氧化层被酸性溶液溶解，从而达到除锈的目的。以龙神 TS005 脱脂除锈钝化剂为例，它适用于各种金属表面处理，可用来去除工件上的锈迹，同时具有脱脂、除锈和钝化的功效 使用操作方法：按照 1∶1 的比例（体积比）用水稀释。将待处理工件浸泡在槽中，几分钟后，待工件表面污垢消失后，取出工件并放在空气中干燥。待干燥后，可立即上漆。为提高效果，建议处理后去处理槽表面上漂浮着的油脂

三、底漆的施工

底漆的作用主要是防止金属表面生锈与腐蚀，同时增强腻子和面漆间的附着力（图4-69）。根据使用先后，底漆有头道底漆、二道底漆及封底底漆。

1. 头道底漆的施工方法

头道底漆的施工方法如图4-69所示。

步骤1：首先检查待涂金属表面是否干净，应达到无锈、无尘、无水、无油和无其他污物。

步骤2：用指定的稀释剂稀释底漆，并按照说明书调配好底漆。

步骤3：配用专用工具，在金属表面喷涂一层薄薄的头道底漆。

提示：因头道底漆很薄，所以禁止打磨，如果底漆上有斑点，用400号或更细的

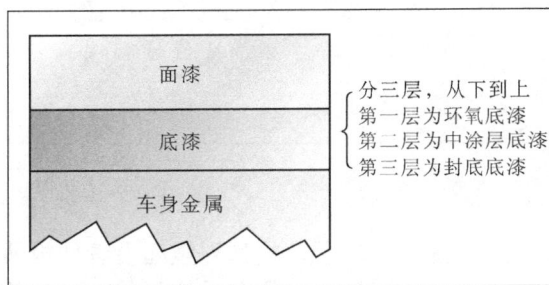

图4-69 金属漆面的标准色调

砂纸轻轻地磨光即可。同时，头道底漆喷涂后，不能用手或布接触刚喷涂的头道底漆。

步骤4：待头道底漆干燥后再进行二道底漆的喷涂。

2. 二道底漆的施工方法

步骤1：检查头道底漆是否干透。

步骤2：使用指定的稀释剂稀释二道底漆。

步骤3：按施工要求选择好喷枪，并调整和检查好喷枪。在平板上试喷，观察扇辐是否合适。

步骤4：以上工作完成后，喷涂二道底漆。首先薄薄地喷涂一层二道底漆，并等待其自然干燥。

步骤5：接着再喷涂3~4道，每道涂层的厚度为15μm左右，每道涂层留出一定的待干燥时间，使二道底漆干燥后，再进行打磨。

步骤6：手工打磨时最好采用湿打磨，因为湿打磨比干打磨好。湿打磨最好采用400号水砂纸，而干打磨采用320号、360号砂纸。在打磨边角、脊背、折边等突出部位时要小心，打磨时力度要合适。如果不小心将部分二道底漆甚至头道底漆都磨掉，则必须重复上述工艺过程。

步骤7：用橡胶刮板检查涂装质量。

3. 封底底漆的施工方法

步骤1：在已喷涂的二道底漆的表面，用清洗溶剂清洗二道底漆表面。

步骤2：按照说明书稀释封底底漆。

步骤3：在适当压力下喷1~2道封底底漆，其厚度不能超过产品说明书给出的指标。

步骤4：完成上述工作后，让封底底漆自干30min。

四、原子灰的施工

1. 原子灰的刮涂程序

（1）刮原子灰的基本动作　原子灰涂布时不可一次厚补，应分为2~3次涂布，依部位或形状以图4-70所示的动作作业。

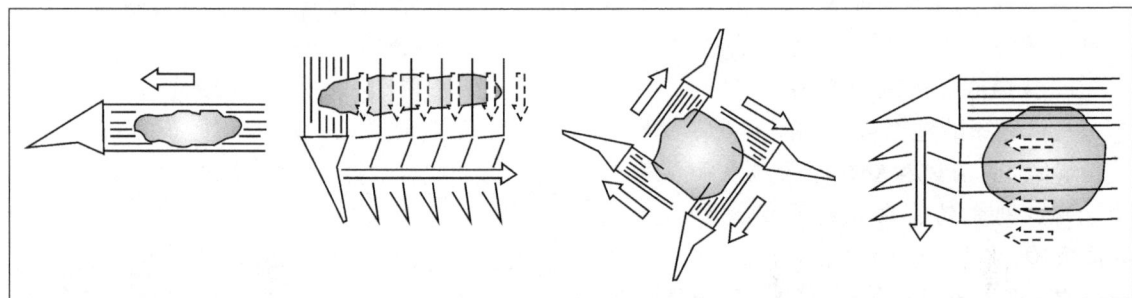

图4-70　刮原子灰基本动作的示意图

1）第一次刮原子灰将刮刀竖起沿着铁板薄薄压挤补涂，如图4-71所示。

2）第二次刮原子灰将刮刀倒斜35°~45°重涂，需要量稍微多点，最初补于需要范围内，重叠时渐广，如图4-72所示。

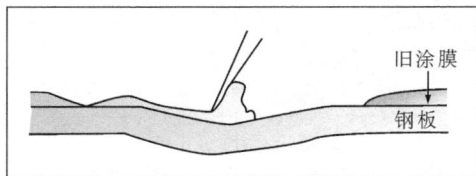

图 4-71 第一次刮原子灰的示意图

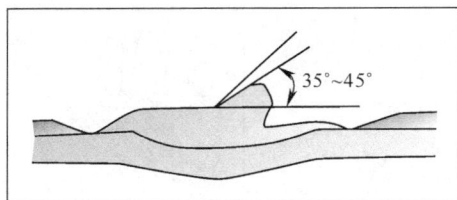

图 4-72 第二次刮原子灰的示意图

3）最后刮刀呈倒平状将表面刮平，同时把原子灰周围刮薄，如图 4-73 所示。

（2）平面部分涂布

1）**平面部分涂布的方法如图 4-74 所示。**

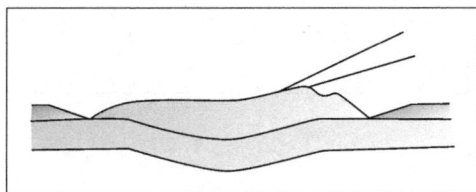

图 4-73 第三次刮原子灰的示意图

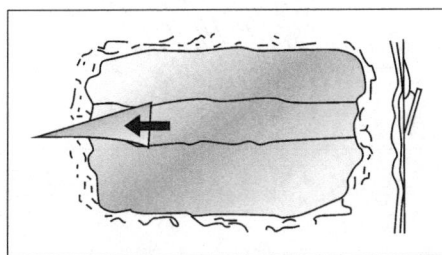

图 4-74 平面部分涂布示意图

① 以压挤方法将涂布面全部涂布。

② 最终将原子灰外围部分厚膜刮薄，与周围的涂膜段差缩小。

③ 按所涂布的原子灰的 1/3~1/2 量再刮涂一遍，将原子灰与原子灰间的段差缩小。同时周围部分要刮薄。

④ 重复③，将涂布面按需要量刮涂。

⑤ 刮平涂布面，使其无原子灰间的段差。

2）**在向平面施涂原子灰时，要注意以下事项：**

① 如果刮刀在各道施涂中，仅向一个方向移动，原子灰高点的中心就会有所移动。这种情况很难打磨，所以刮刀在最后一道中必须反向移动，以便将原子灰高点移回中央。

② 原子灰必须比原来的表面高。但是，最好能只略微高一点，因为太高了，在打磨过程中，就要花许多时间和力气来清除多余材料。

③ 原子灰施涂在工件表面上的范围，必须以打磨过程中所留下的打磨划痕为限。如果没有打磨划痕，原子灰就粘不牢。

④ 施涂原子灰要快，必须在混合以后大约 3min 以内施涂完。如果花费时间太长，原子灰就可能在该道施涂完成前固化，影响施涂。

（3）弧形表面的涂布 涂布弧形部分及角落时使用有弹性的橡胶刮刀较容易施工，如图 4-75、图 4-76 所示。

（4）棱角线条的涂布 棱角线无法拉直时请使用以下方法，如图 4-77 所示。

1）沿着棱角线贴胶带单边涂布原子灰。

2）将 1）所涂布的原子灰形成半干燥时，撕去胶带。

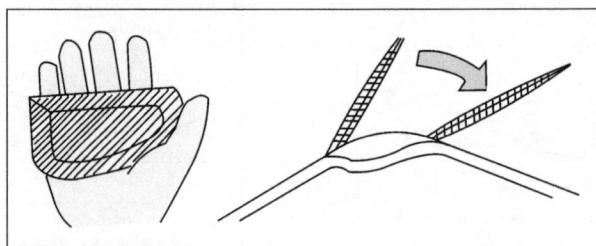

图 4-75 弧形表面的涂布

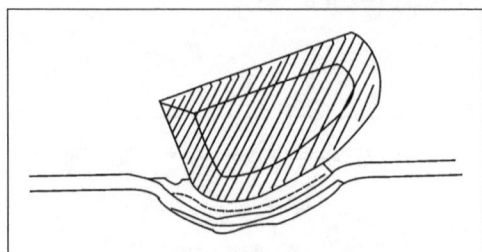

图 4-76 角落的涂布

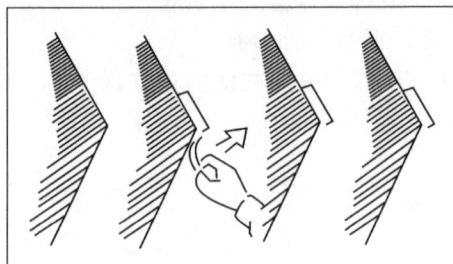

图 4-77 棱角线条的涂布

3）在 1）所涂布的原子灰上沿着棱角线贴胶带。

4）反方向涂布原子灰。

5）半干燥后撕去胶带。

（5）防撞饰条原子灰涂布 依位置与作业者之不同，其作业方式各异，如图 4-78～图 4-83 所示。

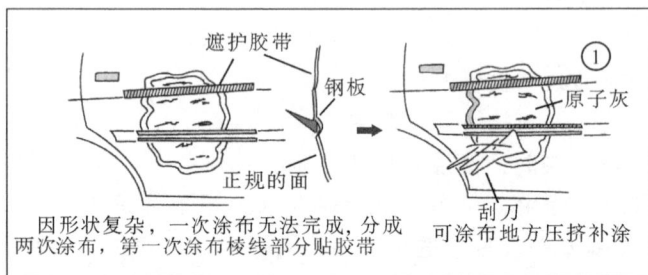

图 4-78 防撞饰条的涂布（1）

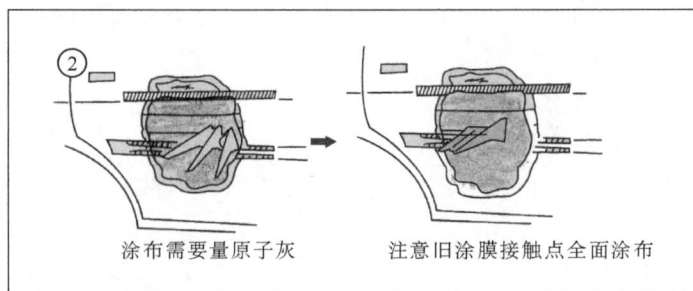

图 4-79 防撞饰条的涂布（2）

半干燥后撕去胶带　　　第一次原子灰干燥后棱角部分
　　　　　　　　　　　的原子灰上贴胶带

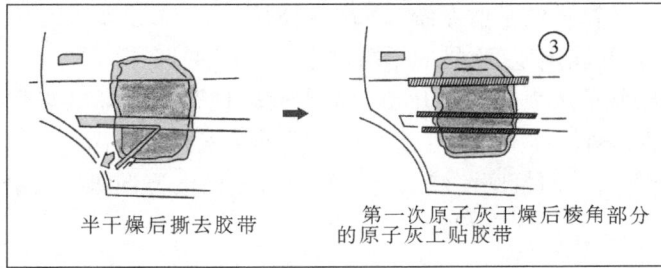

图 4-80　防撞饰条的涂布(3)

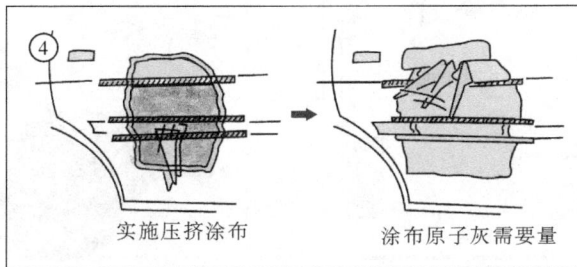

实施压挤涂布　　　　涂布原子灰需要量

图 4-81　防撞饰条的涂布(4)

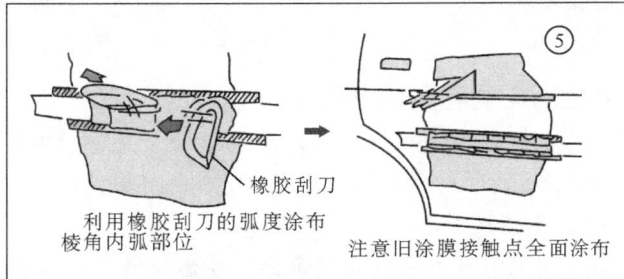

橡胶刮刀
利用橡胶刮刀的弧度涂布　　　注意旧涂膜接触点全面涂布
棱角内弧部位

图 4-82　防撞饰条的涂布(5)

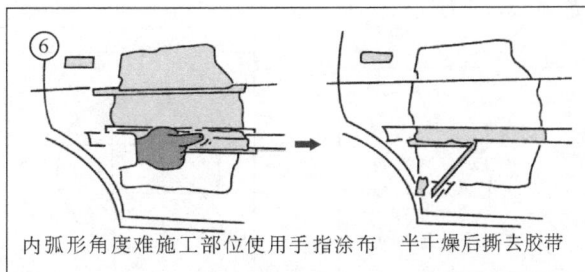

内弧形角度难施工部位使用手指涂布　　半干燥后撕去胶带

图 4-83　防撞饰条的涂布(6)

2. 原子灰的打磨方法

打磨原子灰层主要是为了取得平整光滑的平面。原子灰的打磨方法有以下几种。

（1）粗打磨

1）采用移动式或吊臂式的干磨系统，如图4-84所示，视打磨原子灰的情况而定。选用圆形或方形的磨灰机，并固定以80号的干磨砂纸，如图4-85所示。

2）把磨灰机贴住原子灰表面后再开动，否则会碰损磨灰托盘或加深打磨深度。磨灰托盘必须全面贴合原子灰表面，不能施力过大，将原子灰表面打磨出大致形状。

按照原子灰最长方向来回打磨，然后再按垂直、斜向的方向进行打磨，不能超出原子灰范围。

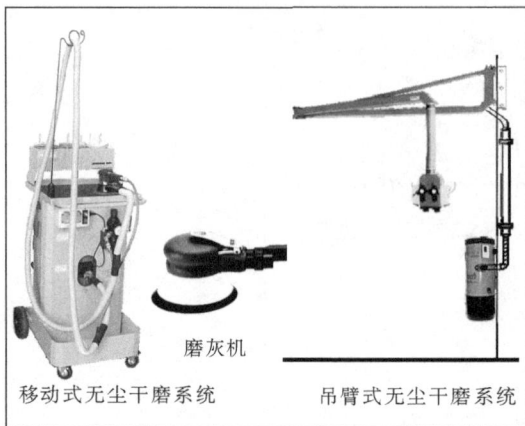

图4-84 干磨系统

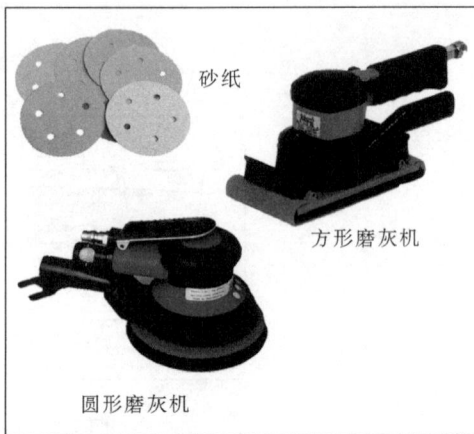

图4-85 圆形和方形磨灰机

（2）中打磨

1）用手掌触摸粗打磨的原子灰表面，感觉粗打磨后的状况。

2）更换干磨砂纸，以120号至180号干磨砂纸细磨原子灰，打磨羽状边（打磨位置超出原子灰刮涂范围，与工件的表面有一个平滑的过渡），打磨出最终的表面（注：在更换砂纸时要逐级渐进，每次跳级不能超出100号）。

3）打磨的要领：将磨灰机轻压在原子灰层表面，左右轻轻移动磨灰机，切忌使劲重压。

4）打磨时应注意：打磨头的工作面应保持与原子灰表面平行，如图4-86所示。打磨时不能施力过大，应将磨灰机轻轻压住，靠旋转力进行打磨。若施力过大，就不能形成平整表面。磨灰机的移动方向如图4-87所示。

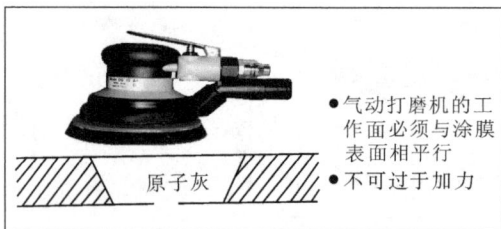

图4-86 磨灰机磨原子灰

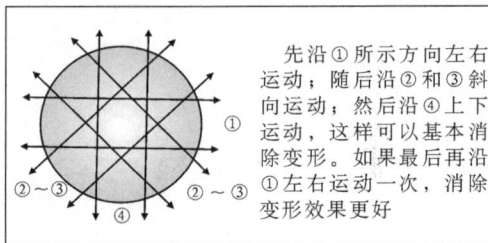

图4-87 磨灰机的移动方向

（3）手工打磨修整 使用磨灰机大致形成平整表面之后，必须进行手工打磨修整。手工打磨修整使用手工打磨板较为方便，其大小应与打磨作业面积相适应。手工打磨板的移动方法和使用磨灰机的方法相同。另外，若能巧妙地使用双面软磨块配合合适的砂纸打磨弯角，如图4-88所示，可以很快修正变形。

打磨结束后，若发现有气孔和小的伤痕，应采用填眼灰填补。

气孔和伤痕的修补如图4-89所示，待其干燥后，干磨采用粒度为320号的砂纸；若湿打磨采用600号砂纸。

在当今的汽车涂装中，打磨工艺已逐渐用干磨代替湿磨，因为湿磨对环境、操作者、喷涂等都产生很多不良的影响。

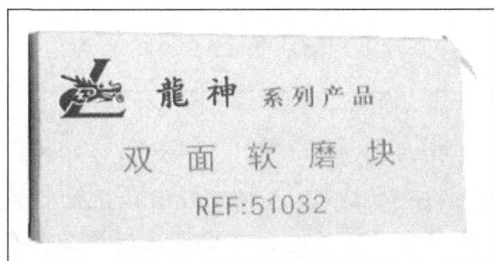

图4-88 双面软磨块（51032）

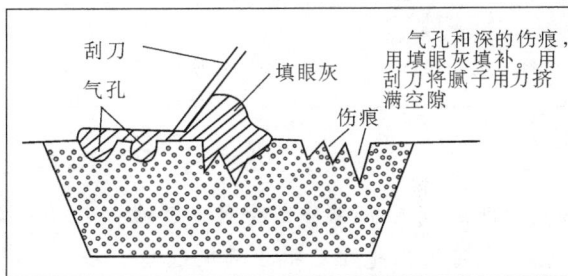

图4-89 气孔和伤痕的修补

五、面漆的施工

1. 施工前的准备

（1）检查 对待喷涂物面进行全面检查，如发现底漆层不平整、不光滑，应进行打磨；对残留原子灰和其他污物应清除干净。

（2）遮盖 全涂装和局部修补涂装时，对不需喷涂的部位都应遮盖起来。对于这种遮盖作业，所用的纸和粘贴带，都有定型产品，如图4-90所示。可以根据不同的场合灵活选用。

遮盖的诀窍：

在进行遮盖作业时，要提高效率，诀窍在于应根据不同的场合使用不同宽度的带状牛皮纸。这种遮盖专用纸的宽度分别有10cm、20cm、30cm、45cm、50cm等种类。粘贴带宽度也有9.5mm、12.7mm、25.4mm等几种。可视情况灵活选用。

使用报纸遮盖有时也很方便，还有比较厚的纸带也可以利用。能盖住轮胎和车身侧面的专用遮盖罩，用起来最为方便。

（3）调色 调色是利用一系列的调色设备，按原车颜色进行车漆调配。在进行颜料调配时，要注意根据修补车的面积大小来估计用料，防止颜料不够，或过多造成浪费。

1）**黏度的调整**。出厂的面漆黏度通常很高，目的在于减慢沉淀的速度，因此在使用时除了将油漆先充分搅拌均匀，还要稀释到适合喷枪雾化的黏度。黏度调整工艺如下：

步骤1：按工艺规定黏度分几次加入适量稀释剂，用油漆调配比例尺调配。

步骤2：过滤。无论哪种涂料都必须过滤后使用，液态涂料的过滤，通常用铜丝网或不

(1) 整车防漆防尘薄膜（62011/62012）　　(2) 专业喷漆遮蔽纸　　(3) 自粘式喷漆遮蔽薄膜

(4) 轮胎防漆罩　　（62015022）（62015026）　　（62017）　　(6) 压贴磁条

(5) 薄膜专业安全刀　　(7) 遮蔽纸切纸架（62032）

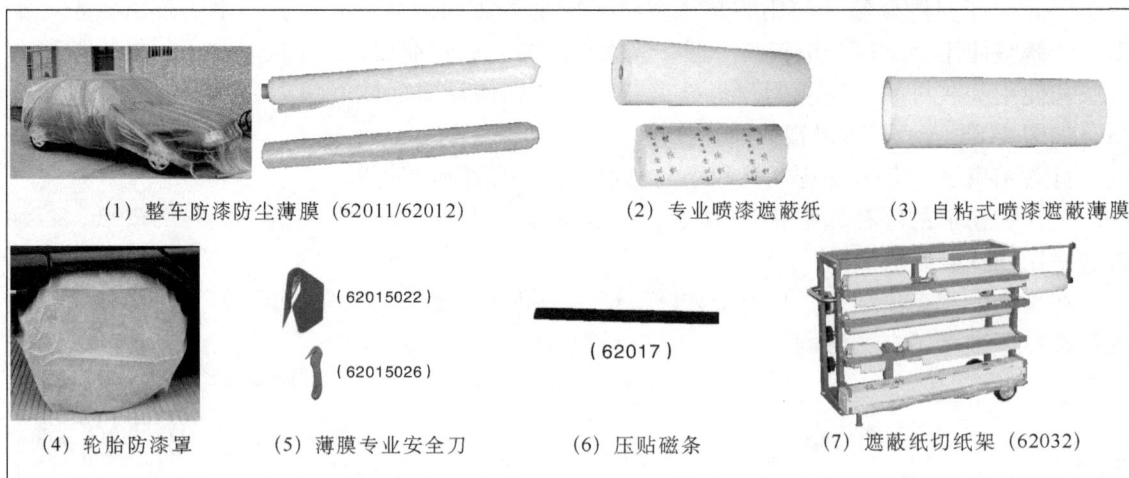

图4-90　遮盖材料及设备

锈钢丝网制成120~180目的网筛过滤；装饰性要求高的涂料品种，应用180目以上的筛网过滤，也可采用先粗后细的两次过滤方法，以提高过滤速度。过滤时，不要使用硬质工具在筛网内搅拌，以免损坏筛网。在采用集中输漆的场合，涂料的过滤是通过安装在供漆管路上的过滤器进行的。

步骤3：用手指堵住黏度测量杯底的小孔，将过滤后的涂料倒入杯内至规定刻度线。

步骤4：松开手指，同时用秒表记录时间，直到全部滴落完毕，则所记录的时间即为所调涂料的黏度。

2）**温馨提示**：用不同的黏度计测同一涂料所得的黏度值可能是不同的。油漆供应商提供黏度标准值的同时，也提供了所用的黏度计，否则应提示其所规定的黏度是用什么类型的黏度计测得的，调制时必须注意。市场供应过滤漏斗，一般为纸制，只在锥尖部分制有筛网，为一次性用品。

2. 喷枪的调整与实验

按照施工的要求对喷枪进行调整，喷枪的调整包括空气压力的调整、喷雾扇形的调整和涂料流量的调节。调整后的喷枪要进行喷涂实验。

3. 喷涂工艺

汽车面漆根据颜色不同分为金属色彩漆、普通单色漆、清漆三种。

（1）金属色彩涂料喷涂

1）薄层预喷：要形成连片的一张涂膜，轻度薄薄地喷涂，确认有无缩孔，对小缩孔可用喷雾法喷涂修正，对大的缩孔部位，经干燥并采用600号砂纸打磨后，用喷雾法修正。

2）着色喷涂：为避免涂膜颜色产生不匀，每道喷幅重叠3/4，均匀地喷涂，要注意保持适当的喷枪距离。

3）修整不匀部位：着色工序时如无不匀，可省去这道工序。产生不匀时应充分间隔一段时间，降低涂料黏度，以小于着色工序喷涂量并以较快的速度，喷幅重叠3/4，均匀地喷涂。

4）清漆稳定涂层喷涂：涂层不要厚，均匀地进行喷涂，此工序中清漆使用量大约为清

漆总量的 40%。

5）清漆罩光喷涂：注意喷涂面情况，均匀地喷涂，清漆使用量为清漆总量的 60%。

（2）普通单色涂料喷涂

1）薄层预喷：轻度薄薄地喷涂，确认有无缩孔，有缩孔参照金属色彩涂料喷涂时修正方法进行修正。

2）着色喷涂：每道喷幅重叠 2/3，均匀地喷涂，要使涂面伸展得更平滑，可加 5%~10%稀释剂于漆料中，多喷涂一层。

3）清漆罩光喷涂：可进行混合罩光或单独罩光，混合罩光清漆加入量为 30%左右，用清漆单独罩光参照金属色彩涂料喷涂中的清漆喷涂工序。

第五章

汽车车身装饰

第一节　汽车面漆的装饰

一、车身面漆层装饰的要求

1. 车身漆层喷涂的目的

（1）延长使用寿命　车漆膜喷涂主要是防止车身腐蚀，从而延长车身的使用寿命。

（2）提高装饰性和商品价值　汽车不仅应具有使用功能，而且应是一个艺术品，在车身造型和装饰上体现出很高的艺术内涵。车身的艺术品味和装饰品味越高，越受人们的欢迎，越能激起人们的购车欲望。特别是在目前，市场竞争达到火热的程度，汽车商家们纷纷提高产品的装饰性能，以其艳丽华贵的外表，达到提高商品的价值和市场竞争力的目的。

2. 作为市场竞争的一种手段

在世界汽车市场上，早已是产大于销，生产能力过剩，市场的竞争异常激烈。为了争得一席之地，世界各国厂商均使出浑身解数，产品性能、新型结构、内外装饰均在不断创新。成功的汽车造型，极大地提高了汽车的商品价值，成为市场竞争的一种手段，提高了在市场上的竞争能力。正因如此，厂商投入了极大的人力、物力对喷涂技术进行研究，尤其是将彩色画面等喷涂或印刷在汽车上的技术，符合了公众强烈的"与众不同"的要求，使多色花纹喷涂技术展现出强大的生命力和竞争力。

二、多色花纹喷漆技术

这是在汽车车身外侧部位的复杂曲面上，按某种构思粘贴或喷涂彩色画面和花纹的一种装饰技术。

1. 施工方法

1）主要施工方法有 4 种：

① 粘贴胶片：制成彩色胶片贴在车身上。

② 胶片转印复制：即将胶片在被涂装面上加热复制转印。

③ 气流涂装：采用气流喷漆直接进行涂装。

④ 喷射式印刷涂装：直接采用印刷喷漆。

上述 4 种涂装方法的评价结果见表 5-1。

表 5-1　4 种涂装方法评价表

评价项目 技术名称	商品适应能力						成本	环境	备　注
	与曲面对应性	质量	涂膜性能	大面积适应性	多品种适应性	作业性	制造成本	环境保护	◎：多量多种 △：少量多种 ×：少量少种 ○：多量少种
粘贴胶片	○	◎	○	△	△	○	×	△	
胶片转印复制	○	◎	△	×	○	△	△	△	
气流涂装	○	△	△	×	×	×	×	△	
喷射式印刷涂装	△	△	△	○	◎	○	◎	○	

由表 5-1 分析可知，对于汽车车身外板这样的大面积涂装，从成本方面考虑，采用第 4 种方法为佳。

2）基本条件：

① 相应的曲面形状改造，即要求喷涂设备不仅能喷涂在平面上，而且能在曲面上进行正常喷涂。

② 进一步提高了表面质量，主要是提高了色彩的鲜明度。

③ 提高了漆膜性能，主要是提高了涂料的耐候性水平。

2. 喷涂设备及方法

通过高压气流将涂料喷射到被涂物表面上，喷射器结构示意图如图 5-1 所示。

喷涂设备将原画面（彩图、照片）用扫描仪读入并通过电脑进行记录和编辑，以达到与原画面一致的最完美的涂装画面，然后通过控制器将印刷执行指令传输到涂装装置中，涂装装置按指令程序进行四种颜色的气流喷射，通过水平方向和垂直方向的移动，在被涂物表面进行涂装。

为保证汽车曲面部位涂装的鲜明度，使用了与曲面形状对应的装置。这种装置是在水平方向（X 轴）与垂直方向（Y 轴）的基础上增设了（Z 轴）随动机构，以保证喷嘴与曲面对应的运动轨迹，这种三维涂装装置可进行最大角度为 30° 曲面的随动涂装。图 5-2 所示为涂装系统示意图。

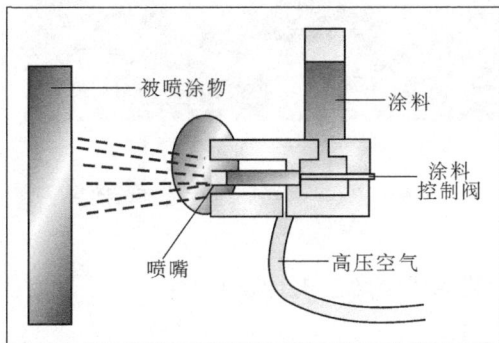

图 5-1　喷射器结构示意图

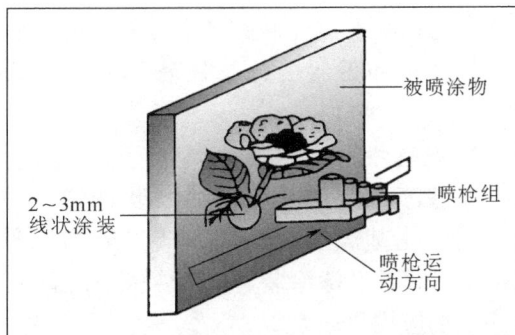

图 5-2　涂装系统示意图

在宽幅为 2~3mm（呈线状）的范围进行喷涂，为提高喷涂质量，防止粉尘和振动的影响，必须选择适合的喷嘴口径和喷嘴前端的形状，以减少气流喷射枪在喷漆时特有的粉尘和振动，从而提高装饰质量。粉尘幅度与喷嘴距喷涂物的距离和气流压力有着密切的关系。当气压为 0.5MPa、喷嘴距离为 20mm 时，即能达到很高的装饰质量。

三、美术油漆装饰工艺

美术油漆装饰工艺属于工艺美术的一种，它包括涂制美术字、图案、石纹漆、木纹漆、花基漆、裂纹漆、锤纹漆、皱纹漆、彩纹漆等。美术油漆工艺不仅对被涂物有保护作用，而且可起到美化装饰的作用。

1. 美术字与图案的涂装

（1）涂装的应用　在汽车的外表面，经常需要用文字或图案进行涂装，以表达特殊装饰的需求。几乎在每辆车上都有文字的标识，如表示该车的所属，是某某单位的，或某某人的；如以特殊的语言，表示个人对某些"明星"或体育活动的支持，以显示自己的"个性"。所以，以文字与图案在汽车外表进行装饰是非常普遍和实用的。

（2）涂装方法

1）**直接进行书法或绘画涂装**。具有相当书法和绘画水平的操作者，可利用油漆笔或油漆刷，选择适当的色漆，直接将文字或图案书写或绘画到汽车外表特定的部位，这种操作方法没有相当的水平是办不到的，否则容易出现质量问题，影响装饰效果。

2）**刷涂法涂装**。将需要的文字或图案在车身表面上描绘出底线，然后按底线进行涂刷文字或图案。这种做法比较简便，容易操作，但需要事先做出文字或图案的样板。样板的制作需要有高水平的书法和绘画人员事先做好。现在计算机技术发展很快，可借助计算机打印出所需的文字或图案，作为涂装的样板。

3）**漏板喷涂法**。事先将需要的文字用薄纸板或薄铁板刻划成漏板，把漏板紧贴在需要的车身表面上，可用微型喷枪或前面介绍的喷射器进行喷涂，使漆雾穿过有缝隙的漏板喷射到车身表面，形成需要的文字或图案。

用文字和图案进行装饰的效果如图 5-3 所示。

图 5-3　用文字和图案进行装饰的效果

2. 花基漆涂装

花基漆涂装也是美术油漆装饰的一种。根据用作花基漆的材料或方式可分为三种：用油漆进行花基漆涂装、用广告颜色进行花基漆涂装和用溶解法进行花基漆涂装。三种花基漆涂装的应用见表 5-2。

3. 彩纹漆涂装

彩纹漆涂装是一种新型的美术油漆工艺方法。将黏度适合的、密度小的调合漆少量陆续滴在水中，至漆液散开漂浮在水面上，漆膜面积占水面积的 50% 左右，将已涂好白漆而又干燥好的被涂物轻轻浸渍在水中时，即沾上漆膜，浸后吹去水面多余的漆，立刻取出，待漆

表 5-2　三种花基漆涂装的应用

用油漆进行花基漆涂装	适用范围	适用于涂装面积不大，工作量也不大的面漆装饰
	具体做法	在已干燥的浅色漆膜上做深色花纹图案，或在深色漆膜上做浅色花纹图案装饰时，先涂上一层深蓝或大红、紫红油性调合漆，尽量薄涂，在其未干时，随即用棉花拧成一团在蓝漆上反复旋动，旋成满花为止 如用的漆色不同时，其方法一样。使用的旋拧材料如果是棉花，则花纹较细；如果用丝瓜瓤旋花，则花纹较粗；如果用废布旋花，则花纹适中。采用不同的旋拧材料、不同的油漆及不同的旋拧方式，可做成千变万化的花纹图案，提高其装饰效果 当花纹干透之后（可以自然风干，也可用远红外干燥器或小型热风机吹干），罩上酯胶清漆或其他油性清漆即可
用广告颜色进行花基漆涂装	适用范围	适用于较大面积和较大工作量的装饰涂装
	具体做法	施工方法基本上与用油漆进行花基漆涂装一样，不同的只是用作花基的材料是广告颜料。涂上广告颜料后，在其未干之时，用布捆成的布把印花，印花时手法距离要均匀且细密 如果需要换花型，可将布捆口翻动一下花样就变了，翻动一次，花样就变动一次，可以随心所欲变动。花纹干燥后，罩上酯胶清漆即可
用溶解法进行花基漆涂装	适用范围	一般装饰均可，大小面积不限，工作量不限
	具体做法	在干燥的白底漆膜上，涂满紫红色或棕黄色油漆后，待其未干时，用漆刷或长毛刷醮上溶剂汽油后，即可在未干的漆膜表面上形成密密麻麻大小不规则的斑纹花基。待花纹干透后，罩上酯胶清漆或其他无色油性漆即可

膜干燥后，用酯胶清漆罩光即可。

彩纹漆的涂装方法又称水面浮漆浸渍法。漆膜纹形既像彩云又像大理石，成纹自然，色彩缤纷，美观醒目。

（1）涂漆前的准备

1）被涂物件不论是金属件或木制件，必须预先涂有干燥好的白色硝基磁漆（其色泽应均匀洁白、光滑），方能进行涂制彩纹美术漆。

2）木制件涂漆时，浸渍水中取出后对所涂物件不应有副作用，也可先进行防水处理。

3）如果涂立体物件，水的深度必须超过物件的高度。如果涂板状或框架物件，水的面积必须超过物件的面积范围。

4）被涂物件以轻便灵活为宜，冬天的水温应在10℃以上。

（2）彩纹漆涂装工艺

步骤1：将盛水容器放满水，如水温低于10℃时，应将容器中的水加热至10℃以上，与室内温度保持一致。

步骤2：将需用的油性调合漆放置在小型容器中，每容器内放小木棒一根，作为稀释漆液调色搅拌以及取滴漆液用。

步骤3：涂装彩纹漆的色彩调配。

① 黑色一般不单独使用，可用少量黑色与大红色混合均匀成紫红色，滴放水面为单色涂装。

② 用少许黑色与中绿色混合均匀成墨绿色为单色涂装。

③ 紫红色、墨绿色不要混合，应同时滴放水面进行双色涂装。

④ 大红色与中蓝色混合均匀进行单色涂装。

⑤ 中蓝色可进行单色涂装。

⑥ 中蓝色、大红色不要混合，两者同时滴放水面为双色涂装。

⑦ 中蓝色与大红色混合均匀后，再与中蓝色、大红色(不混合)三者同时滴放水面为三色涂装。

⑧ 黄色、中蓝色、大红色(不混合)三者同时滴放水面为三色涂装。

步骤4：试滴漆液：漆液的黏度以滴到水面上后立即散开为宜。一般新开桶的漆可不用稀释；若存放较久的漆则需适当稀释后滴放水面，能立即散开为宜。

待漆液散开时，选择或搅拌纹形，选择纹形时可用口吹气促使纹形自然，吹得若不理想，可用搅拌片以接触面小的侧面轻轻卷动，待纹形可观时，将物件轻轻浸渍水中，并将水面浮飘的余漆膜吹至旁边，或用废纸将余漆膜去除。若是用水池涂装，可加入自来水让飘浮的余漆从溢水口放出，随即将被涂物件取出。在取出物件时，不能让水面的残余漆膜再沾上被涂物件，以免影响彩纹漆在物件表面形成的图形。

这时操作人员用棉纱、汽油将手擦净后，随即将口罩用汽油润湿，再将已涂彩纹漆物件边缘周围揩净，露出直线白边，使作为边缘的白色图案线较清晰可观。待彩纹漆干燥后，罩上酯胶清漆或醇酸清漆即可。

四、珍珠汽车漆装饰

1. 珍珠汽车漆的特性

（1）具有细腻柔和的"珍珠光泽效应"　珍珠汽车漆在施工中，珠光颜料能在漆膜中获得有规则的定向排列，入射光线照射在漆膜表面时，漆膜能显示出类似丝绸和软缎般细腻柔和的珍珠光泽，这就是所谓的"珍珠效应"。珍珠效应是珍珠漆独有的特色，是与一般金属漆区别的重要标志。

（2）具有明亮闪烁的"金属闪光效应"　一般金属漆是依靠金属颜料片具有对光的镜面反射作用而在人们眼里产生"金属闪光效应"的，但漆膜却缺乏三维空间的立体感。而采用经过着色处理的珠光颜料，不但同样可获得一系列不同色泽的金属色珠光涂料，且珠光漆总是只反射部分入射光，而把大部分入射光透射到下一层晶片上，又重复一次反射和透射，使漆膜的丰满度优于常规金属漆。

（3）具有随视角变化的"视角闪色效应"　当透明片状颜料平行地分布在涂料中时，入射光将在折光指数不同的透明层界面发生光的多次折射和反射，在部分吸收和部分透过作用下，平行的各种反射光之间必然会发生光的干涉现象。这种随观察者角度不同而看到不同干涉色的现象，被称为"视角闪色效应"或"多色效应"。正是这种效应，才能使我们感受到珍珠汽车漆的全新色彩艺术风韵。

（4）具有随曲率的变化而变化的"色彩转移效应"　采用干涉色幻彩云母钛珠光颜料制成的连续漆膜，能同时显示出两种截然不同的颜色，这种颜色的变化称为"色彩转移效应"。

该漆色彩会随轿车车身曲率改变而发生变化，其色彩转移效应表现为从蓝到橙，从黄到紫，从红到绿等，即从一种原色变到它的互补色。正是这种"色彩转移效应"，人们才能根据不同的需要设计出不同涂料的配方，以创造出各种奇妙和梦幻般的珍珠汽

车漆。

（5）全新的环保型产品 以水作溶剂替代有机溶剂的水溶性混合色漆系统，是全新的环保型产品。施得乐银底漆(c型)总共有58种混合色漆，色调有13000种以上的配方，并能调配出世界上所有汽车漆系列的色调。它在市场上被认为是使用最方便的水溶性漆，只要经水(完全除盐的水)稀释，即可喷涂施工，覆盖力强，且符合全世界现行的所有环保法规。

2. 喷涂施工

由于珍珠汽车漆具有上述特性，有极高的装饰性和方便的使用性，用它装饰车身外表，可取得事半功倍的效果，所以它正在成为当今世界汽车业高装饰用漆的主流。

由于各公司的珍珠汽车漆有不同的配方，具有不同的特性，施工环境条件也不一样。所以，在以珍珠汽车漆装饰施工时，应按各自的珍珠汽车漆产品使用说明要求，按实际施工条件，综合考虑，制订出具体的施工工艺进行施工。

五、车身漆面"镜面装饰"

车身漆面的"镜面装饰"，一般可采取两种方法实现：一是选用能达到"镜面装饰"效果的涂料进行涂装；二是采取美容装饰的方法，可实现漆膜的"镜面装饰"效果。

1. 选用能达到"镜面装饰"效果的涂料

由于科技不断发展，新型的高性能涂料不断出现，选用适当的高性能涂料进行涂装，便可实现漆膜的"镜面装饰"效果。

现以达状DG双组分高光泽低温烘漆为例进行介绍。

1）达状DG低温烘漆是一种高光泽、高膜厚、耐酸碱、耐化学品性强的双组分面漆，适合于高级轿车、巴士及广告车等使用。

2）镜面效果的施工。当温度在18℃以上时，建议使用超级催干剂来进行全车喷涂，以达到最佳的镜面效果。

① 施工中DG色漆三份，超级催干剂一份，稀释剂一份调配。

② 超级催干剂与稀释剂的选择与施工环境温度有着密切的关系，见表5-3。

表5-3 超级催干剂与稀释剂的选择

施 工 温 度	超 级 催 干 剂	稀 释 剂
18℃以下	D803(快干)	D808(快干)
18~25℃	D841(标准)	D807(标准)
25℃以上	D861(慢干)	D812(慢干)

③ 施工黏度为17~18Pa·s(-4~+20℃)，涂料可使用6h(20℃)。

④ 喷涂压力为0.3~0.4MPa。

⑤ 喷涂施工：先用一般喷法喷一次，间隔为10min，再湿喷一次，静置15min，待部分溶剂挥发，再加温到60℃烘烤45min；或70℃烘烤30min，自干时，20℃需20h。

若是小面积维修喷涂施工，在修补的邻接处，总会留下喷漆的痕迹，可用DG接口剂D868处理，只要在边缘(新漆与旧漆交接处)喷上一道即可将修补痕迹消除。

2. 进行漆膜美容装饰达到镜面效果

（1）采用至尊专业漆膜处理达到镜面效果

1）主要优点。适用于所有类型漆膜的光洁美容处理，可产生完全光亮的镜面效果；采用波浪状的海绵轮，操作简便，有效散热，不伤漆膜，其魔术搭扣设计更易于磨轮更换。

2）施工步骤。

① 水磨：使用3M美纹砂纸（1200号、1500号、2000号），以同向磨平漆膜橘纹等缺陷，去除尘粒，并使用2000号美纹砂纸交叉方向细磨，可提高细磨效果，完全不产生深砂痕，操作简便轻松。

使用3M的260L漆膜美容干砂纸（1000号、1200号、1500号）配合PN05774 3M干磨软垫与低速干磨机进行处理，能节省研磨时间，达到更佳的研磨效果。

② 粗磨：使用3M的PN05973美容粗蜡，配合PN05723白色波浪海绵轮及PN05717托盘与气动或电动抛光机，以1500～2500r/min的转速打磨，可一次轻易去除细小砂痕、垂流、氧化膜、美纹纸细砂痕等漆膜瑕疵，操作简易快捷，无任何过度切削的风险。

③ 抛光（镜面处理）：使用3M镜面处理剂能迅速去除粗磨所产生的旋纹，如深色车所产生的圈状纹。深色车使用PN05996，浅色车使用PN05995，配合PN05725黑色波浪海绵轮及PN05718托盘及气动或电动抛光机，以1500～2500r/min的转速打磨抛光，可使漆膜完全光亮，呈现镜面效果。

④ 手抛光：使用PN05997型3M至尊美容手蜡，配合PN01013多功能擦拭纸，于交车前使用，可有效清除细部污垢，其持久性与强反光度可使漆膜保持长久的镜面效果。

（2）封釉美容实现镜面装饰

1）**封釉美容实质。**依靠振抛原理（实际操作中使用抛光机），将镜面釉压入漆膜纹理中，在漆膜表面形成一层保护膜，可抗高温，抗紫外线照射，抗酸、碱、氧化物等的腐蚀，提高漆膜硬度，防止出现小划痕，提高漆膜光洁度，使之达到镜面效果。

陈旧漆膜在封釉过程中，不仅提高了漆膜光洁度，还可去除已形成的浅划痕。

2）**封釉美容处理的工艺过程。**视车况除尽旧漆膜缺陷和表面污物→手工上磁釉→第一次燃气烘烤→红外线灯具照射→手工清洁表面→第二次上磁釉增加磁釉厚度→第二次燃气烘烤→红外线烘烤→手工清洁表面，完成全部封磁釉装饰工作。使漆膜达到镜面装饰效果。施工质量可保证五年不变。

3）**封釉美容的优点。**封釉处理后的日常保养简便，可用煤油去除釉面上的油污，用洗车溶液清洗车身，再用抹布擦净车身表面，不用打蜡、抛光，即可达到明亮美丽的镜面效果，而且比打蜡、抛光更靓丽，更省钱、省时、省力，更经济实用。

3. 用研磨抛光方法实现汽车漆膜的镜面装饰效果

根据汽车漆膜状况，对汽车漆膜进行相应的研磨抛光处理，即可达到镜面装饰效果。常用的方法有靠研磨抛光实现、打蜡抛光实现、靠化学反应实现。

下面介绍靠研磨抛光实现漆膜镜面装饰。

（1）面涂层的结构 采用研磨抛光实现漆膜镜面装饰方法，其涂层结构如图5-4所示。

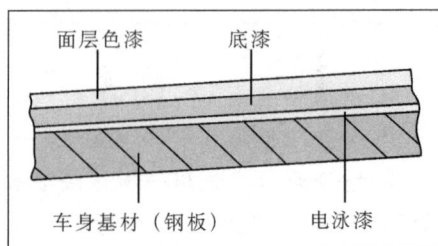

图5-4 普通车涂层结构

（2）使用的研磨材料　一般研磨剂中都含有坚硬的浮石做的摩擦材料。根据其颗粒的大小，分为深切、中切和微切三类，主要用于治理色漆层出现的不同程度的氧化、划痕、褪色等缺陷。用微切型研磨剂进行处理，可使色漆漆膜达到镜面效果。

常用的研磨剂有：701-116 普通漆微切型研磨剂；701-138 普通漆中切型研磨剂；701-151 普通漆深切型研磨剂。

（3）效果　采用这种方法虽然简单，但是影响漆膜寿命。在研磨时，是以磨掉色漆表面有缺陷层为代价的，若缺陷严重时，就无法用此法处理实现镜面装饰，需采用修复美容来实现。

在研磨时，浮石颗粒坚硬，研磨速度快，且不发生质的变化。不能用于透明面漆漆膜的研磨镜面装饰，它会很快将透明漆膜磨掉。

第二节　车窗太阳膜装饰

一、太阳膜简介

1. 太阳膜的特性

（1）透光性　必须选择具有单向透光性能的隔热防爆膜，透光率应大于 70%，夜间行车时，应当视野清晰而毫不模糊，才不会影响行驶安全。

（2）隔热性　隔热效果是衡量太阳膜质量的重要指标，优质车膜的隔热率应为 46%～68%。

（3）防爆性　优质防爆车膜的结构中必须设有防爆基层，当风窗及车窗玻璃爆裂时应能有效地防止碎片飞散，防止驾乘人员受到伤害。

（4）耐磨性　优质车膜应具有高质量的耐磨层，膜面应有防划伤保护层，这对延长车膜使用寿命、确保施工时不留下任何划痕和保持车膜美观都有重要作用。

（5）抗光线折射性　这是前风窗玻璃隔热防爆膜一个很容易被忽视的重要指标。因为光线折射会产生镜面效应，导致玻璃上出现车内物品投影，影响视线，降低安全性能。

注意：有一种银色膜受到部分驾驶人的偏爱，其最大特点是反射率高，隔热性能也很出色，但反射率高也正是其危害所在，这可能对行车安全构成威胁，所以要尽量避免使用银色膜。

2. 太阳膜的作用

（1）改变色调　五颜六色的车膜可以改变车窗玻璃全部是白色的单一色调，给汽车增添美感。

（2）隔热降温　车膜可以减小光线照射强度，起到隔热效果，保持车厢凉爽。

（3）防止爆裂　当汽车发生意外时，防爆车膜可以防止玻璃爆裂飞散，避免事故中玻璃碎片对驾乘人员造成伤害，提高汽车安全性。

（4）保护肌肤　阳光中的紫外线对人体肌肤具有一定的侵害力，长期受紫外线照射易造成皮肤疾病。车膜可有效地阻挡紫外线，对肌肤起到保护作用。

（5）单向透视　车膜的单向透视性可以遮挡来自车外的视线，增强隐蔽性。

3. 太阳膜的种类

太阳膜按颜色不同有自然色、茶色、黑色、天蓝色、金墨色、浅绿色和变色等品种，按功能不同可分为普通膜、防晒太阳膜和防爆太阳膜等，按产地不同可分为进口车膜和国产车膜，部分进口车膜的品种及特性见表 5-4。

表 5-4　部分进口车膜的品种及特性

产品系统	产品代号	透光率(%)	隔强光率(%)	防紫外线率(%)	防爆效果
美国 3M 系列	6330	35	60	98	
	7710	21	76	99	性能优良
	8383	35	58	98	
	9010	30	70	99	性能优良
美国 MADICO 系列	AL-21	21	85	99	性能优良
	AL-25	25	85	99	
	AL-28	30	75	99	
	AL-35	35	85	99	性能优良
	AL-320	35	85	99	性能优良
	AL-321	35	85	99	性能优良
	AL-300	30	70	99	
	自然色-336	30	75	99	
日本 FSK 系列	500S	35	82	99	性能优良
	600S	25	85	99	性能优良
	035S	35	80	99	性能优良
	035BL	35	75	99	性能优良
	835BR	35	78	99	性能优良

二、太阳膜质量鉴别

车用太阳膜的鉴别方法如下。

（1）看

1）看透光率。不论太阳膜的颜色深浅，在夜间的可视距离要确保在 60m 以上，而劣质太阳膜则会有雾蒙蒙的感觉。

2）看颜色。防爆太阳膜通常采用本体渗染和溅射金属着色的方法给膜染上色，是一种高科技产品，不易变色，在粘贴过程中经刮板作用不会发生脱色；而低档劣质太阳膜大多采用粘胶着色法来着色，就是在粘胶中加入颜料，然后涂在无色透明膜上使膜有颜色，这种膜不耐晒，很易褪色，严重的会褪成无色透明。

3）看气泡。撕开太阳膜的塑料内衬后再重新合上，劣质太阳膜会起泡，而优质太阳膜合上后完好如初。

（2）摸　优质太阳膜摸捏时有厚实平滑感，劣质太阳膜手感薄而脆。

（3）试　对于太阳膜的隔热性只凭肉眼看和手摸是很难鉴别的，可以通过一个简单的测试方法来进行比较，在一个碘钨灯上放一块贴着太阳膜的玻璃，用手感觉不到一丝热的是优质太阳膜，而立即有烫手感觉的则是隔热性较差的劣质太阳膜。

三、太阳膜的安装

汽车太阳膜的粘贴施工要求较高，必须按特定的工序进行，其基本步骤如图5-5所示。

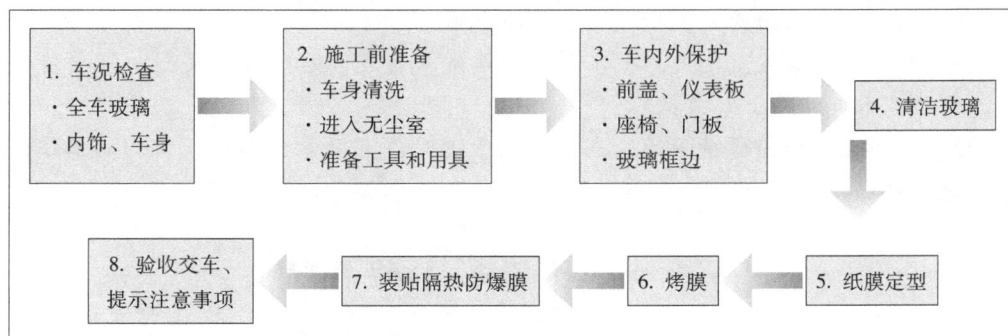

```
┌─────────────┐   ┌─────────────┐   ┌─────────────┐
│ 1. 车况检查   │   │ 2. 施工前准备 │   │ 3. 车内外保护 │   ┌─────────────┐
│ ·全车玻璃    │ → │ ·车身清洗    │ → │ ·前盖、仪表板 │ → │ 4. 清洁玻璃  │
│ ·内饰、车身   │   │ ·进入无尘室   │   │ ·座椅、门板   │   └─────────────┘
│             │   │ ·准备工具和用具│   │ ·玻璃框边    │
└─────────────┘   └─────────────┘   └─────────────┘

┌─────────────┐   ┌─────────────┐   ┌─────────┐   ┌─────────┐
│ 8. 验收交车、 │ ← │ 7. 装贴隔热防爆膜│ ← │ 6. 烤膜  │ ← │ 5. 纸膜定型│
│ 提示注意事项  │   │             │   └─────────┘   └─────────┘
└─────────────┘   └─────────────┘
```

图 5-5　防爆膜装贴流程

（1）第一步：贴膜前的准备　清洗玻璃和窗框是贴膜前的重要准备环节。清洁时要使用专门的玻璃清洁剂，在清除灰尘的同时，还要求彻底清除玻璃上附着的污物，这道工序通常需要专用贴膜刮板的配合才能完成。另外，要注意玻璃橡胶压条缝隙的清洁。

（2）第二步：裁出适合窗户的太阳膜　根据汽车待贴玻璃的形状，裁剪防爆太阳膜。剪裁时先准备各车型玻璃样板。一般汽车美容企业应配备常见车型的玻璃形状样板。对于无样板玻璃的贴膜，首先要自制样板，制作方法是将清洁良好的玻璃表面洒一层水，然后把适当厚度的塑料薄膜吸附在玻璃上，根据边缘线的特点，划出玻璃样板，应该注意的是，样板要比划线超出3~5mm。

（3）第三步：贴膜

1）进一步清洁待贴玻璃。

2）做好玻璃与太阳膜的对中标志。若玻璃有一定的弧度，可用热风枪收缩太阳膜，如图5-6所示。

3）从一角稍稍撕开黏着的衬垫，撕掉衬垫的同时用水性黏结剂喷湿胶面，这样可以减少胶的黏性，并容易弄下静电吸附的黏着物。

4）从玻璃中部向边角变化较多部位逐步刮贴，刮除玻璃与太阳膜之间的液泡和气泡，如图5-7所示。

图 5-6　收缩太阳膜

图 5-7　刮贴太阳膜

5）最后完成边角处刮贴。

（4）第四步：清洁工作区　擦干窗框，擦掉玻璃上的痕迹。

注意：

1）在太阳膜粘贴后的两三天内，不要升降车窗。

2）在太阳膜粘贴后五至七天内，不要用水清洗车窗及开启除雾开关，如果要清理车窗玻璃，请用湿毛巾或海绵小心擦拭。

3）让太阳膜在一周内保持干燥。在水分未干透时，有微量变形是正常的。记住，太阳膜干得越快越好。

第三节　车身彩条的装饰

汽车车身装饰可分为三类。

1）保护类：为保护车身安全而安装的装饰品，如保险杠、灯护罩等。

2）实用类：为弥补轿车载物能力不足而安装的装饰品，如行李架、自行车架、备胎架等。

3）观赏类：为使汽车外部更加美观而安装的装饰品，如彩条贴、金边贴、全车金标等。

车身彩条的装饰是第三种类型。在车身上粘贴形状、色彩各异的彩条贴膜，不仅能突出车身轮廓线，还能协调车身色彩，给人以丰富的联想和舒适的心理感受，使车身更加多彩艳丽，如图5-8所示。

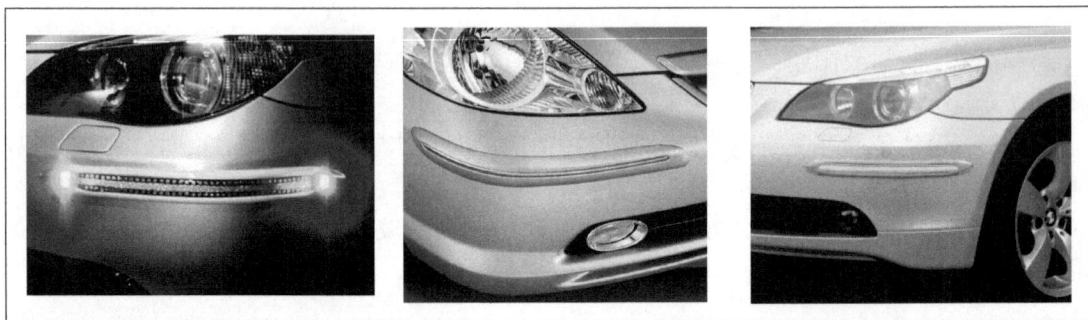

图5-8　车身彩条

1. 彩条的种类

车身彩条贴膜有两种类型：一是没有可撕离表层的贴膜，它由彩条层和背纸层组成，彩条层正面是彩条图案，背面是黏性贴面，如图5-9a所示；二是有可撕离表层的贴膜，它由背纸层、彩条层及外保护层组成，彩条层也是有彩条图案和黏性贴面两面，如图5-9b所示。

2. 彩条的材质

市场上的彩条所用材料，绝大部分是塑料制品和金属制品，以塑料最多。由于汽车工业的飞速发展，装饰配套件厂也如雨后春笋般发展起来，配套装饰产品也层出不穷，为选购装

a) 无保护层　　　　　　　　　　　　　b) 有保护层

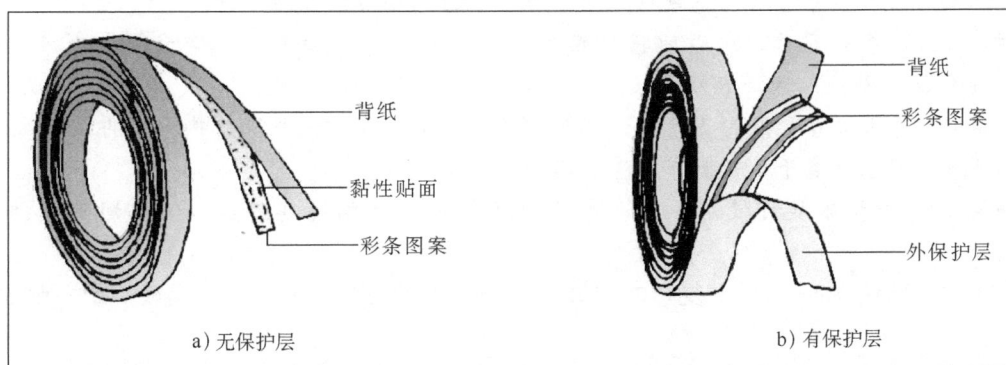

图 5-9　彩条贴膜的结构

饰件提供了方便条件。

以汽车后饰条为例，其形状如图5-10所示。

还有常用于本田雅阁装饰的电子冷光后饰条，其型号为：SKC-33001。

高级不锈钢后饰条的型号见表5-5。

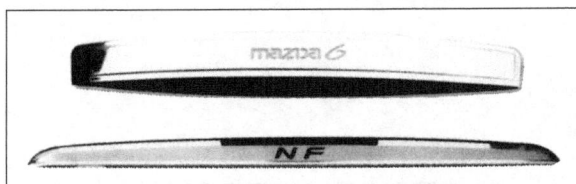

图 5-10　汽车后饰条

表 5-5　高级不锈钢后饰条的型号

产品型号	配套车型	数量/件	产品型号	配套车型	数量/件
SKC-49001	本田雅阁 2.0/2.3	1	SKC-49004	夏利 2000（长型）	1
SKC-49002	帕萨特 B5（短型）	1	SKC-49005	本田 2.0/2.3（长型）	1
SKC-49003	帕萨特 B5（长型）	1			

3. 彩条粘贴要求

1）粘贴彩条贴膜只能在 16~27℃ 的温度下进行。温度过高，会导致贴膜变大，湿溶液迅速蒸发。温度过低会影响贴膜的柔性，从而影响附着效果。

2）使用水和中性清洗剂将车身表面彻底清洗干净。为了使彩条正常地贴上去，车身表面必须没有灰尘、蜡和其他脏物。必要时，还应进行抛光处理。

4. 彩条粘贴方法

（1）直线形粘贴

步骤1：测量所需贴膜的长度。将贴膜拉直，并剪下比所需长度长几厘米的胶带。

步骤2：清洗车身，保证车身表面清洗干净。

步骤3：将贴膜的背纸撕去，并将前面几厘米贴到要贴的位置，如图5-11所示。

步骤4：抓住贴膜的末端，避免手指弄脏贴膜，皮肤上的油脂会影响附着性能。

步骤5：小心地拉紧贴膜，但注意不要拉长。如果在粘贴时，贴膜被拉长了，以后就会

产生起皱。

步骤6：利用车身的轮廓线做对齐的参考线，仔细检查贴膜是否对齐。

步骤7：彩条对齐后，小心地将贴膜剪下，贴到车身表面上。一个长条要一次完成粘贴，不能分段粘贴，以保证直线度。

步骤8：再次检查彩条对齐情况，如果彩条不够直，小心地把贴膜撕开，再试一次。

步骤9：用橡胶滚子或软擦布压擦贴膜。

步骤10：贴膜末端可使用小刀或单刃剃刀切割，注意动作要轻，切勿划破车身表面涂层。

（2）曲线形粘贴　当粘贴复杂的曲线时，应使用底图的帮助（如曲线板）或用画线笔绘制导向图。

以没有可撕离表层的彩条贴膜为例，其曲线形粘贴的步骤是：

步骤1：剪下足够的贴膜。

步骤2：用右手画出曲线的弧，在曲线成形后，用左手的食指把贴膜按压在车身上，如图5-12所示。

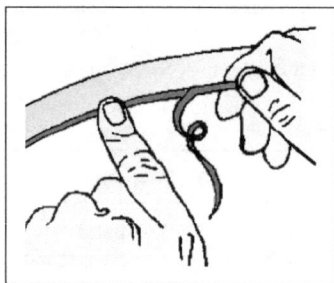

图5-11　贴第一层贴膜

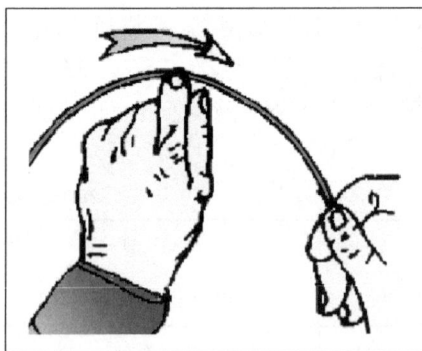

图5-12　正确放置弧线

步骤3：不要撕去过多的背纸，为避免弄脏附着表面，手持贴膜处的背纸不要撕去。

步骤4：保持两手沿固定的曲线运动。曲线运动过程中可能会需要一些轻度的拉长，但要尽可能避免出现拉长。

步骤5：如果第一次操作失败，可小心地撕开贴膜再试一次。在某些不好操作的情况下，可两手交替进行粘贴。

步骤6：曲线贴膜贴好后，将其压紧，以获得持久的附着性能。

步骤7：其他操作项目与直线形粘贴相同。

（3）宽幅彩色贴膜粘贴　宽幅彩条贴膜一般为有可撕离表层的贴膜。当彩条宽度达到或超过76mm时，最好采用湿贴的方法。

其粘贴步骤是：

步骤1：将1杯中性清洗剂与4L清水混合。该溶液使贴膜更容易控制，并使其在永久黏附之前可以正确地定位。

步骤2：将溶液倒入料桶或喷雾罐中。测量并剪下所需长度的贴膜，多加几厘米以防

出错。

步骤3：将背纸慢慢地撕去，小心不要弄脏附着表面。

步骤4：用剩余的水和清洗剂溶液将贴膜的附着表面彻底弄湿，这将使附着力暂时发挥不出来。

步骤5：按照标签指示的数量，将溶液喷涂到车身上去，将贴膜定位在车身上。当贴膜附着表面和车身表面都是湿润的时候，整条贴膜即可以轻松地移动。

步骤6：一旦贴膜定位好之后，将其下的水挤出来，使其牢牢地贴在车身表面上。为避免贴膜起皱，挤压时不要太快，不要太用力。所用的压力足够将水和空气挤出去就可以了。

步骤7：将表层从贴膜的末端开始慢慢地撕开，一直撕到贴膜的另一头，中间不要撕断。

步骤8：按前面介绍过的方法，修整车门和翼子板边缘的贴膜。

第四节　大包围的装饰

一、车身大包围装饰的特点

（1）车身大包围装饰产生的背景　车身大包围装饰是随着汽车文化的发展而诞生的。随着人们生活水平的提高，对汽车的认识和需求也不断提高，对汽车的装饰、包装会更加讲究，追求时尚，讲究个性，这些就是车身大包围装饰产生的背景。

（2）小批量多品种　车身大包围装饰件的制造特点是小批量、多品种。这就是人们讲究个性、追求时尚的结果，它使汽车装饰呈现出多样化。正如人们常说的那样"穿衣戴帽、各有所好"，这是相同的道理。

（3）制作材料多样化　大包围制件在制作时，使用的材料主要是塑料和金属。塑料中以玻璃钢材料为最多。有的采用新型碳纤维材料和铝碳合金复合制作，再采用蜂巢式铸造工艺相互配合制成。还有的采用铝合金、不锈钢等材质制作，各有其特性。

二、大包围装饰施工

1. 选择大包围装饰件

（1）按车型选择　目前装饰件生产厂家生产的大包围总成件，基本上都是以特定的车型为准而设计制作的。在制作中，又根据制作的材质和工艺而分为标准型、豪华型；在为车型配套时，还要考虑车身的颜色，所以有多种类型和色泽可供选择。

（2）选择的标准　选择大包围总成件的标准，主要是要达到装饰后好看、协调、总体平衡、外形美观大方、前后包围和侧包围融为一体，以及简练、赏心悦目等目的。

2. 安装大包围

大包围由前包围、侧包围和后包围组成。

（1）安装前包围

1）对安装前包围的部位进行擦拭，将油污、污垢等去除，使装饰部位达到清洁、干

燥，做好安装准备。

2）准备好安装工具和材料。常用的安装工具有手电钻、锤子、旋具、扳手、钳子等。准备好大包围总成的各种零件，按安装说明书要求做好相应准备。

3）按前包围安装位置的要求，在车的前端钻好安装孔，并去掉孔边周围的毛刺。

4）将前包围从保险杠下部插入，对准安装孔，用螺钉从侧面固定拧紧。

前包围零件如图5-13所示。前包围零件安装后的状态如图5-14所示。

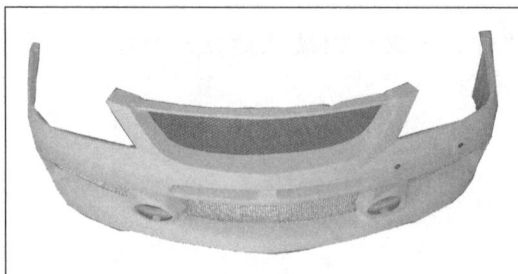

图5-13 前包围零件

图5-14 前包围零件安装后的状态

（2）安装侧包围 侧包围分左、右两部分。安装方法基本同前包围。

1）清洗安装部位，准备好安装用的工具和材料，做好安装前的一切准备工作。

2）按安装要求，钻好安装孔。把车门打开，将左侧围的包围件放在安装位置，钻好安装孔，并用螺钉固定好。左侧围包围件安装后的状态如图5-15所示。

右侧围包围件的安装方法与左侧围的一样。一般而言，左、右侧围是对称的，包围件也是对称的。右侧围包围件安装后的状态如图5-16所示。

图5-15 左侧围包围件安装后的状态

图5-16 右侧围包围件安装后的状态

（3）安装后包围 后部包围件的安装方法与前部一样。但后部包围件上有一个消声器的排气口，制作时将排气口变大了，显得更漂亮。

后包围件安装后的状态如图5-17所示。

图 5-17 后包围件安装后的状态

第五节 汽车保险杠的装饰

一、汽车保险杠的种类

随着汽车技术的发展和人们生活水平的提高，汽车销售量也日益增加，而汽车事故也在增多，为了减小事故后车辆的损坏程度和减轻人员的伤亡，制造厂家花了不少心思在汽车上增加安全措施。安装汽车保险杠就是其中之一。

汽车保险杠不仅是缓和外界冲击力保护车身安全的装置，而且也是车身外部的装饰品。保险杠的分类方法如下。

1. 按材料不同分类

保险杠按材料不同可分为钢板保险杠、塑料保险杠、铝合金保险杠和镜钢保险杠。

（1）钢板保险杠 钢板保险杠由钢板冲压成 U 形槽钢，表面镀铬处理，与车架纵梁铆接或焊接在一起，与车身有一段较大的间隙，好像是一件附加上去的部件。20 年前，轿车前、后保险杠主要是钢板保险杠，现在钢板保险杠主要用于载货汽车。

（2）塑料保险杠 它主要由塑料制成，如图 5-18 所示。塑料保险杠除了保持原有的保护功能外，还与车体造型和谐、统一，并使本身轻量化。这种保险杠的强度、刚度和装饰性都较好。从安全上看，汽车发生碰撞事故时，能起到缓冲作用，保护前后车体；从外观上看，可以很自然地与车体结合在一块，浑然成一体，具有很好的装饰性，成为装饰轿车外形的重要部件。

（3）铝合金保险杠 它是由铝合金制成的管状保险杠，这种保险杠具有造型多、美观、气派等特点，主要用于越野汽车和小型面包车，如图 5-19 所示。

图 5-18 塑料保险杠

（4）镜钢保险杠　　它由钢管制成，并经电镀处理，具有庄重、气派等特点，主要用于小型面包车，如图5-20所示。

图5-19　铝合金保险杠

图5-20　镜钢保险杠

2. 按安装位置分类

按安装位置可分为前保险杠、后保险杠和车门保险杠。

前、后保险杠一般比较常见，如图5-21和图5-22所示。那么汽车为什么要安装车门保险杠呢？汽车设计者从交通事故中发现，汽车发生侧面碰撞的事故比较多，尤其是路面湿滑或车速较快的情况下，因各种原因造成汽车拦腰碰撞的可能性大大增加。因此，近几年有关防侧撞的安全问题已经引起人们的关注。有些国家还制定了严格的汽车防侧撞安全条例，规定汽车要实施防侧撞的安全措施。

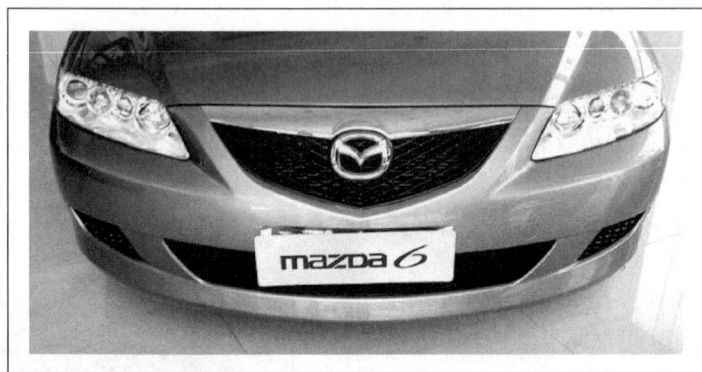

图5-21　前保险杠

轿车上实行防侧撞的安全措施常见的方法有两种：

1）从设计上改进轿车车厢的结构，使其能起到分散侧撞冲击力的作用。

2）安装车门保险杠，增强车门的防撞冲击力。

后一种方法实用、简单，对车身结构的改动不大，已经普遍推广使用。

安装车门保险杠，就是在每扇车门的门板内横置或斜置数条高强度的钢梁，起到车前、车后保险杠的作用，做到整部轿车前后、左右都有保险杠"护驾"，形成一个"铜墙铁壁"，使轿车乘员有一个最大限度的安全区域。

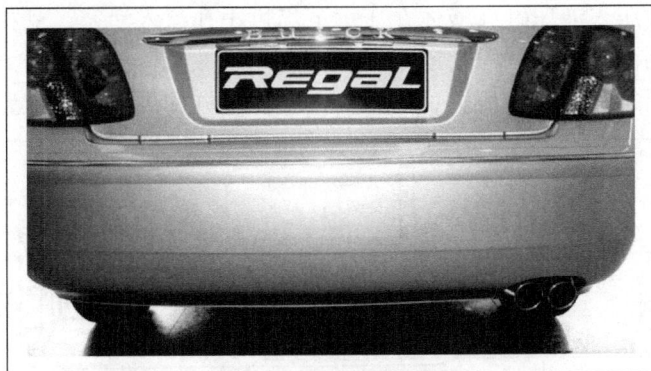

图 5-22　后保险杠

3. 按连接方式不同分类

按连接方式不同可分为普通保险杠和吸能保险杠。

普通保险杠一般用螺栓或铆钉与车架刚性连接，吸能保险杠则通过吸能器与车架连接，如图 5-23 所示。现代汽车保险杠是按吸收低速冲击所产生的能量而设计的，保证把传给车架和乘员的振动减到最少。

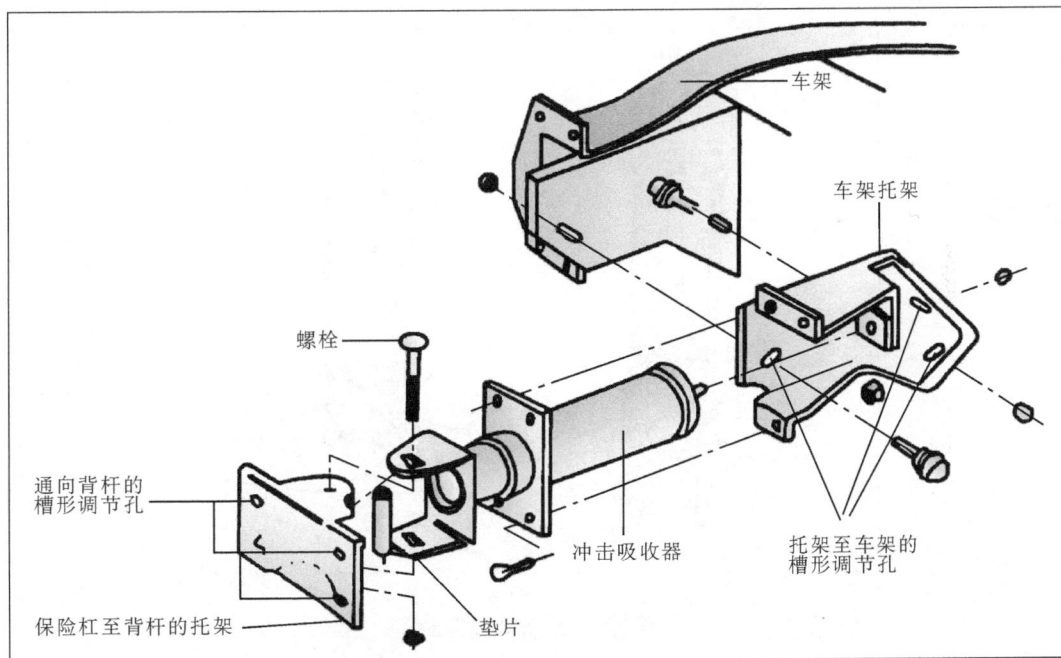

图 5-23　保险杠吸能器

二、吸能保险杠的结构

吸能保险杠中的吸能器主要有 4 种，下面分别介绍。

1. 活塞式吸能器

该吸能器与减振器相似，如图 5-24 所示。它有一个充满液体的液压缸，受冲击时，充

满惰性气体的活塞被压入液压缸，液体在压力下经过小孔流入活塞，受控的液压流吸收冲击所产生的能量并推动活塞管中的浮动活塞，从而压缩惰性气体。当冲击力释放时，压缩气体的压力促使液体从活塞管返回液压缸，这种作用使保险杠回到原来的位置。

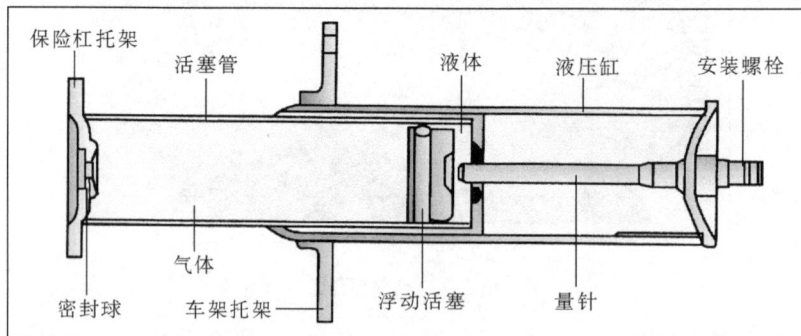

图 5-24　活塞式吸能器剖视图

2. 弹簧式吸能器

弹簧式吸能器如图 5-25 所示。冲击时，流体从流体储存器经过量阀进入外气缸。当冲击力释放时，吸能器的弹簧使保险杠回到原来的位置。

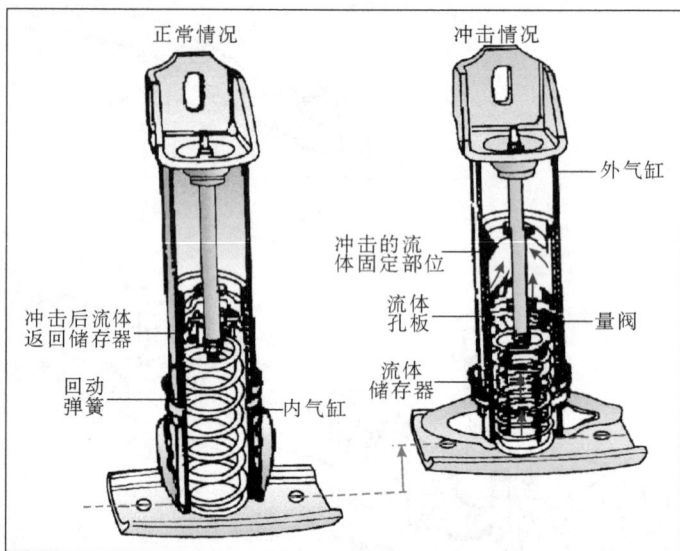

图 5-25　弹簧式吸能器

3. 隔离式吸能器

隔离式吸能器如图 5-26 所示。它的工作原理很像电动机座，在隔离式吸能器与车架之间有橡胶垫。受冲击时，隔离式吸能器随着冲击力而动，使橡胶垫伸展，橡胶的变形就能吸收冲击所产生的能量。当冲击力释放时，橡胶恢复原形(除非因冲击而从其底座撕裂)，从而使保险杠回到正常位置。

4. 泡沫垫吸能器

泡沫垫吸能器是在冲击杆和塑料面杆或盖之间，采用厚氨基甲酸乙酯泡沫垫，从而代替

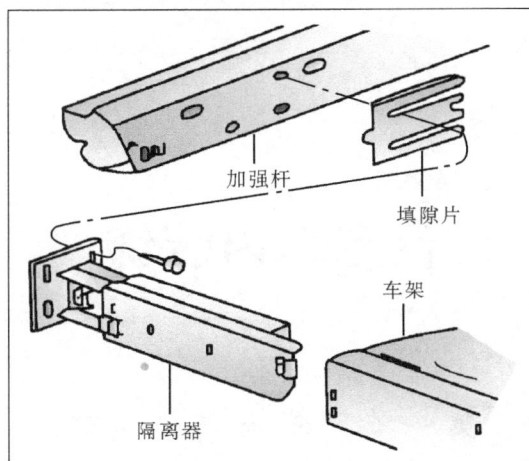

图 5-26　隔离式吸能器

在车架和面杆或加强杆之间安装的吸能器，如图 5-27 所示。该垫是按以 4km/h 的速度冲撞下能回跳到原来的形状而设计的。

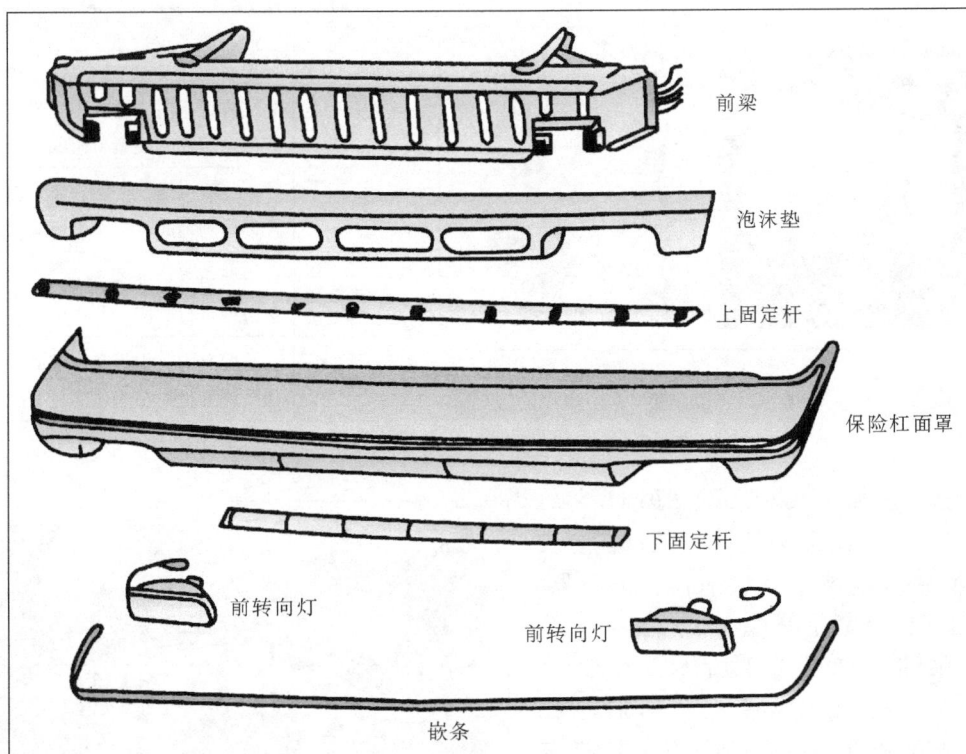

图 5-27　泡沫垫吸能保险杠

第六章

汽车车内装饰

第一节　车内精品装饰

车内饰品种类很多，按照与车体连接形式的不同可分为吊饰、摆饰和贴饰三种。

1）**吊饰**。如图6-1所示，吊饰是将饰品通过绳、链等连接件悬挂在车内的一种装饰。吊饰按饰品的不同可分为以下四类，见表6-1。

图6-1　汽车吊饰

表6-1　吊饰的分类

类别	说　明
图片类	主要有伟人照、明星照、佛像等饰品，有的是由金属或陶瓷制成的，也有的是照片直接塑封而成
徽章类	主要有国徽、会徽、名车商标、企业标志等饰品。一般由金属材料制作
花果类	主要有花、水果等饰品。由绸缎、塑料等材料制成
动物类	主要有狗、猫等宠物饰品。由毛绒和陶瓷等材料制成

2）**摆饰**。如图6-2所示，摆饰是将饰品摆放在汽车控制台上的一种装饰。主要的摆饰物品有地球仪、水平仪、报时器、国旗及精美的珍藏品等。

3）**贴饰**。如图6-3所示，贴饰是将图案和标语制在贴膜上，然后粘贴在车内或车外的装饰。图案主要有名车商标、明星照片及公益广告等，标语主要是对驾驶人及乘员的提醒语或警告语，如"注意安全""车内严禁吸烟"等。

图6-2　汽车摆饰

图 6-3　汽车贴饰

一、香品装饰

由于汽车车内通风条件差，长期受到污染，导致车内空气浑浊、有异味，从而损害驾驶人或乘员身体健康。因此，要求驾驶人要定期地对车内卫生进行清洁。车用香品对净化车内空气、清除异味、杀灭细菌、保持车内空气卫生具有重要作用。

1. 车用香品的功能

（1）净化车内空气　车用香品能清除车内异味、杀灭细菌，从而使车内空气得到净化。

（2）营造温馨环境　车用香品怡人的芳香，营造了温馨、舒适的车内环境，增添了车内浪漫情趣。车内一种好的香品配置，就像是一首优美的抒情诗、一段迷人的曲子、一杯浓郁的香茗，给人美的享受。

（3）利于行车安全　车用香品使车内空气清新，具有清醒头脑、抵抗抑郁和使人镇定等功效，从而减少行车事故的发生。

（4）兼作车内饰品　车用香品的容器造型各异，可与车内饰品相媲美，让人赏心悦目，具有独特的装饰作用。

2. 香品的分类与选用

（1）香品的分类　车用香品种类多样，如图 6-4 所示。这些香品按形态可分为气态、液态和固态；按使用方式可分为喷雾式、泼洒式和自然散发式。

| 液态香品 | 固态香品 | 喷雾香品 | 自然散发香品 |

图 6-4　各类香品

气态车用香品主要由香精、溶剂和喷射剂组成。液态车用香品由香精与挥发性溶剂混合而成，盛放在各种造型美观的容器中，此种车用香品在汽车车内应用广泛。固态车用香品主要是将香精与一些材料混合，然后加压成型。

（2）车用香品的选用　选购车用香品时，应根据车辆、季节及车主性别、性格、爱好等合理选用。

1）**根据车辆状况选用**。不同的车辆，在选用香品时首先要看其颜色及包装品的造型是否与汽车外观、车饰等相互和谐。如香品选用适当，会增加车内的整体美感。如选用不当，会感到很不协调。

2）**根据季节选用**。不同的季节应选用不同的香品。在寒冷冬季或炎热夏季，如果车内经常开空调，应选用具有较强挥发性的车用香品，以便有效地去除空调的异味；而在冷暖适宜的春秋季节，可以挑选自己喜爱的香型。

3）**根据性别选用**。车主的性别及爱好不同，所选的香品也有很大差异。大多数女性比较喜欢清甜的水果香、淡雅的花香。但有的女性不喜欢色彩艳丽、造型别致的玻璃瓶装香水。另外，动物造型的车用香品，因其活泼可爱、风趣等特点，受到很多成熟女性的喜爱。大多数男性车主喜欢车用香品外观颜色单调、古朴，如果造型过于夸张，色彩过于艳丽，使人感到不宜。男性车主对淡雅的古龙香、琉璃香、龙涎香等车用香品比较适合，在外观上，对木纹、皮革等装饰样式比较适宜。

4）**根据情趣选用**。对于习惯吸烟的车主应选用浓郁的药草香、清鲜的绿茶香、甜润的苹果香等，可以有效地去除烟草中的气味。

5）**根据性格选用**。根据车主的不同性格选用不同的香品。对于性格暴躁的车主，为使驾驶时保持平静的心态，应选用具有镇静功效的车用香品，如清凉的药草香、宁静的琥珀香等。对于喜欢开快车的驾驶人，应选用凝胶等固体香品。

3. 车用香品使用时的注意事项

（1）**认真选购**

1）在选购车用香品时，应根据香品的选购原则，仔细阅读所选香品的产品说明书，检查产品质量，察看包装及密封性能的好坏。

2）注意产品的生产单位及日期、保质期等。

3）要购买正规生产厂家货真价实的产品，不要因大意而买到过期产品或伪劣产品。

（2）**使香品快速见效的经验**　为了使车用香品快速见效，可将选购的香品放置或喷洒在空调器的通风口处，利用气流的带动，香品的香味将很快充满车内，清除异味的效果比较好。

如果选用的是液体香水，也可以洒在手绢上，然后挂在通风口，经风一吹，香味能很快充满室内。

（3）**车用香品的更换**

1）更换方法不当的后果：当一种香品用完之后，如果不采取一定的措施，而直接更换为另一种车用香品时，往往因前后两种不同香品的相互影响，甚至发生化学反应，产生一些不良物质，不但达不到香品应有的效果，甚至适得其反。有时，还可能使乘员感到不舒适，严重影响驾驶人的情绪，甚至使人变得暴躁、易怒或抑郁，这些都会影响行车安全。

2）合理的更换方法：当一种香品用尽，或未用尽而又需更换香品时，首先将原有香品

换掉，把车窗打开，使车内的原来香味散尽，待毫无残留时，才可更换另一种车用香品。

3）更换时间：最好选择在收车之后，这样可以有充足的时间散尽旧香味，使旧香味彻底清除，在第二天开车一段时间后再换上另一种香品。最好不要在开车前或途中更换香品。

二、桃木装饰

桃木装饰的特点是美观、高雅，其优美的花纹具有特殊的装饰作用。主要用于汽车内室控制台、转向盘及变速杆等部位的装饰，如图6-5所示。

1. 桃木的选用

进行桃木装饰最好应选用原厂标准件安装。原厂标准件是桃木片与原装置的标准塑料件或金属件合为一体的部件，其表面经过非常严格的喷漆处理，漆面经过硬度、耐光性、温度变换（从高温90℃到低温-40℃）等的长时间循环试验。用原厂标准件安装，不需用胶水或其他胶贴。

由于汽车厂自行开发至批量生产的程序复杂，新款或改装的车款要1~2年才能全面推向市场，因此不能及时

图6-5　桃木在汽车上的应用

满足国内市场对新产品的需求。目前市场上有各种的所谓豪华车内饰件，绝大部分不是原厂家的产品，用户安装后不但未能达到原厂豪华内饰设计的效果，反而影响汽车的质量与安全性能。

以转向盘为例：它是汽车上很重要的安全件，与车辆操控有直接关系。目前市场上大部分可购买到的豪华转向盘都不是原厂转向盘。这些非原厂部件主要分两种：

一种是在原来转向盘上加皮套或木纹塑料套，此装置大大影响了驾驶人对车辆转向的操控，因为加上外套后转向盘总圆径与手抓部分的小圆径都加大，影响转向的行程，外套使用时间长了与原转向盘的接触也不稳固。

另一种是在自制转向盘上加一个通用的连接器。此装置比第一种的危险性更大，因为原厂转向盘的骨架经过非常严格的原厂测验，除了保证正常使用外，还能确保在发生意外时不会断裂。

而上述转向盘绝大部分是没有原厂骨架，只是自制木圆架或金属圈，车辆遇到撞击时，驾驶人是非常危险的，而通用连接器不能把转向盘与转向柱像原厂一样直接连接在一起。汽车厂在进行整车设计时，驾驶人的操控舒适性与安全性是非常重要的，而转向盘是驾驶人操控最多、最直接的部件，决不能使用不符合原厂标准的部件。

2. 桃木的安装

目前市场上大部分的桃木饰件需要用胶水或双面胶粘贴，表面是一层印刷木纹的软塑料或薄木片，粘贴完成后会发现大部分的圆弧位置没法贴合或很容易脱落。脱落后的胶纸或胶严重影响原塑料件的外观，整体效果除了不如原厂原件的效果外，加上外贴件的厚度，更会影响一些开关按钮的行程。车辆在夏季露天停放，车厢内温度可达80~90℃，部分表面软塑

料因承受不了高温而脱落或发出异味。而表面桃木薄片因没有经过特殊加工处理，无论在夏季或冬季，都容易因热胀冷缩而破裂。

第二节 座椅的装饰与安装

一、加装坐垫

1. 坐垫的功能

1）提高舒适性：柔软的汽车坐垫使身体更舒适，可减缓汽车颠簸产生的振动，减轻旅途疲劳。

2）改善透气性：夏季使用的硬塑料或竹制品坐垫具有良好的透气性，给人以凉爽的感觉，有降温消汗的功效。

3）增强保健性：汽车保健坐垫可通过振动按摩或磁场效应，改善乘员局部的新陈代谢，促进血液循环，消除紧张和疲劳，达到保健目的。

2. 坐垫的种类

（1）柔式坐垫　主要由棉、麻、毛及化纤等材料制成。棉麻混纺坐垫具有透气性能优良、韧性强、易于日常清洁护理等特点；棉毛混纺坐垫具有柔软、舒适、透气性能好等特点；化纤混纺坐垫透气性好、价格低，但易产生静电。柔式坐垫如图6-6所示。

（2）帘式坐垫　主要由竹片或硬塑料等材料制成小块单元体，然后将单元体串接成帘状制成坐垫，该坐垫具有极好的透气性，是高温季节防暑降温的佳品。

（3）保健坐垫　该坐垫是根据人们的保健需求制成的高科技产品，当乘员随汽车颠簸振动时可起到自动按摩效果。另外，坐垫的磁场效应对人体的保健也大有益处。

3. 坐垫的选择

（1）根据气温条件选用　当气温不高时应选用柔式坐垫，利于保温，并提高舒适性；高温季节应选用帘式坐垫，便于降温防暑。

（2）根据汽车档次选用　中高档轿车可选用材质极好的纯毛坐垫或保健坐垫，另外中高档轿车空调效果较好，高温季节也不必使用帘式坐垫，以便提高乘坐的舒适性。

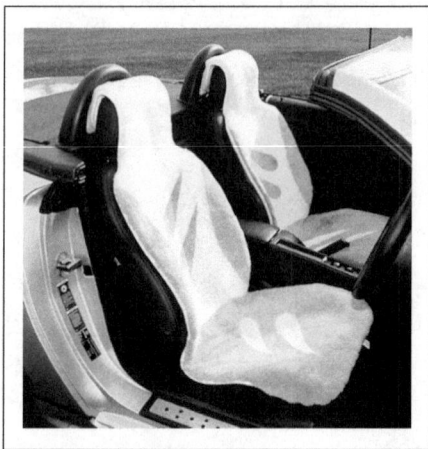

图6-6　柔式坐垫

二、更换真皮座椅

现代大多数中低档新车下线，都无原厂配备的真皮座椅，消费者为营造更舒适、更温馨的车内空间，将原座椅更换成真皮座椅，如图6-7所示。常见的真皮座椅种类有以下几种，见表6-2。

表 6-2　真皮座椅的种类

类别	说　　明
黄牛皮	毛孔细小，呈圆形，分布均匀紧密，毛孔伸向革面，革面丰满光亮，皮板柔软、纹细、结实。手感坚实而富有弹性
水牛皮	皮层表面凹凸不平，革面粗糙，毛孔较粗大，稀少
猪皮	毛孔粗大，一个毛孔三根毛，呈三角排列，毛眼相距较远，皮层表面不平整，革面粗糙，柔软性差
羊皮	分山羊皮和绵羊皮两种。山羊皮面纹路是在圆弧上排列 2~4 个粗毛孔，周围有大量绒毛孔；绵羊皮皮板薄，手感柔软，毛孔细小，呈扁圆形，由几个毛孔构成一个组，排成长列，分布很均匀，但不结实
马皮	毛孔呈椭圆形，不明显，比牛皮孔略大，斜入革内呈山脉形状有规律排列，革面松而软，色泽昏暗

图 6-7　真皮座椅

1. 皮革的鉴别方法

（1）看　头层皮皮面光滑，皮纹细致，色泽光亮且没有反光感，厚度为 1.0~1.2mm，且厚薄均匀。如果皮纹不明显，只是异常光滑，则说明皮子在加工过程中进行了磨面处理，或者是用第二层牛皮喷上颜色后压出皮纹制成。

（2）摸　头层皮手感滑爽并有弹性，若皮面发硬或发黏均为劣质皮。

（3）擦　用潮湿的细纱布在皮面上来回擦拭七八次，并查看布上是否沾有颜色。若有脱色现象，则不能购买。

（4）拉　用两只手拿住皮子的一角，然后稍用力向两边拉，若皮面出现缝痕或露出浅白的底色，则说明皮子的弹性及染色工艺不过关，也不能购买。

2. 真皮座套更换工艺

步骤 1：用专用工具将原座椅拆卸下来，取下原来的座套。

步骤 2：将原来的座套制板，再根据板形对牛皮进行裁剪。其中制板非常重要，很大程度上决定着真皮座套制成后是否得体、美观。

步骤 3：对裁好的皮料用缝纫机进行缝制，缝制应一次完成，不能修改，否则皮料上会留下明显的针孔。做工要细，成品表面能看到的只有明线和"做缝"，明线必须横平竖直，"做缝"要在 3mm 以上。否则，皮套在使用过程中可能由此开裂。

步骤 4：加工时对坐垫和靠背部位应进行皱折处理或选用打孔皮，因为这两个部位在使用中长期受压，一定要预留伸缩量，以确保长期使用而不变形。

步骤 5：牛皮座套制成后，在安装前先在座套下面垫上 12~15mm 厚的带网底的海绵，再套上座套，将卡钉装上即可。

三、儿童安全座椅

1. 安装儿童座椅的目的

（1）安全　有关交通安全的研究显示，汽车在 48km/h 的速度下发生碰撞，足以在一个 7kg 重的婴儿身上产生 1400N 的前冲力，是一个婴儿体重的 20 倍，其后果可想而知。婴儿

即使由系上安全带的成人抱着，也并不安全。在碰撞时所产生的强大冲击力，足以使婴儿从成人手中飞脱。若抱着婴儿的成人没有系上安全带，成人极可能与婴儿一起冲向仪表板或风窗玻璃，从而对婴儿造成伤害。因此，为了孩子的安全，应在车内安装儿童安全坐椅。

（2）舒适　儿童因身材矮小，坐在成人座椅上很不舒服。若想靠上座椅后背，则腿不能弯曲；若想让腿能够弯曲，则又靠不上座椅后背，且腿弯曲后腿也不能着地，所以是靠着不舒服，不靠着也不舒服。为儿童量身裁体设计制作的儿童安全座椅较好地解决了这一问题，使儿童乘车舒适快乐。舒适的儿童安全座椅如图6-8所示。

2. 儿童安全座椅的种类

儿童安全座椅按照安装方向的不同，可分为后向式和前向式两种座椅。

（1）后向式儿童安全座椅　后向式儿童安全座椅是儿童坐上后正面向后的一种座椅，如图6-9所示。这种座椅尤其适合3岁以下婴儿的使用。3岁以下婴儿的头可能与他身体其余部位的重量相当，加上柔弱而不稳的脖子，当正面碰撞发生时，如果他们是面向前方而坐，其处境十分危险。

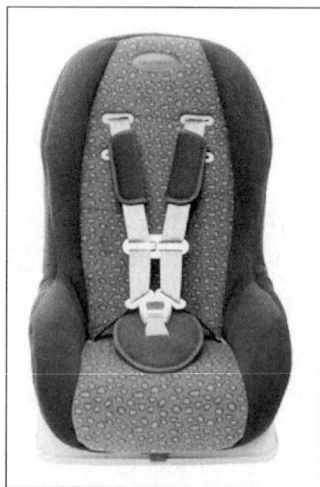

图6-8　儿童安全座椅

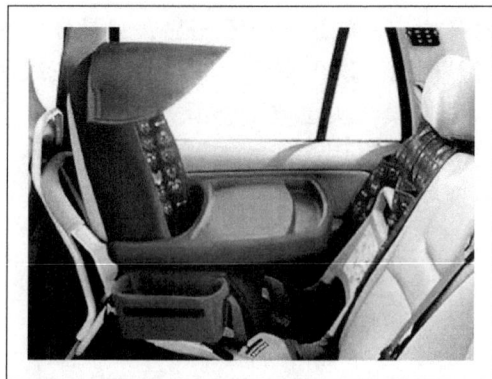

图6-9　后向式儿童安全座椅

有关专家认为：儿童头部的重量被摔向前方，而他的脖子不能承受其力量，其结果会是致命伤或者致残。如果儿童坐在面向后方的座位上，则可避免或减轻儿童在交通事故中受到的伤害。

（2）前向式儿童安全座椅　前向式儿童安全座椅是儿童坐上后正面向前的一种座椅，如图6-10所示。这种座椅适合3岁以上的儿童使用。3岁以上的儿童更喜欢前向式儿童安全座椅，主要是因为坐在前向式儿童安全座椅上视觉大为改善，便于欣赏大自然的美好景色。

3. 儿童安全坐垫

专家认为后向式儿童安全座椅比前向式儿童安全座椅更安全，但对于3岁以上的儿童坐在面向后方的座位上就不适合了。对此，可以让儿童在一个减压垫和标准安全带的帮助下安全地旅行，加上头枕和三点式安全带，这些都为儿童提供了很好的安全保护。该装置有一个独立的、可以与一个特别设计的靠背结合在一起的靠垫，靠垫的主要用途是保证汽车的标准安全带能很好地适合儿童的身体，它特别适用于臀部安全带，该安全带必须足够低，能绕过

臀部，使它不会滑过胃部而造成内脏的不必要的伤害。儿童安全坐垫可以减少在碰撞中对腹部的伤害，当儿童被垫高后，就可以使用正常安全带，便可以保护儿童的胸部和头颈部。事故调查研究组证明，使用安全坐垫可将事故危险性降低60%，如图6-11所示。

图 6-10　前向式儿童安全座椅

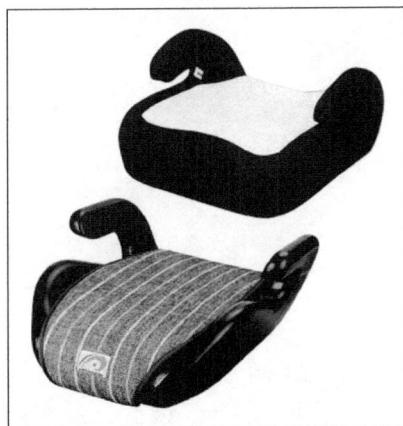

图 6-11　儿童安全坐垫

4. 儿童安全座椅的选购与安装

（1）儿童安全座椅的选购　挑选儿童安全座椅时应注意以下两点：

1）要选择与儿童身材相当的儿童安全座椅。儿童安全座椅有很多的型号，要注意选择。一般可分为婴儿、幼儿和儿童三种。

2）要选择与汽车相配的座椅。这一点非常重要，买座椅时最好开车前往，当场就将座椅安装在汽车座位上看是否合适。

（2）儿童安全座椅的安装　为解决儿童安全座椅安装难的问题，沃尔沃公司研制开发了一种装有国际标准固定器的产品，使儿童安全座椅安装操作变得简单。该产品结构中有一个起支撑作用的框架，该框架把国际标准固定器附件安装在靠背和坐垫之间，框架不需要附加固定装置，在它的椅背上嵌入一个支架，以便在车尾发生碰撞时固定框架，框架很容易被附着在汽车两个预备好的金属夹上，当儿童安全座椅安装好了之后会听到咔嚓一声。该系统称为 Volvo ISOFIX 国际标准固定器。ISOFIX 系统是安装儿童安全配备的国际标准系统，为了易于安装，轿车应在前排和后排座椅上提供 ISOFIX 扣锁，以确保正确、快捷地安装和拆卸。

儿童安全座椅安装在前排或后排均可，最好是安装在后排座椅上，因后排座位从统计数据上显示更为安全。另外，前排乘员座位上的安全气囊在打开时会对儿童造成致命的伤害。因此，当前排乘员座位上安装儿童安全座椅时，一定要将前排乘员座位上的安全气囊关掉。

儿童安全座椅安装一定要牢固，安装时要仔细阅读说明书，将儿童安全座椅牢牢地安装在合适的位置上，并保证安装儿童安全座椅的车座靠背不能放倒。

第七章

车身电器的加装

第一节　汽车音响的加装

人们在以车代步、乘坐舒适等需求满足之后，又进一步追求坐在车内听广播、欣赏音乐、看电视等享受。因此，汽车装饰项目中便增添了选配、安装或改装车载视听装置的内容。

汽车里安装音响、电视等视听设备有以下作用：

1）**减轻驾驶途中疲劳**。在汽车行驶途中，听听音乐、相声、小品等文艺节目，既可提供优美的听觉享受，又可减轻驾驶途中的疲劳，使驾乘人员感到轻松愉快。乘客还可通过汽车电视观看精彩的影视节目，消除途中寂寞。

2）**提供交通信息**。一些大中城市的广播电台已相继开通交通信息节目，向驾驶人及时传播道路情况、交通情况、汽车使用、维修服务及安全行车知识等信息，还接受驾驶人的信息咨询和投诉，已成为驾驶人行车的顾问和向导。

3）**减少停车等待中的寂寞**。停车等候乘客，这是客车驾驶人经常遇到的，此时打开视听设备，动听的音乐、诙谐的相声和小品可减少等待中的寂寞。

一、汽车音响系统基本常识

（1）音源　音源包括卡带主机、单片 CD 机、多片 CD 机、MD 机、VCD 机、DVD 机等，以上为汽车音响播放声音信号的来源。大部分主机内含小功率功放，可直接推动扬声器，有些则需要额外的功放来推动扬声器。

（2）主机　主机是控制音响系统的灵魂中心，它提供音源给音响系统，好的音源可使系统更好听，主机如图 7-1 所示。

（3）前级放大器　未经扩大及放大的信号称为前级信号，一般 RCA 信号线所传送的信号就是前级信号。有些主机的输出信号较小，对于后段扬声器驱动较为不利，且容易引起噪声干扰，所以需要前级放大器将主机输出信号由 0.5V 放大到 3V 或 7V。

（4）功率放大器　将前级信号电压及电流放大至可以推动扬声器的功率。一般依照需求不同，可分为单声道功放、两声道功放、四声道功放、六声道功放等。输出功率

图 7-1　主机

一般为 50W、75W、100W、150W、300W、…、1000W 或者更高的功率，功放如图 7-2 所示。

（5）扬声器　播放声音的器材。从结构上可分为全音域扬声器、同轴扬声器、分体式扬声器、超低音扬声器，如图 7-3 所示。

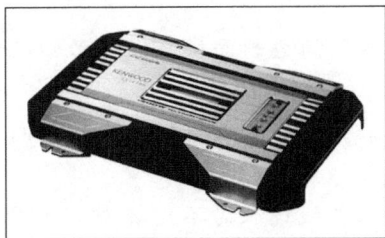

图 7-2　功放

图 7-3　扬声器

（6）电容器　电源的辅助器材，起储存电能、快速放电、过滤电源杂波、降低失真率的作用。依容量可分为 50000μF、68000μF、1F、1.5F、2F 等。小容量电容器一般应用于前级稳压及噪声消除，大容量电容器则应用在瞬间电压辅助控制。

（7）电子分音器　它的基本功能就是划分频率，依照功放连接的扬声器进行不同的频率范围分配，一般可分为两音路、三音路和多音路混合式。这些装置连接于主机和功放之间，用来放大前级信号或分割信号，或均衡信号等功能。电子分音器如图 7-4 所示。

（8）等化器　修整频率响应不平均的地方，因为车内环境不同，由扬声器发声所得到的响应也不同，所以需要修整，一般分为 5 波段、7 波段、15 波段、30 波段及参数型等化器，如图 7-5 所示。

图 7-4　电子分音器

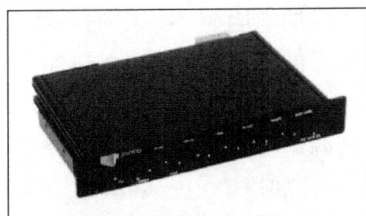

图 7-5　等化器

（9）平衡式信号传送器　一个高级的音响系统有两个最重要的基本条件，那就是很宽的动态范围和很低的噪声。平衡式信号传送器的基本组成是发射器、平衡式信号线和接收器。平衡式传送器及接收器可以消除噪声并提高动态范围。

（10）线材　连接这些音响器材需要很多种不同的线，一般分为电源线、信号线、扬声器线。电源线的线径粗细影响着放大器的效果，而信号线的质量则影响系统的频率响应，扬声器线的粗细与铜线的质量都影响声音效果。信号线如图 7-6 所示。

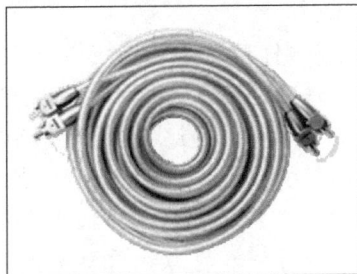

图 7-6　信号线

二、音响安装注意事项

1) **先了解原车系统**：要了解原车主机空间尺寸的大小、主机的功能（如有没有 CD 等）、前面扬声器安装的位置和尺寸、后面扬声器安装的位置和尺寸、有没有原车功放等。

2) **了解新安装的音响系统。**

3) **主机安装注意事项**：安装稳固且予以足够的支持，周边的面板或组件必须与音源器材密合，不可留下间隙或产生噪声。

4) **功放安装注意事项**：功放及其支架必须坚固安装，并且必须提供适当的空间供空气流动。固定架应与该空间的体积及外观适当整合。

5) **功放连接注意事项**：先接地线，再接电源线。信号线过长时不能绕圈，要对接，因为容易产生信号干扰（包括电子分音部分）。

6) **扬声器安装注意事项**：扬声器的安装必须使其不受外力的伤害，扬声器应装在坚固的表面上，或制作良好的扬声器箱上。

7) **加装超低音扬声器的注意事项**：推动超低音扬声器的功率放大器所消耗的电流很大，所以电源线的线芯必须加大。如果是装在四门车上，后障板的透气情况影响扬声器功率，扬声器相位的校正也会影响音响的整体效果。

三、音响配线与布线

1. 音响配线的选择

1) 汽车音响线材的电阻越小，在线材上消耗的功率越少，系统的效率越高。即使线材很粗，由于扬声器本身的原因也会损失一定的功率，而不会使整个系统的效率达到 100%。

2) 线材的电阻越小，阻尼系数越大；阻尼系数越大，扬声器的赘余振动越大。

3) 线材的横截面积越大（越粗），电阻越小，该线的容限电流值越大，则允许输出的功率越大。

4) 电源熔丝的选择。主电源线的熔丝盒越靠近汽车蓄电池越好，熔丝额定电流值大小可按以下公式加以确定：熔丝额定电流值＝（系统各功放的总额定功率之和×2）/汽车电源电压平均值。

2. 音频信号线的布线

1) 用绝缘胶带将音频信号线接头处缠紧以保证绝缘，当接头处和车体接触时，可能产生噪声。

2) 保持音频信号线尽可能短。音频信号线越长，越容易受到噪声的干扰。

注意：如果不能缩短音频信号线的长度，超长的部分要折叠起来，而不是卷起。

3) 音频信号线的布线要离开车身控制单元和功放的电源线至少 20cm。如果布线太近，音频信号线会拾取到感应噪声。最好将音频信号线和电源线分开布在驾驶座和前排乘员座两侧。注意，当靠近电源线、微型计算机单元布线时，音频信号线必须离开它们 20cm 以上，如果音频信号线和电源线需要互相交叉时，最好以 90° 相交。

3. 电源线的布线

1) 所选用电源线的电流值应等于或大于和功放相接的熔断器的值。如果采用低于标准

的线材作电源线，会产生交流噪声并且严重破坏音质。

2）当用一根电源线分开给多个功放供电时，从分开点到各个功放布线的长度和结构应该相同。当电源线桥接时，各个功放之间将出现电位差，这个电位差将导致交流噪声，从而严重破坏音质。当主机直接从电源供电时，会减少噪声，提高音质。

3）将电源(蓄电池)接头的脏物彻底清除，并将接头拧紧。如果电源接头很脏或没有拧紧，接头处就会有接触电阻。而接触电阻的存在会导致交流噪声，从而严重破坏音质。用砂纸和细锉清除接头处的污物。

4）当在汽车动力系统内布线时，应避免在发电机和点火装置附近走线，发电机噪声和点火噪声能够干扰电源线。当将原厂安装的火花塞和火花塞电缆更换成高性能的类型时，点火火花更强，这时将更易产生点火噪声。

5）在车体内布电源线和布音频线所遵循的原则一致。

4. 接地的方法

1）用砂纸将车体接地点处的油漆去除干净，将接地线固定紧。如果车体和接地端之间存在残留车漆，就会使接地点产生接触电阻。和前文所述脏污的电源接头类似，接触电阻会导致交流噪声的产生，从而严重破坏音质。

2）将音响系统中各个模块的接地点集中于一处。如果不将它们集中一处接地，音响各组件之间存在的电位差会导致噪声的产生。

注意：主机和功放应该分别接地。

3）当系统消耗电流很大时，蓄电池接地端一定要牢固。提高电源接地性能的方法是，在电源和接地间用粗直径的线材布线，如绞股线。这样做能够加强连接，有效地抑制噪声并提高声音质量。

4）不要靠近行车电脑布线。请记住，主机接地点靠近车身控制单元的接地点或固定点时，会产生噪声。

5. 通电前检查确认线路

通电前一定要进行线路的检查确认。

四、调音基本步骤

组合1　主机+同轴扬声器

将音量开大，测试有没有失真的声音，高速左右平衡，检查有没有180°的相位差，找一张人声、乐器单调的卡带或CD，将主机LOUND OFF BASS钮及TREMBLE钮置于中间，然后测试每一支扬声器对人声的表现是不是相同，如有频谱测试器，则测试一下高低音的比率，如图7-7所示为音响相位测试，如没有就得靠耳朵来听。

将音量关至很小，听听高音，如铿锵恰恰感非常明显，那表示高音量太多了，另外加强BASS钮，听听低音固定是不是很好，有没有异常声音，以及低频表现是不是很好，低频不足可适当增加BASS钮，亮度不够或高音太多可调整TREMBLE钮，最后再调整FADER感觉一下定位，如此更换音乐，反复上述步骤数次。

图7-7　音响相位测试

组合2 主机+分体式扬声器

基本与组合1中讲述的方法相同，高音音量过多的话，可以降低高音音量，以求平衡。

方法如下：

1）在分音器与高音扬声器之间串并联5Ω电阻。

2）高音的正端要放在正确位置，如分音器有-3dB、0dB则放在0dB的位置，因为-3dB的位置分音器内部已有电阻，对功放来讲阻抗会改变。

组合3 主机+功放+扬声器

首先设定功放的灵敏度，将它调至最小，再将主机音量开到80%，然后加大功放的灵敏度，直到扬声器出现失真的声音，然后再减少一些，这样可以得到最佳的信噪比，其他与组合1相同。

组合4 主机+电子分音器+功放+扬声器+超低音

首先将主机上的音量控制全部放在中央位置，然后将音量开至80%，并将功放灵敏度调至最小，然后将电子分音器输入增益调大置于中间，打开功放输入增益约一半，然后加大电子分音器输出灵敏度，直到扬声器出现失真的声音，再降回一些，到此为止。

所有的灵敏度已设定完成，然后开始调音：

首先将前后声道中高音关掉，单独听听超低音，调整分频，让超低音扬声器可以自然地运作，而且没有机械杂声或其他共振，然后加入中高音，并调整中高音与超低音的比例，将后声道音量调小，然后再测试超低音的相位，在小音量时改变超低音相位180°（即正负反拉）或在电子分音器上有0°~180°选择开关，相位音量比较大的为正确相位，当所有的相位及频率范围都设定好了之后再进行细部调整，一般超低音的分频点设定在80~100Hz，而高通部分中高音扬声器的分频点为60~90Hz。

第二节 电动后视镜的种类及换装

一、电动后视镜的种类

1. 按后视镜的安装位置分

按后视镜的安装位置可分为外后视镜和内后视镜，如图7-8所示。

外后视镜

内后视镜

图7-8 后视镜(内/外)

汽车左、右两侧一般都有外后视镜，其功用主要是让驾驶人观察汽车左、右两侧的行人（包括上、下车人员）、车辆以及其他障碍物的情况，确保行车或倒车安全。内后视镜主要供驾驶人观察和注视车室内乘员及物品的情况，内后视镜还具有在夜间防止后面车辆的前照灯光引起眩目的功能。

2. 按镜面角度调整方式分

按镜面角度调整方式可分为手动后视镜和电动后视镜，如图 7-9 所示。

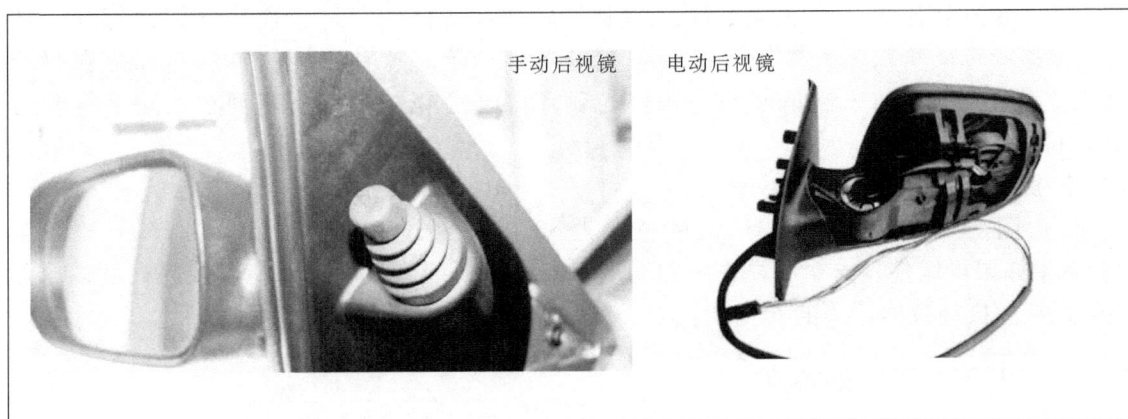

手动后视镜   电动后视镜

图 7-9　后视镜（手动/电动）

手动后视镜的镜面可绕镜框后的球形铰接转动，调整量为上下、左右各 20°～25°，可人工进行调整。电动后视镜在镜片后部装有驱动部件，驾驶人可以在车内操纵按钮开关，对镜面的角度进行上下、左右的调节，调节范围为 20°～30°，无级变速，操作方便。

3. 按后视镜镜面的形状分

按后视镜镜面的形状可分为平面镜、凸面镜和棱形镜。平面镜可以得到与目视相同大小的映像，常用作内后视镜；凸面镜反映的映像较目视小，但它的视野范围较平面镜大，常用作外后视镜和下视镜；棱镜常用作防眩目型内后视镜。

4. 按后视镜反射膜材料分

按后视镜反射膜材料可分为铝镜、铅镜、银铜镜、银镜和铬镜。

二、车外后视镜的换装

车外后视镜安装位置主要在车门玻璃旁和前方发动机盖旁翼子板上，现以车门玻璃旁后视镜为例，其换装步骤如下：

步骤 1：使用螺钉旋具由车内将塑胶板固定螺钉拆下。

步骤 2：移开塑胶板即可看到后视镜与车门的固定螺钉，使用螺钉旋具将螺钉卸下。

步骤 3：将新的后视镜由窗外装入，并将电源线装好。

步骤 4：固定螺钉，再将塑胶板移至原位，拧紧螺钉即可。

第三节　汽车装饰性照明灯

一、车灯装饰的作用

1. 打扮爱车

目前市场上有许多装饰性车灯，外形各异，制造精美，每当夜幕降临，打开装饰灯，神秘的色彩给驾驶人增添了极其强烈的个性展示。这种设计精致的装饰灯在打开后，对面看到的是随车辆角度的变化灯光颜色随之变化的景象，车辆在道路上行驶也安全了许多。

2. 提高照明质量

一般国产车的原厂车灯出厂时的色温为3000K，经过一年使用会降到2500K，甚至2000K，如果继续使用，会明显影响照明质量。采用新型高效的车灯能够提高亮度，放宽视野，从而提高夜间行车的安全性。

二、装饰性车灯的种类

1. 高强度放电灯

高强度放电灯的结构与传统钨丝灯泡不同，它没有灯丝，玻璃灯泡内有一个电极，并充满氙气，依赖高电压击穿灯内的气体以产生放电电弧的形式发出灿烂的高色温光芒（类似于电弧焊）。

高强度放电灯的特点：

1）亮度大。使用同样功率的高强度放电灯，亮度是钨丝灯的2~3倍。

2）色调好。仿制太阳光的自然色调，使光亮非常完美，如同白天。

3）效率高。高强度放电灯的效率是卤素灯的3倍。

4）节能。与钨丝灯相比，能够节约一半电能。

5）寿命长。由于高强度放电灯没有灯丝，所以它不存在灯丝断裂问题，使用寿命大约可以达2000h。

所以，高强度放电灯产生的照明效果可达到一个新的等级，将成为未来汽车前照灯的必然选择。

2. 竞技型车灯

在伸手不见五指的黑夜或雨天的夜里，驾驶人常为汽车照明灯的穿透能力差、射程近而犯愁，而竞技型车灯就能解决这些问题。

竞技型车灯具有亮度大、穿透力强、射程远等特点，安装后，无论天气如何变化，车主都能轻松地应对。目前，竞技型车灯可供选择的功能较多，有超白光型，还有聚光型和雪雨雾灯型等，功能各异，但价格相差不大，车主可以根据自己行车时常处的环境进行选择。

3. 探射灯

一些爱好旅游的驾驶人，常为自己的车灯系统而烦恼，原因是车灯照明程度不能达到车

主的要求。随着装饰灯的品种增加，一种新型探射灯已然入市。它安装在车顶上，能进行360°旋转，它的光线能够从一个山头照到另一个山头，主要用于越野车，如图7-10所示。

4. 倒车灯

车主在注意前方车灯的照明质量时，当然也不能忘记车后的安全。尤其是一些新车手，难免在倒车上有些困难，一不小心就会让爱车"受伤"，也许不少车主听取了周围朋友的意见，安装了防撞倒车雷达，这个做法的确对安全倒车能起到良好的作用。如果车主现在能够在此基础上再安装一盏倒车灯，就等于为倒车安全买了

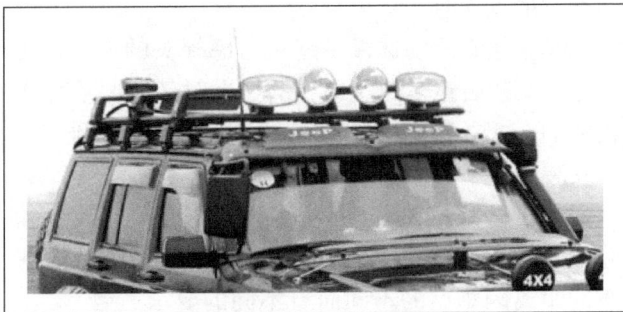

图7-10　探射灯

"双保险"，因为倒车灯能较好地消除车主的后视盲点，与倒车雷达一样，都是安全实用的倒车工具。

三、车灯选用与安装

选购和安装车灯时应注意以下事项：

1）购买灯泡时要注意灯泡型号，如果型号不对，将无法安装，所以车主首先要对号安装。

2）安装灯泡时，不要直接用手接触灯泡玻璃，以免人手本身分泌的油脂沾在玻璃管上，留下指纹、油膜，导致灯泡点亮后受热不均，造成玻璃表面热胀不同而破碎。如果车主不小心使脏物沾在玻璃管上，应该用乙醇将油污等擦净方可使用。

3）更换灯泡应在干燥的室内进行，请勿阴雨天在室外换灯泡。并且注意将灯罩防水衬套严密装回，避免水分和水蒸气进入，影响灯泡的寿命。

4）与所有电器一样，更换灯泡前，请先把电源关掉；灯泡刚熄灭时，千万不能接触，以免烫伤。

5）灯泡的玻璃部分非常薄，而且内充压力气体，注意避免废灯泡到处乱扔，造成危险性的玻璃爆裂。

6）换装灯泡时最好能左右灯同时更换，一方面可避免两侧灯泡消耗电量不一，造成线路烧毁；同时也不会发生左右灯泡寿命不均，或是色泽不一的情况。

第四节　倒车雷达的加装

一、倒车雷达的结构与原理

倒车雷达全称为"倒车防撞雷达"，也称"泊车辅助装置"，它由超声波探头、显示器、蜂鸣器和处理器组成，如图7-11所示。它是根据蝙蝠在黑夜里高速飞行而不会与任何障碍物相撞的原理设计开发的。能以声音或者更为直观地显示告知驾驶人周围障碍物的情况，解

除了驾驶人泊车和起动车辆时前后左右探视的麻烦，并帮助驾驶人扫除了视野死角和视线模糊的缺陷，提高驾驶的安全性。

倒车雷达款式的选择不能仅考虑探头的大小，更多应考虑安装后整车的效果。例如，对于一些后保险杠较宽的车型，较适合安装探头较薄较大的倒车雷达，安装后整车效果相当美观，且显得更加大气。

选择了合适的倒车雷达后，还要正确安装和使用才能发挥效果。安装位置的高低、角度以及探头分布的距离因车型的不同而有不同的要求。

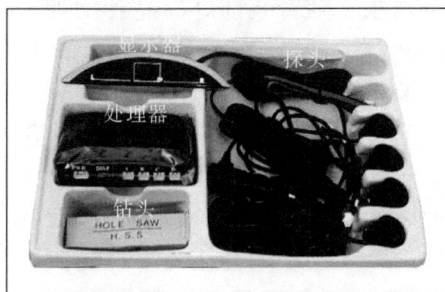

图 7-11 倒车雷达结构图

二、安装步骤

以两探头为例。

步骤1：选择好倒车雷达后，将电钻头安装在电钻上（通常倒车雷达配件中都配有电钻头）。

步骤2：用干净的布擦净后保险杠。

步骤3：在后保险杠适当的位置钻两探头孔（通常在后保险杠离地面 20~30mm，左右探头孔离保险杠两侧 15~20mm 成水平位置钻孔）。装上探头，如图 7-12 所示。

注意：安装探头时，如果探孔过小，不要用手按探头中间强行安装，应用锉刀或砂纸打磨探孔到适当尺寸，再按探头两旁装入。

步骤4：正确地接上处理器的接线（请参阅有关倒车雷达说明书），并接上探头接线。

步骤5：将显示器安装在仪表台上，接上显示器插头，如图 7-13 所示。

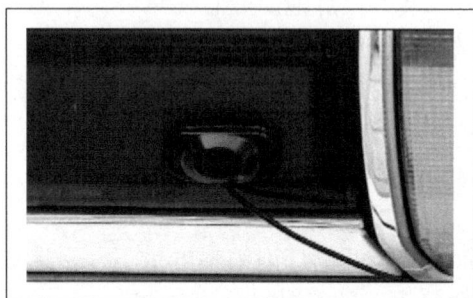

图 7-12 两探头倒车雷达

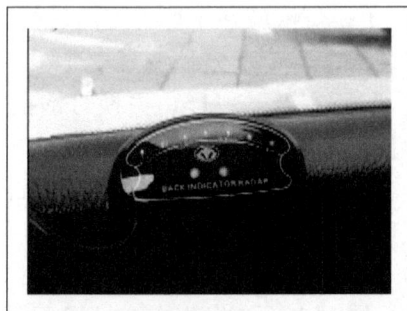

图 7-13 显示器安装

步骤6：安装完毕后进行检验。为了准确判断探头的灵敏度，要求着车后，先用纸遮盖住一个探头，用物体从远而近地向另一个探头靠近，通过显示器来判断探头的灵敏度。用同样方法也可判断另一个探头的灵敏度。如果探头灵敏度不良，则更换。

第五节　GSM 防盗系统的加装

GSM 网络防盗系统是利用 GSM 全球移动网络对汽车进行 24h 无限距离监控，并能在发

生警情的几秒钟内拨通车主手机或电话进行语音报警，车主可立即通过来电进行监听、喊话遥控切断油路，使车辆无法起动。GSM 移动数码通信技术的普及，使用 GSM 移动电话可对车辆进行不限制距离的监护。下面就以所罗门公司生产的 GSM 防盗系统为例讲述其安装及调试。

一、安装前的准备工作

安装前了解车型、车况。不同车型有不同的功能和特点，根据车型具体情况不同，安装方法也有所不同。

1）有无中控锁及中控锁的触发方式。

2）车门开关是否良好及触发方式。

3）有无芯片钥匙。

4）有无自动升降窗器。

5）有无电动行李箱锁。

6）有无车前盖检测触发开关。

注意： 若以上有的功能车身本来没有，且车主要加装此功能的必须另购配件，另购时要结合产品的工作方式(如要加装一个自动升降窗器，必须买一个负触发方式的升降窗器，具体情况如图 7-14 所示;同理,要加其他的装置也要注意这点问题)。

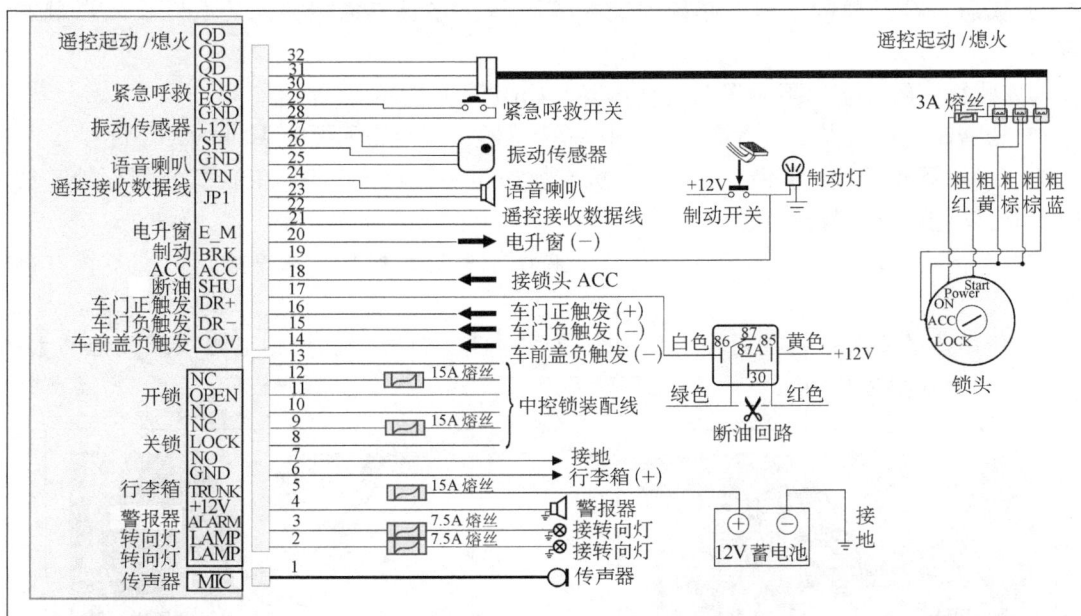

图 7-14　防盗系统安装图

二、产品安装方法

1. 确定安装条件和安装位置

以下的安装不需要判断控制线，只要布好线，选好位置固定安装好即可。

1）**确定汽车的蓄电池电压为 12V：** 蓄电池电压或低或高都不适合。

2）**确定产品放置位置，预测边线布置、走向**：选择通风、隐蔽、容易紧牢的位置布置边线；排插布线时注意预留伸缩空间。

3）**确定放置主机位置**：主机一般安装在转向盘下，小心拆下转向盘下的安装盖，集中放好螺钉，以免丢失，然后查找有空间能放下主机且远离干扰源的地方（如远离继电器组等）放置主机。注意：主机外壳不能直接接地。

4）**解开遥控器天线**：遥控器天线在振动传感器上，若不解开会影响遥控距离或遥控失灵。

5）**振动传感器的安装**：不能靠近警报器或语音喇叭安装。振动检测灵敏度是可调的，可视实际使用情况的必要性进行调节，同时确定振动传感器的安装位置（一般是安装在靠近左前轮的车厢内部范围），如图7-15所示。

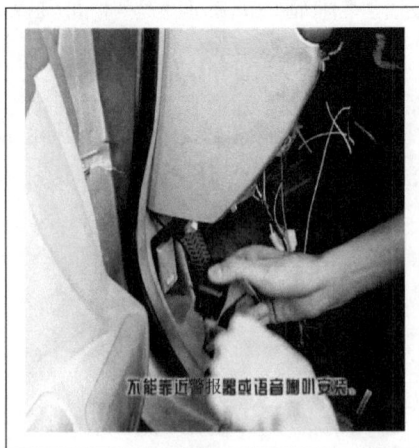

图 7-15　振动传感器的安装

注意：不按要求安装，振动传感器会受到喇叭声音的振动影响而误报警，带来不必要的麻烦。

6）**紧急求救开关的安装**：必须安装在既隐蔽、方便应急触发，又不易被无意触发的位置。

若安装得不够隐蔽，平时误动就会报警，如图 7-16 所示。

7）**语音喇叭的安装**：应远离主机和振动传感器，固定正面要有 10cm 的传音空间。

8）**GSM 网络天线的安装**：天线（主机左侧边金色螺母的接口）单独引伸到车外，使之接收良好，不能靠近遥控器天线布线。

注意：不按要求安装，影响远程遥控、监控等功能的操作，在有警情时也不拨打报警电话。

9）**传声器的安装**：装在驾驶人头上方位置最佳，布线不能受到电源线或其他的干扰，接插要良好，如图 7-17 所示。

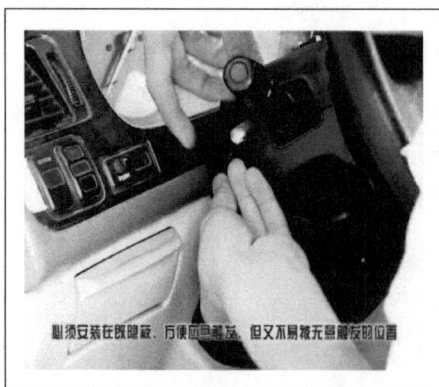

图 7-16　紧急求救开关的安装

图 7-17　传声器的安装

2. 需要连接、判断的连线

安装如图 7-14 所示，图中的 1、21~32 连线都不用接，30、31、32 有接口，接上即可，其他要连接的线以及接法如下。

（1）转向灯控制连线的判断　用测试笔固定夹一端接地，打开转向杆开关，转向灯闪烁时，触笔一端触试某一条线，若测试笔灯与转向灯同步闪烁，该线是转向灯触发控制线（连线 2、3 要连接控制的），如图 7-18 所示。

注意： 若判断不对，车辆锁定、驻车时车门打开后转向灯不闪烁提示后面车辆，这样会造成追尾事故的发生。

（2）警报器控制线接法　警报器正极接到主机的警报器控制线（连线 4）上，负极接电源接地线。警报器安装在车前盖能放下的地方，用螺钉固定好。

注意： 此配置若安装不好，遇警情时在周围没有警声提示。

（3）主机电源线的连接　电源线（正极连线 5、负极连线 7）必须远离干扰源（接在蓄电池拉出来的总线上最佳，要远离继电器组、发电机、空调等干扰源的地方），不允许直接接在各大继电器的引脚上或靠近继电器引脚。

注意： 接在蓄电池拉出来的总线上最佳，若系统的电源受到干扰而不稳定，则影响系统功能的操作和实现。

（4）中控锁触发方式的连线判断

1）**负触发方式的判断。** 如图 7-19 所示，用测试笔固定夹一端接地，触笔一端触试中控锁的两条控制线，中控锁若工作，该两条线是中控锁的正触发控制线（系统控制线如图 7-14 所示，连线 8~13，连线方法如图 7-20a 所示）。

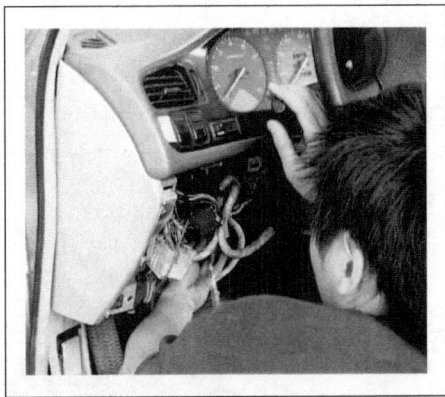

图 7-18　转向灯控制连线的判断

图 7-19　中控锁触发方式的连线判断

2）**正触发方式的判断。** 用测试笔固定夹一端接电源，触笔一端触试中控锁的两条控制线，中控锁若工作，该两条线是中控锁的负触发控制线（系统控制线如图 7-14 所示，连线 8~13，连线方法如图 7-20b 所示）。

3）**正、负触发方式的判断。** 若用上面两种方法去判断中控锁都工作，这是正、负触发方式（系统控制线如图 7-14 所示，连线 8~13，连线方法如图 7-20c 所示）。

注意： 必须确保中控锁的触发方式判断正确。如果接得不对，有以下两种情况：①若中控锁触发方式判断不对，只是开、关信号控制线接反，其上锁与下锁的动作相反；②若中控锁触发方式判断不对（即应是负触发判断成正触发，应是正触发判断成负触发，应是正、负

a) 正触发

b) 负触发

c) 正、负触发

d) 气压锁回路接线，车门主线在开锁及关锁时转换正负信号

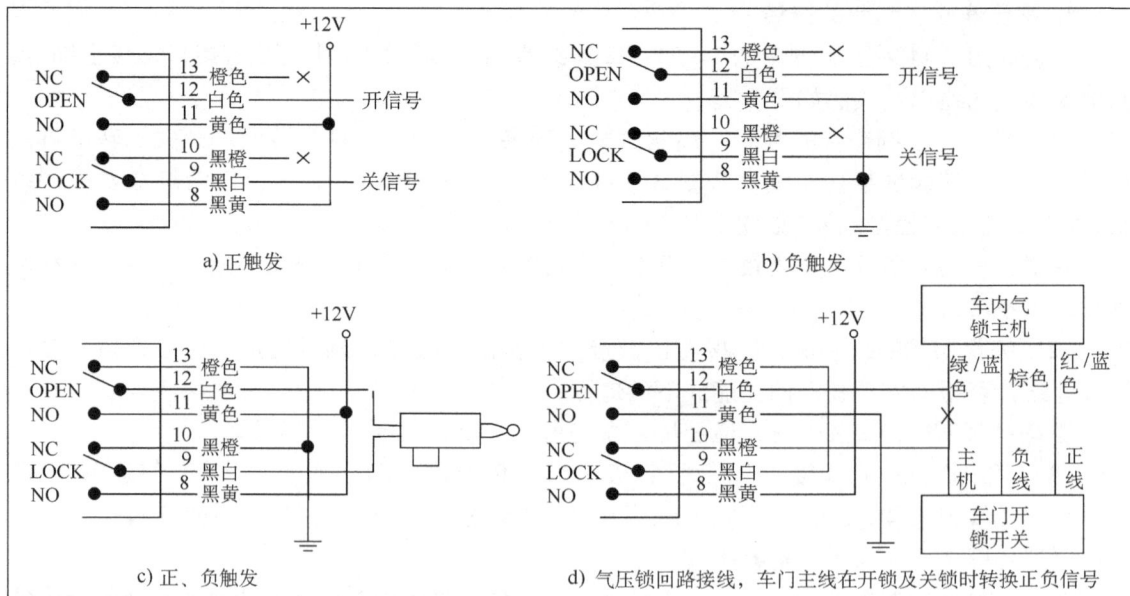

图 7-20　中控锁配线图

触发判断成是正触发或负触发），都会烧坏主机或汽车上的配件，强烈建议此步骤必须多次判断确定，请特别注意！

（5）车门开关接触感应连线的判断

1）用测试笔固定夹一端接电源，触笔一端触试车门电子开关，当车门打开后，车门灯与测试笔同步亮，该线是车门负触发控制线（图7-14连线15）。

2）用测试笔固定夹一端接地，触笔一端触试车门电子开关，当车门打开后，车门灯与测试笔同步亮，该线是车门正触发控制线（图7-14连线16）。

注意：找出此线时一定试好四个门打开转向灯要闪烁，或是在警戒时四个门打开都能报警，否则在警戒下某个车门被非法打开也不会报警和拨打报警电话。

（6）行李箱、车前盖的安装　开关必须是电子自动锁，其判断方法跟车门一样（行李箱为连线6、车前盖为连线14）。

注意：若车本身没有电子自动锁的话，必须加装，且选择时一定要选其触发方式跟本产品的工作方式一样（即高电平工作或是低电平工作）；另外有的车行李箱是电子自动锁的也要注意其工作时是否有回路，若有回路要另加一个二极管限回路。

（7）断油继电器的安装　必须接在能控制燃油泵电路的通断线路上，而不是控制电源的电路上，如图7-21所示。

注意：若接到燃油泵回路，起动后执行"车辆锁定"功能不能实现，用钥匙熄火也不能熄火；若接到电源的控制线上，断电后会导致车用电脑控制系统混乱或死机现象（此问题必须到销售店才能解决），甚至

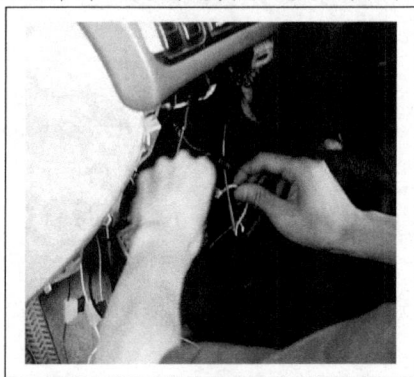

图 7-21　断油继电器的安装

影响汽车本来的功能也不能操作。

（8）ACC 控制连线的判断　用测试笔固定夹一端接地，当用钥匙插入点火开关打到 ACC 档时，触笔一端触试某一条线灯亮；拔出来时灯灭，该线是 ACC 控制线。

注意：不按要求安装，在行车时，系统会自动上锁，若车在起动时会切断油泵电路让汽车熄火（车门开过又关好在 25s 就自动上锁，车门没开过 15s 就自动上锁）；车在警戒状态下，有非法点火时系统也不会报警拨打电话。

（9）制动踏板控制连线的判断　用测试笔固定夹一端接地，触笔一端触试某一条线，如图 7-22 所示，当踩制动踏板时，测试笔灯亮，放开灯就灭，该线是制动踏板控制线（图 7-14 连线 19）。

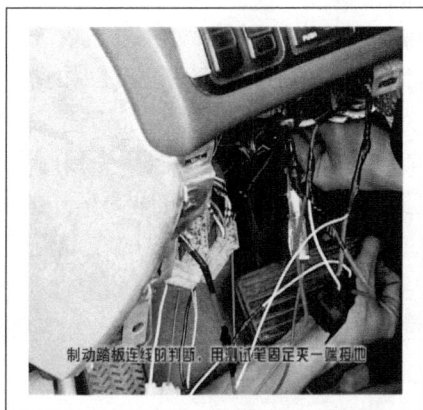

图 7-22　制动踏板控制连线的判断

（10）电动窗控制连线的判断　用测试笔固定夹一端接地，触笔一端触试车门电动窗电子开关的两条控制线，若车门玻璃上升，该线就是电动窗控制连线（图 7-14 连线 20）。

（11）遥控起动控制连线的判断

1）起动控制线：用测试笔固定夹一端接地，触笔一端触试某一条线，当起动时，测试笔亮，起动后就灭，该线是起动控制线。

2）ON 控制线：用测试笔固定夹一端接地，触笔一端触试某一条线，当起动（点火）时，测试笔灭，起动后灯亮，此线是 ON 控制线，如图 7-23 所示。

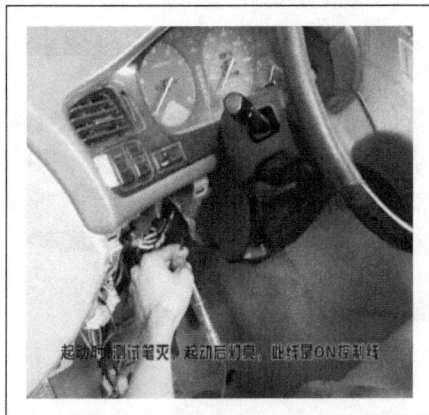

图 7-23　遥控起动控制连线的判断

注意：安装带芯片钥匙车辆的遥控点火时，ACC控制线要接到密码通信接通的电源线上。当车辆有原装芯片遥控时：

① 可以使用厂方的遥控器。

② 可以继续使用原装芯片遥控器，但遥控器需要厂方改装。

三、调试及报警触发条件

1）做完以上的工作后，请重新确认各种线的功能、转接、放置等是否正确。

2）检查正确后，把SIM卡放进主机里通电，最后检验、调试。

调试过程必须注意以下几点：

① **系统测试与设置**。先确认被测试系统所处的位置GSM网络信号强度有17以上（较好）和当时的网络信道畅通，才能测试准确和设置正确，如操作不成功，请多操作几次或变换位置后再试。

② **噪声大**。监听、通话噪声大，应检查传声器插头接触是否良好和GSM网络天线的布线是否被干扰或已按远离遥控天线、单独布线、引伸到车外的要求安装。

③ **遥控器遥控距离短**。应检查遥控器接收天线的布线是否被干扰和已经按远离网络天线、单独布线、引伸到车外的要求安装，检查遥控器的电池是否充足。

④ **拆卸主机**。若拆卸或更换主机时应使系统处于"解除警戒状态"后方可执行，否则会连续报警。

四、日常使用注意事项

1）建议不要使用容易被猜中的密码，如"123456、888888"等，注意记存，如有遗忘，需要到工厂才能恢复；系统的电话号码也应注意保密和记存，保密的系统电话号码可做第二重密码。

2）停放车辆时，应查听GSM网络信号强度语音报告，确认此停车位置是否有足够强度的网络信号覆盖，否则应变换停车位置，以保证系统可以正常运行。

3）GSM通信有时会因各种原因，出现通信不良或单向通信或完全不通信的状态，当接到系统报警来电时，即应考虑车辆已发生警情，并应加以处理。

4）用户应注意检查系统内的SIM卡的话费余额，以免因"余额不足"或"欠费"而造成无法执行电话报警功能；应确认SIM卡是否具备漫游功能，以免车辆行驶到外地时无法执行电话报警功能。

5）用户应注意确认所设置的报警电话都能正常使用，避免系统无法报警。

6）车辆区域定位功能取决于用户所用的SIM卡，请咨询当地SIM卡发行公司。

7）警声报警属于选择功能，如系统设置无声警戒，则所有涉及警声报警均无声音。如不想因噪声干扰别人，建议设置为有声警戒。

五、系统电话操作流程

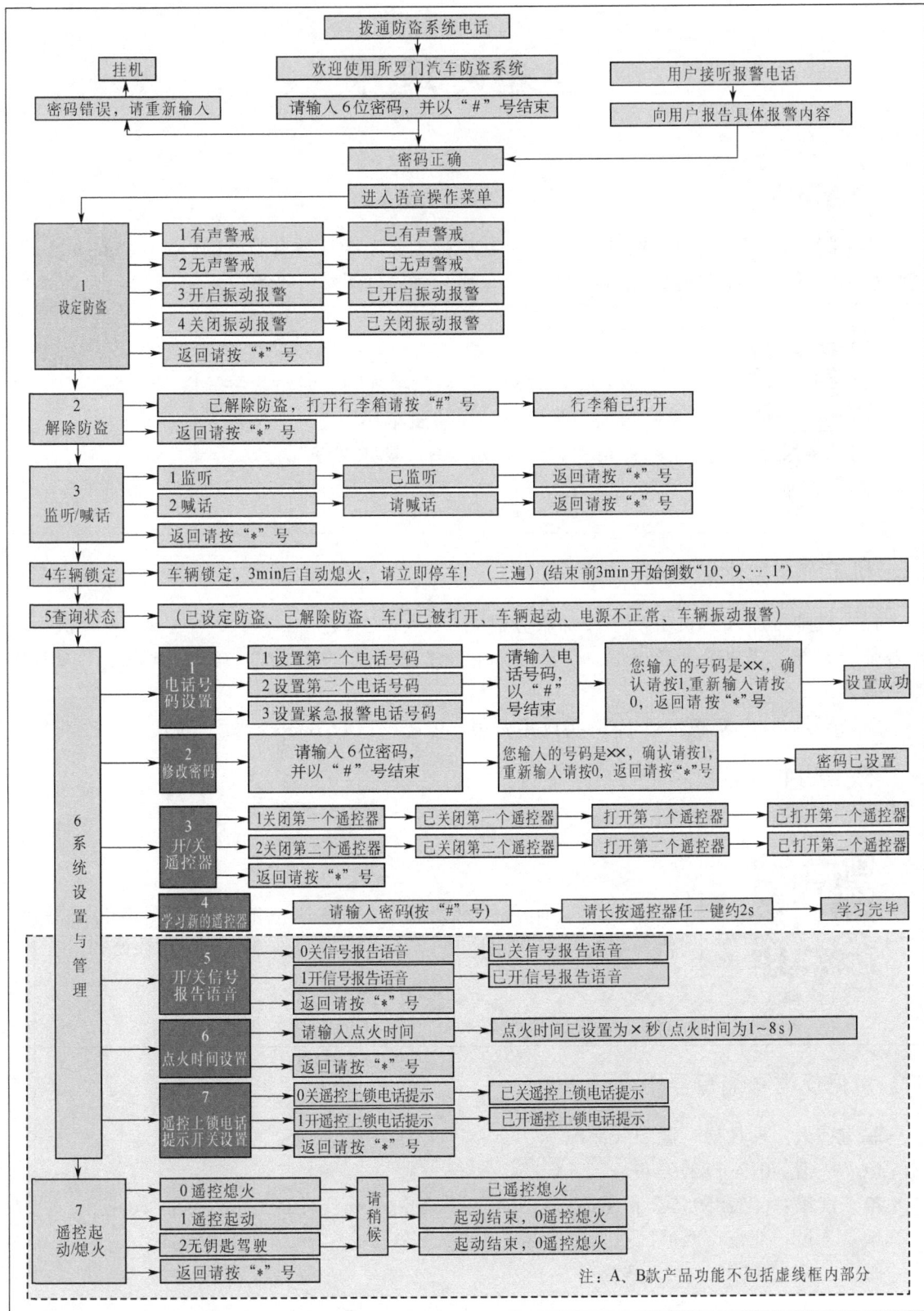

读者沟通卡

一、申请课件

本书附赠教学课件供任课教师采用，可在机械工业出版社教育服务网（www.cmpedu.com）注册后免费下载；也可扫描二维码关注"爱车邦"微信订阅号获取课件。

爱车邦

免费下载　教学课件、学习视频、海量学习资料
➤ 扫描二维码，关注"**爱车邦**"
➤ 点击"**粉丝互动**"→"**视频课件**"

二、机工汽车教师服务群

任课教师可加入"机工汽车教师服务群"，与教材主编、编辑直接沟通交流。"机工汽车教师服务群"提供最新教材信息、教材特色介绍、专业教材推荐、样书申请、出版合作等服务。

QQ 群号码：633529383，本群实行实名制，请以"院校名称+姓名"的方式申请加入。

三、微信购书

汽修邦

关注微信订阅号"**汽修邦**"，可直达机工社旗下网络购书平台"**汽车书院**"，第一时间购买新书，获取新鲜实用的维修资讯。

四、意见反馈和编写合作

联 系 人：杜凡如　孟阳　徐霆
电　　话：010-88379349
电子信箱：605285955@ qq. com、1156467277@ qq. com、1194504650@ qq. com
地　　址：北京市西城区百万庄大街 22 号汽车分社
邮　　编：100037